澄心清意

澄心文化

阅读致远

1666
瘟疫、战争和伦敦大火

PLAGUE, WAR AND HELLFIRE

Rebecca Rideal

[英] 瑞贝卡·里迪尔 著
韩丽枫 译

1666: PLAGUE, WAR AND HELLFIRE
Copyright © Rebecca Rideal 2016
All rights reserved
Published by arrangement with Watson Little Ltd, through The Grayhawk Agency Ltd.
本书中文简体字版版权，浙江文艺出版社独家所有
版权合同登记号：图字：11-2019-295 号

图书在版编目（CIP）数据

1666：瘟疫、战争和伦敦大火 /（英）瑞贝卡·里迪尔著；韩丽枫译. —杭州：浙江文艺出版社，2021.6
ISBN 978-7-5339-6467-2

Ⅰ.①1… Ⅱ.①瑞… ②韩… Ⅲ.①城市史—史料—伦敦 Ⅳ.①K956.15

中国版本图书馆 CIP 数据核字（2021）第 058285 号

丛书策划	柳明晔
策划编辑	周　易
责任编辑	周　易
责任印制	吴春娟
装帧设计	水玉银文化
营销编辑	张恩惠
数字编辑	姜梦冉　任思宇

1666：瘟疫、战争和伦敦大火

［英］瑞贝卡·里迪尔 著　韩丽枫 译

出版发行	浙江文艺出版社
地　址	杭州市体育场路347号
邮　编	310006
电　话	0571-85176953（总编办）
	0571-85152727（市场部）
制　版	杭州天一图文制作有限公司
印　刷	浙江海虹彩色印务有限公司
开　本	880毫米×1230毫米　1/32
字　数	198千字
印　张	10
插　页	9
版　次	2021年6月第1版
印　次	2021年6月第1次印刷
书　号	ISBN 978-7-5339-6467-2
定　价	88.00元

版权所有　侵权必究
（如有印装质量问题，影响阅读，请与市场部联系调换）

佳评推荐

这部著作展现了英国历史上一个精彩的片段,叙述生动,令人印象深刻。里迪尔特别擅长描述宏大的历史背景——瘟疫、大火,以及(尤其是)海战——她用生动的细节将这些场景演绎得栩栩如生、跌宕起伏。其他作者也曾涉猎同样的领域,但里迪尔比大多数人更深入地挖掘了学术文献和当时的资料,并将成果发挥得淋漓尽致。

——安德鲁·泰勒(Andrew Taylor)《泰晤士报》

本书以当时的文献为基础,深入其中的每寸肌理,不时闪现出第一手资料的亮点。

——《卫报》

瑞贝卡·里迪尔是一位富有同情心、目光敏锐又十分可靠的向导……《1666:瘟疫、战争和伦敦大火》是一本有趣的书,讲述了一段激动人心的历史。

——诺埃尔·马尔科姆(Noel Malcolm)《每日电讯报》

里迪尔成功地说明了1666年是如何标志着英国复辟后的一个转折点的。

——《出版人周刊》

(本书)让你真正感受到当时伦敦人的生活。这是一部可爱的小历史,阐明了对伦敦和英国历史具有开创性意义的重要事件。

——《旧金山书评》

易读且饶有趣味……作者目光敏锐,将趣闻逸事和历史人物相结合。

——《旁观者》

里迪尔的书记录了查理二世的多灾之年,研究之透彻令人惊叹,叙述流畅,如读一本惊悚小说……这是辉煌的胜利。

——《星期日快报》

对1666年的描述极其精彩……一本生动欢快的新书。

——《伦敦标准晚报》

瑞贝卡·里迪尔的叙述扣人心弦、文笔优美,将一系列纷乱的事件编织在一起。她擅长追溯事件之间的关系,普通人的生活与国王、科学家和文人们的生活交织,衔接巧妙。复辟时期的伦敦经历了历史上最动荡的一年,书中精彩地重建了当时伦敦的景象,还原了当时的气味和味道……里迪尔生动地展现了这场危机的宏大规模,但也揭示了一些令人痛心的个人悲剧。她对伦敦大火的描述也贯穿着同样的人文关怀。里迪尔是一个天生会讲故事的人,她以一种极其生动的方式将大火复现,栩栩如生。那些讲述普通人痛失家园的故事最能引发共鸣。

——特蕾西·博尔曼(Tracy Borman)《BBC历史杂志》

瑞贝卡·里迪尔巧妙地将1666年发生的事件置于历史的前后背景中,让我们了解这些事件如何从上到下撼动了整个社会。她凭借对细节的洞察力,如放映影像般将我们带入连贯的叙事……她的写作风格生动、流畅……(她笔下的)伦敦充满了人性……里迪尔的风格生动而自信,研究细致,对日常生活充满好奇,这些使得《1666:瘟疫、战争和伦敦大火》这本书扣人心弦,令人回味无穷、心满意足。

——《历史》杂志

《1666:瘟疫、战争和伦敦大火》揭示了你以前从未听说的秘密。

——《历史揭秘》

献给我的女儿艾迪

人物列表

查理二世（Charles II） ·············· 英格兰、苏格兰及爱尔兰国王

约克公爵詹姆斯（James, Duke of York） ········ 查理二世的弟弟、
王位继承人、海军上将

玛格丽特·卡文迪什（Margaret Cavendish） ··· 作家、自然哲学学者

乔治·蒙克（George Monck） ········ 将军、第一代阿尔伯马尔公爵

莱茵的鲁珀特亲王（Prince Rupert of the Rhine） ········ 查理二世的
堂弟、前保皇党指挥官

妮尔·格温（Nell Gwynn） ·············· 国王陪同人员中的女演员

艾萨克·牛顿（Isaac Newton） ············ 剑桥学者和数学家

罗伯特·胡克（Robert Hooke） ············ 英国皇家学会会员

阿芙拉·贝恩（Aphra Behn） ···························· 政府间谍

克里斯托弗·雷恩（Christopher Wren）…… 数学家、皇家学会会员

塞缪尔·佩皮斯（Samuel Pepys） ………………… 海军办事员

约翰·伊夫林（John Evelyn） ……………… 作家、绅士、海军专员

纳撒尼尔·霍奇斯（Nathaniel Hodges）……………… 伦敦内科医生

托马斯·法里纳（Thomas Farriner） ………… 住在布丁巷的面包师

托马斯·文森特（Thomas Vincent） … 住在霍克斯顿的清教传教士

约翰·弥尔顿（John Milton）………………… 诗人、檄文作者、
共和政府时期的人物

米希尔·德·鲁伊特（Michiel De Ruyter） ………… 荷兰海军上将

科尼利厄斯·特龙普（Cornelius Tromp）… 奥兰治派荷兰海军指挥官

约翰·德·威特（Johan de Witt） …………… 荷兰共和国领导人

作者的话

在17世纪末的英国，新年于3月25日正式开始，然而，同时代的人也认可1月1日是一年的开始。为了弥补这种差异，1月1日至3月24日之间的日期通常由当时的记录员以"分年"的格式记录（例如，我们认为的1666年2月1日，当时则被记录为"1665/6年2月1日"）。为了明确，本书将1月1日作为一年的开始。在大多数情况下，本书使用的日期皆根据儒略历。到17世纪，儒略历比欧洲大陆使用的格里高利历晚十天。读者还应注意，在适当的情况下，引文中晦涩的拼写已被现代化。

如果有人能以比这更昂贵的方式获得名声，我就大错特错了……通过一场代价巨大却又十分必要的战争，一场吞噬一切的瘟疫，一场更具破坏力的大火。

——约翰·德莱顿（John Dryden）
《奇迹之年》（*Annus Mirabilis*）序言，1666

啊，多么神奇！
这里有多少美妙的生物啊！
人类有多么美！啊，美丽的新世界，
有这样的人在其中！

——威廉·莎士比亚《暴风雨》

目录

序幕 /1

第一部分　1665

1　伦敦在燃烧　/5

2　瘟疫暴发　/26

3　逆转的潮流　/64

第二部分　1666

4　决定命运的一年　/103

5　红海　/134

6　奇妙的命运　/160

7　火！火！火！　/191

8　灰烬中的凤凰　/227

后记　1666年以后　/253

致谢　/263

注释　/266

序　幕

摩菲尔德：1666年9月1日，星期六

  他通常穿白色衣服，戴黑色面具。相反的两个颜色向生与死致敬。他拿着一根木棍，拖着脚步，笨拙地走来走去。形形色色的观众注视着他的一举一动。他们从伦敦各处赶来，只为看他一眼。他愚蠢又狡猾，令人不自在；他声音尖锐，脾气暴躁；他的小胳膊和小腿牵扯着一根根丝线，由一名隐藏在视线之外的操作者控制。现在，他的名字是波利希内洛，但几十年后，伦敦人会叫他"波奇"。[1]

  在这个夏末的午后，塞缪尔·佩皮斯（Samuel Pepys）坐在观众席里，观看了这场在摩菲尔德演出的"木偶剧"。这里位于城市的北部，有开阔的空地，绿树成荫，两旁是成排的商店、酒馆和妓院，各色人物熙熙攘攘——从书商和民谣歌手，到洗衣工、扒手和绅士。去年夏天的恐怖景象——满街的手推车、尸体和恶臭——几乎都消失了。今年已经过去九个月。一些人曾发出警告，也有许多人忧心忡忡，这一年也

许预示着《圣经》中的末日。经过几个世纪的宗教教诲,基督教世界已将灾难和重大事件视为某种迹象,指明上帝的旨意。1666年与《圣经》中所说的野兽数字[①]有关联,自1597起,各宗教派别便将这一年标记为天启的开端。国王的祖父苏格兰国王詹姆斯六世兼英格兰及爱尔兰国王詹姆斯一世曾写过一篇短文,便源于《启示录》,文章论证他和同代人皆生活在"我们最后的时代"。并且,在过去的二十年里,宗教狂热不断升级。然而,尽管有先前的预言,前一年的悲惨际遇也无可否认,世界似乎完好无损,至少伦敦几乎完全恢复了正常。

波利希内洛表演的确切性质尚不清楚,木偶剧却以讽刺和闹剧的形式兴盛,不断颠覆许多知名事件、寓言和历史的叙述。也许这场表演是在取笑英国人最近对荷兰小镇西泰尔斯海灵的袭击。不管怎样,这是佩皮斯在一周多的时间里第三次观看这场演出,他认为这是"自己看过的最好的演出"。同去的还有他的妻子伊丽莎白、她的朋友玛丽以及他们的老相识威廉·佩恩爵士(Sir William Penn)。这个周六的下午无比愉悦,尽管风有点大,他们将继续在附近的一家酒馆享用美食和葡萄酒。在历史悠久的大都市伦敦,这样的下午很常见。

但其实这并不常见。几小时后,一场大火将在市中心爆发。这场大火将永远改变他们所熟悉的伦敦。

[①] 野兽数字,即666,出自《启示录》13:15—18。——译者注

第一部分　1665

1
伦敦在燃烧

……人们已经注意到，在英格兰大多数家庭中，如果有哪一个子女胜过其他兄弟姊妹，无论是美貌或智慧，还是勇气或勤奋，或是具有其他任何罕见的品质，那么伦敦就是他们的北极星，不朝向那里决不罢休。

——爱德华·张伯伦（Edward Chamberlayne）

《英格兰现状》[1]

1665年3月7日，星期二

和往常一样，一天开始了。苍白的冬阳伴随着黎明到来，灰蒙蒙的阳光映照着玻璃窗和结了冰的水坑，光影斑驳，带来些许光亮，却并不温暖。伦敦进入霜冻已有一个月。整个首都，人们在教堂的钟声和街道的喧闹声中醒来：街上有狗吠声、马车行驶的咔嗒声、鸽子的叫声和早起的人叽叽喳喳的闲聊声。蜡烛已点燃，夜壶倒空了，食物和饮料也都取走，大都市的人们为即将开始的一天做着准备，像卖肉的、烤面包的、卖牛油蜡烛的；还有书商、杂货商和咖啡馆老板；那些药剂师、金匠和城里的布料商从楼上的住处来到楼下的店铺里。城市的其他居民也步入了伦敦这广阔的世界，他们呼出的白气在中世纪街道的上空盘桓着、缭绕着。

在这样的一天，如果有人能从上空俯瞰首都，他们会发现，这座城市早已不受控制，不断地向外扩张。层层瓦片覆盖的屋顶似乎是一个巨大的幕帐，罩着下面纵横交错的通道和街衢。有的路是铺设过的，但坑洼不平，其他路上则是坚硬的泥块和石头，映衬着上方哥特式的教堂尖顶，以及石头砌成的烟囱，冒着黑黑的浓烟。约翰·伊夫林（John Evelyn）写道，这些市中心的街道"如此狭窄、令人不适"，纵横交错在一片杂乱无章的木架构建筑中，许多厚重的木头柱子悬吊在头顶上方。约翰·弥尔顿（John Milton）曾居住在城市东北部的火炮路上。那里"房屋拥挤，空气中弥漫着刺鼻的下水道气味"。[2]——确实，这里的空气常常让来访者感到恶心。三年前，托马斯·埃尔伍德（Thomas Ellwood）就因"那座城市恶臭的空气"而被迫离开。[3]几十年后，诗人约翰·盖伊（John Gay）断言，早晨是出行的最佳时间，因为"在街上还不会受到潮涌般行人的骚扰"。[4]许多徒步探索这座迷宫的人，他们紧贴着墙壁，躲避从上方"恶意倾倒的讨厌的秽物或排污口流出的粪便"，也要避开前方和后面驶来的出租马车和轿子。[5]在繁忙的时间段,抢"墙"事件时有发生。1664年,据塞缪尔·佩皮斯记载,"两个人……为了争抢新交易所旁边靠墙的位置,互相推挤,竟致相互残杀,捅死对方"。[6]正如法国哲学家塞缪尔·德索尔比埃(Samuel de Sorbière)所说,由于街道曲折,需要"住上一年才能对这座城市有一个非常准确的概念"。虽然在富裕街区也可以看到砖结构建筑,但城市里主要还是以中世纪木制房屋为主。

伦敦古老的城墙内曾是古罗马时期一个普通的居住地,但随着人口的增长和城市的日益繁荣,这座都城早已从旧的边界向外扩张,形成了一个由三部分组成的大都市。历史上的伦敦市作为商业中心,位于城墙内,有六个城门,由市长大人、市议员和实力雄厚的同业公会共同掌控。在这里,许多曾经属于贵族的"豪宅"变成了出租房屋。最富裕的居民住在市中心。[7]斯特兰德大街如一条脐带连接着威斯敏斯特城区与城市的西南部。城区包括白厅和威斯敏斯特宫殿,是国家政治和王权的官方所在地。到最后,城郊地带在城墙外不断扩张,用作城市的缓冲,并蔓延至周边的田野和农田:向北、向东、向南,特别是向西。不断拓展的郊区,以及泰晤士河和威斯敏斯特边上的雄伟大厦,让人们得以一瞥伦敦建筑的未来。在布卢姆斯伯里区,南安普敦伯爵(the Earl of Southampton)正在建造伊夫林所说的"宏伟广场"——事实上,这是伦敦第一座风格独特的花园广场;在林肯律师学院广场,殖民地商人兼丹吉尔委员会的司库托马斯·波维先生

7

(Thomas Povey)有一所"雅致的房子"。屋里陈列着仿斑岩花纹的花瓶，马厩里铺着德尔夫特瓷片，房子有喷泉，还有"漂亮的酒窖和一排排的葡萄酒"；[8]在皮卡迪利大街，为克拉伦登伯爵（the Earl of Clarendon）、约翰·伯克利爵士（Sir John Berkeley）和约翰·德纳姆爵士（Sir John Denham）建造豪华新居的工作正在顺利进行。[9]房子都朝南，面对开阔的银色的泰晤士河。

今天，各色人等都在忙着自己的事。河上，有像德尔克斯先生这样的水手，"嘴里总是叼着别针"。[10]停靠在码头的船上下晃动着，他在船上等着接送渡河的伦敦人，偶尔还替漂亮的女儿拉皮条。还有那些商船水手，为横渡大西洋预备了大批船只，将贵格会①的囚犯送到英国在牙买加、巴巴多斯或弗吉尼亚的殖民地（更多的是去牙买加），这些囚犯会到"种植园"去当契约仆人。[11]也有许多捕鱼人出船捕捞鲟鱼和鳟鱼，然后卖掉，河里这两种鱼很多。在伦敦金融城，马修·奥尔德雷德（Mathew）和托马斯·奥尔德雷德（Thomas Aldred）最近在主教门一带的天使巷附近开了一家诊所，治疗"抑郁及心绪烦乱的人"。[12]靠近舰队街的彩虹咖啡屋里，托马斯·格雷（Thomas Grey）在"两座圣殿之门"之间出售止咳、治感冒和消食的含片。[13]舰队街上，艺术家玛丽·比尔（Mary Beale）已在首都住了几年，也许有人看到她已经收拾

---

① 贵格会，又名教友派、公谊会，兴起于17世纪中期的英国及其美洲殖民地。

好日常的家什，准备退隐到汉普郡。在这样寒冷的日子，人们经常能看到一位绅士，七十六岁，名叫托马斯·霍布斯（Thomas Hobbes），穿着一件黑天鹅绒的外套和一条"西班牙皮质马裤"，两边系着黑色带子。他每天早晨从德文郡公爵的房子里出来散步。[14]那些需要离开城市的人可能已经去了兰贝斯的红狮酒馆。托马斯·费希尔（Thomas Fisher）和托马斯·赖德（Thomas Ryder）在那里经营着去埃普索姆的马车服务，每天早晨八点准时出发。圣保罗大教堂的西面，正在展出一批"精选的稀有珍宝"（有埃及的木乃伊、"巨人的股骨"和"美人鱼的皮"），花很少的钱就可以看到。[15]如果手头有点紧，伦敦人可能会考虑去"一个叫乔治·格雷的人开的店，他既是理发师又是假发制作工匠"。在那里，"亚麻色长发每盎司十或十二先令，其他金色长发每盎司六或三先令"。[16]男女假发生意非常兴旺。

大约有四十六万人在伦敦生活和工作。[17]这座城市由一个庞大的农业和工业网络维持，不仅覆盖全国各地，也超越国界。煤从泰恩河运来，铅来自德比郡，锡（制造白蜡的重要材料）来自康沃尔郡，水果和蔬菜来自邻近的赫特福德郡和肯特郡，布匹从威尔特郡和苏塞克斯郡运来，抽烟草用的陶制烟斗产自怀特岛，屠宰用牲畜运自爱尔兰。还有物品来自更远的地方：荷兰代尔夫特的玻璃器皿，东印度地区时髦的异国香料和丝绸，以及美洲的烟草和糖。艾尔啤酒、苹果酒和葡萄酒是最安全的饮料，也有不同品质的水。伦敦到处都有水井，也可以通过伦敦桥上的一个大水车来取用泰晤士河不太清洁的水。最洁净的饮用水由城外的新河公司提供。公司于本世纪初成立，建造了一条40英里长的人工水道，始于哈福德郡的查德韦尔和阿姆韦尔的淡水泉，止于伦敦的克勒肯维尔。只要支付一定的费用，居民就可以安装一根铅管，将常规淡水输送到家中。

和每一座城市一样，伦敦既是一个真实有形的世界，有食物、饮品、金钱、街道、房屋和商品，又是一个想象的、受意识形态主导的虚幻世界。历经十多年的共和统治之后，1660年的君主复辟仿佛扭转了一下万花筒，给17世纪的惯常带来转变，创造了新的日常生活模式。星期天仍然是神圣不可侵犯的，但每隔一天，商店都营业到晚上十点。咖啡馆和皇家学会的聚会为少数有话语权的人提供了讨论自然哲学和进行实验的空间，而一些小酒馆以及像圣保罗教堂庭院、皇家交易所这样的商业文化中心则喧嚣吵闹、充满活力与浮躁。皇家交易所尤其是新闻和八卦的发源地，人们常称之为"交易所"，它位于针线街和康希尔之间，近一百年来一直是贸易活动的中心。它来自托马斯·格雷欣爵士（Sir Thomas Gresham）的构想（爵士的另一个项目是以皇家学会为基础建立一所学院），包括一个广场，广场周围建筑的好几层都是商家、店铺和聚会场所。

除了传统的节日和集市，伦敦人还享受着不断发展、充满活力的公共娱乐——从戏剧、斗熊活动和赌博到新形式的音乐、舞蹈,以及对欧洲大陆时尚孜孜不倦的兴趣(如带搭扣的鞋子、三件套套装流行之前的服装,最重要的是假发);还可以探索新的城市空间,比如皇家公园和有拱廊的商业街。而对于那些社会地位较高的人来说,网球和赛马等观赏性体育运动逐渐流行起来——查理二世本人就以每天早晨打网球而闻名。宫廷成员间越来越流行旅行到纽马克特观看赛马,每年两次。简而言之,除了工作和礼拜,伦敦人有许多理由外出转悠。

伦敦近五十万居民中有一大批是来自全国各地的移民,他们一心想着改善生活状况。塔斯韦尔一家就是这样的家庭。他们是来自怀特岛的商人,1660年搬到了贝尔巷一处颇大的房产,毗邻伦敦东部的海关大楼。[18]统计学家约翰·格朗特(John Graunt)的父亲就是一个移民。格朗特估计,每个伦敦家庭大约有八个成员:"男人、妻子、三个孩子、三个仆人或房客。"[19]作为一个典型的商人家庭,塔斯韦尔一家可能符合这一模式。詹姆斯和伊丽莎白为一家之主,他们至少有两个儿子。次子威廉在城市另一边的威斯敏斯特学校上学。在威斯敏斯特,威廉·塔斯威尔(William Taswell)可能会在不知不觉中接触到另一个伦敦家庭——米切尔一家。他们住在伍德街,房子里有五个壁炉和"一个寒酸的小花园"。[20]迈尔斯·米切尔(Miles Mitchell)和安妮·米切尔(Anne Mitchell)为家长,这一家至少还有两个成年的儿子,可能还有一个女儿,是安妮三十年前非婚生的。[21]作为一个书商家庭,信息是他们的交易商品。在过去的几年里，他们在城市西边的威斯敏斯特大厅里经营得很好。

和许多半公共空间一样，威斯敏斯特古老的大厅——近二十年前查理一世被判处死刑的地方——已经成为商业活动中心，挤满了商家和购物者，他们以物易物，讨价还价，争抢空间。1665年3月7日，人们走近大厅，首先映入眼帘的是门口令人毛骨悚然的景象：长长的尖刺上戳着三个人头，它们分别是奥利弗·克伦威尔（Oliver Cromwell）和一起参与弑君的亨利·艾雷顿（Henry Ireton）和约翰·布拉德肖（John Bradshaw）。五年前，查理二世下令将他们从威斯敏斯特大教堂的坟墓中挖出，并在泰伯恩刑场作为叛国者"处决"。走进主厅，顾客可以找到各式各样的在售商品，从服装、书籍到假发和纽扣，应有尽有。米切尔的商店在一本出版手册中被称为"威斯敏斯特大厅的第一家商店"。[22] 与他们为伴的是这一家的朋友约翰·豪利（John Howlett）和伊丽莎白·豪利（Elizabeth Howlett）。他们是男装经销商，在威斯敏斯特大厅做生意至少已有二十年。事实上，两家之间的联系非常紧密，米切尔的大儿子已经和豪利家漂亮的女儿伊丽莎白订了婚——人们都叫她"贝蒂"。这对夫妇计划，一旦结婚，就搬到泰晤士街的一处房子里。米切尔的儿子会接管岳父的生意，而不是像他父母那样做个书商。

当然，伦敦各地都有书商出售大量的印刷作品。约翰·普莱福德（John Playford）在圣殿区卖音乐和舞蹈书籍，亨利·赫林顿（Henry Herrington）在新交易所一带卖戏剧和歌剧书籍；彼得·德灵（Peter Dring）在玫瑰酒馆隔壁销售美食作家汉娜·伍利（Hannah Wolley）的作品。詹姆斯·阿莱斯特（James Allestry）在圣保罗教堂庭院出售皇家学会的科学著作，包括其新的科学杂志《自然科学会报》（Philosophical Transactions）在前一天出版的首刊。米切尔家的书店与其他书店的不同之处在于，它位于威斯敏斯特大厅，靠近政治权力中心：关于这座城市的推动者和撼动者的谣言和八卦，这里是最佳收集地点。

除了书和小册子，米切尔夫妇可能还出售伦敦主流的周报《情报者》（Intelligencer）。这份报纸比现代报纸薄，大概四五页，综合报道来自全国和欧洲大陆的事件。自君主制复辟以来，在罗杰·勒斯特兰奇（Roger L'Estrange）的管理下，报界实行了严格的新闻审查制度。但报纸仍为普通读者提供信息。在最新一期中，读者可以读到这样的报道：在海峡对岸，一个英国绅士被人谋杀；在朴次茅斯，一名老牌保皇党人劫持了外国商船；一场大风暴席卷法国，"当地还没有什么消息，但灾难……"[23]，也有报道说，荷兰舰队在迅速扩张，到月底就将"准备就绪"。

伦敦的大多数人都知道"准备就绪"是什么意思，那些有疑问的人可以看看一些钉在城市地标上的三天前的告示。上个星期六，首都举行了声势浩大的游行，这些告示都是当时留下来的。游行队伍上午十点从白厅大门出发，国王的传令官们在警卫官和八名号手的陪同下,沿齐普赛德街行进,最后到达皇家交易所。如他们留下的告示中所说,传令官向伦敦市民宣布,仅在最近的十多年里,英国人已第二次向荷兰人宣战。[24]

没有多少人对这场战争感到惊讶。在以天主教为主的欧洲大陆上,英荷关系因共同的新教信仰紧密相连,又错综复杂。伊丽莎白一世统治时期,英国人支持荷兰人反抗西班牙的哈布斯堡王朝的统治,击败了西班牙无敌舰队,最终,荷兰的七个省组成了一个自由独立的新教国家——荷兰共和国。随着哈布斯堡帝国的衰弱,荷兰商业船队成为欧洲规模最大的船队,控制着伊比利亚海岸的贸易,并同英国人竞争,抢夺以前由西班牙和葡萄牙控制的贸易据点。荷兰共和国的繁荣,加上海峡两岸相互竞争的新教派别的分裂,助长了英荷之间的对抗,两国的角力影响了整个17世纪中后期欧洲各国的关系。克伦威尔建立共和国的最初几年里,国家许可的商船私掠行为使得这一对抗演变为全面海战。第一次英荷战争发生在1652年到1654年之间。在罗伯特·布莱克(Robert Blake)、乔治·蒙克(George Monck)和约翰·劳森(John Lawson)等好斗的国会议员兼海军将领的指挥下,英国军舰取得了胜利,但还不足以决定性地击败荷兰,以根除紧张局势的起因:争夺对东印度群岛和西印度群岛贸易霸权的拉锯战。

激烈竞争催生了恶意攻击民族形象的文学作品,这些作品利用上帝和宗教来谴责对方国家的失败：1664年，一本题为《英国和荷兰人事务的真实呈现》（*The English and Dutch affairs Displayed to the Life*）的英文小册子论述，阿姆斯特丹最近有数千人死于瘟疫，这是上帝降下的旨意，是对他们的惩罚。[25]另一本小册子认为，荷兰的繁荣来自"他们对我们犯下的残忍的血腥屠杀"；[26]还有一本也是如此，书名为《荷兰公猪剖析，或猪的国度之详述》（*The Dutch Boare Dissected, or a Description of Hogg-land*），书中把荷兰人描述为"长着两条腿、贪婪而肥胖的奶酪蛆虫：一种吃黄油上瘾的生物，嗜好喝猪油，还不停蠕动，全世界都知道他是个狡猾的家伙"。[27]对荷兰人来说，反英文学的中心思想是，在杀死查理一世的弑君行为之后，英国人便与魔鬼结盟。图像中描绘的英国人要么长着狐狸尾巴，要么拖着龙的尾巴，甚至魔鬼的尾巴。[28]在荷兰诗歌《尼德兰钳子》（*Nederlandtshe nyp-tang*，1652）中，作者声称，对于英国：

> 我必须揭露他们虚伪的谎言。
> 他们一定是从地狱降世。[29]

荷兰各派权贵对奥兰治王室也颇为忌惮。奥兰治王室是荷兰执政官的家族，势力庞大。执政官由选举产生，实质上是荷兰共和国的国家元首。1641年，查理二世九岁的妹妹嫁给了奥兰治的威廉二世，战略性地播下英国的种子。1665年，他们的后代威廉只有十五岁，由于父母过早去世而成为孤儿。他的舅舅查理二世便成了这个少年与他敬爱的母亲之间最紧密的联系。

尽管英荷之间存有敌意，但也在相当大程度上相互影响。查理二世复辟后，许多英国议会派成员逃亡到荷兰共和国，而荷兰商人和众多外国人一起生活在伦敦大都市中。一个主要从事金饰品制作和玻璃生意的荷兰家族人丁兴旺，族长是约翰·范德马什（Johan Vandermarsh），他们在城墙内的莱姆街一带生活。查理在流亡期间曾在荷兰待过一段时间，他的弟弟詹姆斯也是如此。国王雄心勃勃的内阁大臣阿灵顿勋爵（Lord Arlington）最近娶了一个荷兰女人。荷兰艺术家在英国享有很高的声誉——佛兰芒画家安东尼·凡·戴克（Anthony van Dyck）去世后，在荷兰学习过的彼得·莱利（Peter Lely）正式成为皇家画师；专业排干沼泽地的荷兰工程师被专门请来，以改变诺福克湖区的面貌。甚至连皇家铸币厂的首席铸币师约翰·罗蒂埃（John Roettiers），其祖上也是荷兰人。

通往当前战争的道路始于1664年4月。当时有一个下议院组织的委员会，由托马斯·克利福德爵士（Sir Thomas Clifford）担任主席。此前，他们专注于调查国家布料产业的衰退，此时转向了考察英国贸易的整体下滑。委员会会议期间，商人们受邀表达他们对荷兰人的不满。随着一些公司进一步在海外涉猎黄金、白银、糖、烟草、丝绸和香料的贸易，以黎凡特公司、东印度公司以及皇家冒险家非洲贸易公司为主要的投诉方抱怨荷兰人占领了之前葡萄牙沿非洲西海岸的所有领地，极大限制了英国的贸易能力。[30]

事实上，就在同一年，一个名叫罗伯特·霍姆斯（Robert Holmes）的船长受到指控，他现年四十三岁，生于爱尔兰，罪名是协助新成立的皇家冒险家非洲贸易公司进行扩张。这家政府支持的公司坚信在冈比亚河沿岸有富饶的金矿，他们经常与荷兰在西非海岸的贸易基地发生冲突。公司的首要目标是获得黄金，但也有明确的指令要求开展奴隶贸易，目标是每年获得三千名黑奴，将他们卖到西印度群岛。在拥有40门大炮的旗舰"泽西号"上，霍姆斯率领一支由英国舰只组成的特遣舰队，去攻占荷兰人位于几内亚湾北部的卡罗鲁斯伯格城堡。他带了一款全新的弹簧式摆钟，由杰出的荷兰科学家和发明家克里斯蒂安·惠更斯（Christiaan Huygens）设计，经英国皇家学会改装，适用于海上航行，希望能提高导航的准确度。霍姆斯承认自己非常狡猾，他可以"像看着朋友一样满怀爱意地直面自己的敌人"。[31]他也是一名坚定的军事领袖。在船员的忠心支持下，再加上最先进的海军武器和导航设备的辅助，霍姆斯用十一天时间占领了卡罗鲁斯伯格城堡，并将其重新命名为海岸角城堡，由英国人统辖。荷兰人后来又夺回了霍姆斯占领的许多基地，但他们再也没有获得海岸角城堡的控制权。在接下来的两个世纪里，这座堡垒演变为英国跨大西洋奴隶贸易的溃烂心脏。

英荷之间的对抗也在大西洋彼岸展开。1664年，英国人

（再次）将新阿姆斯特丹收归囊中，并重新命名为纽约（以约克公爵的名字命名）。同年，荷兰人从英国人手中夺走了南美的苏里南。这两个敌对的国家在野心、海军力量和执拗的信念方面势均力敌。威尼斯驻巴黎大使警告说：

> 由于双方都拥有数量众多的舰只，配有精良部队，舰上还有官员，可以在激烈的军事行动中鉴定舰长的表现，给予奖励和惩罚，并激发其他人员空前的决心，勇往直前，因此对决的一幕对双方来说都非常不幸，这将留给命运来裁决。[32]

战争可能使许多人致残，但也能使一些人受益。在英国海军委员会位于塞辛巷的办公室里，一名三十二岁的职员雄心勃勃，他发现冲突能给一个人的职业生涯带来奇迹。他是裁缝的儿子，因为这即将到来的战争，他比平时更忙了。他工作勤奋，拥有会计技能，很可能会升职成为丹吉尔委员会的秘书长——一个有权有势、薪水丰厚的职位。1665年3月7日，他坐在那儿，背对着火炉。他应该工作，但左侧睾丸的疼痛困扰着他：前一天晚上，腹股沟的疼痛让他痛苦难挨，到天亮时只是稍稍缓解了些。他在办公室一直坐到中午，显然疲惫不堪，但疼痛又开始发作了。他责怪火烧得太热了，"大发雷霆"，接着离开了办公室，回家见妻子伊丽莎白。17世纪50年代后期，塞缪尔·佩皮斯曾接受一次高风险手术，取出了他尿道中的膀胱结石，他的腹股沟部位一直有问题。那一天，他身体严重不适，无法集中精力，剩下的时间一直躺在床上。

　　他睡觉的时候，离他东南方向30英里左右的地方，战争的车轮在转动。一小队舰只正在查塔姆的重要补给船坞待命，准备沿麦德威河绕道与舰队的余部会合，这些舰只停泊在一个名叫"希望"的锚地，靠近泰晤士河上的提尔伯里码头。其中一艘二级护卫舰"伦敦号"是王政复辟后皇家海军的珍宝，上面装有64门大炮。它不是舰队中最大的战舰，却肯定是最声名显赫的，舰上的一间特等舱房比一级旗舰"皇家查理号"上的舱房"要大得多"，尽管"不那么奢华"。"伦敦号"建于1656年，1660年护送查理二世从荷兰到英国的护卫舰队中就有这艘舰——舰上载有国王的亲兄弟和继承人约克公爵詹姆斯。一年后，国王心爱的妹妹亨丽埃塔也乘坐"伦敦号"抵达法国，嫁给路易十四的弟弟奥尔良公爵。

　　像同时代的大多数舰只一样，"伦敦号"有三根高桅杆和一张巨大的方形帆，其防水舰体很可能涂有一种由"松木、毛发和石灰"制成的树脂混合物，以防止藤壶和损害木材的"船蛆"作祟。[33]这艘木制战舰长三十七米，宽十二米，呈流线型，具有典型的英国17世纪风格。长舷侧有三层甲板，其中两层有一整排炮口，第三层甲板的一半布满了炮口。舰的后部有一个圆形舱室，装饰有镀金的斯图亚特雄狮和独角兽。玻璃窗户面向大海，通向顶层甲板。

"伦敦号"将成为旗舰，由经验丰富的海军舰长约翰·劳森爵士指挥，此时他在25英里之外的舰队中，等待"伦敦号"安全抵达。劳森是个矛盾的人，有一些财务上的麻烦，家族的社会地位在节节攀升，女儿们野心勃勃。他几次想从海军退役，但都没能如愿。他出身于约1615年一个位于斯卡伯勒（或赫尔）的航运家庭。他迅速由寒微发迹：开始是一名商船水手；后来，第一次英荷战争爆发，他成为舰队中的一名舰长；战争结束时，他已晋升为海军中将。以他的出身背景来说，这样的升迁非同一般，而且也只可能发生在共和国时期采取类似唯贤选拔的海军中。不过他的能力也只能让他升到这个位置了。17世纪50年代末，尽管他更加经验丰富，决定海军司令职位的还是没有考虑劳森，而是给了桑威奇伯爵（the Earl of Sandwich）。劳森信仰的宗教派别让人不太放心，还有他和第五王国派的关联都让人觉得选他的风险太高，不值得一试（第五王国派是一个坚定支持共和的千禧年主义团体，成立于王权空位期，预言世界末日）。劳森曾指挥过"伦敦号"参加1660年著名的护卫航行，与国王一起从荷兰出发。他和"伦敦号"有着某种情感联系，他知道它将再次成为他的战舰，他招募了许多忠于他的拥趸、家人和朋友作为舰上的舰员。

根据设计，他的战舰大约可乘三百名男性舰员，但让人奇怪的是，这一天的记录显示，舰上也有女性。严格来说，海军战舰禁止妇女登舰。但这段时期的档案中，不时有零星的记录提到她们，一直到战争爆发，有时是在战时。考虑到旅程的时长，有可能这艘舰是在查塔姆和泰晤士河沿岸的会合点之间进行一种非正式的海军阅兵游行。舰员的妻子、女儿和姐妹们在与亲人分别前，可能会登舰体验一下大海。旅程并不长，航行过程中，舰也不会驶到公海上。十天后，一个叫约翰·艾林（John Allin）的人寄出一封信，这封信可以证明这一说法。他从萨瑟克写给在瑞伊的朋友，信中透露，舰上不仅有男人和女人，还有"一起的孩子"。少年水手在舰队中很常见（桑威奇伯爵就曾带着他十五岁的儿子参加战役），"孩子"这个词可能指年纪很小的小孩，几乎能肯定不满十三岁。非常年幼的孩子没理由会待在军舰上，除非是和家人在一起。

　　查塔姆的准备工作并非一帆风顺。几个星期前，已有订单预订一些平底船（小型运输船）将压舱物运到"伦敦号"上。途中，其中一艘船在德普特福德被拦截，船上的人都被强征（1664年起，海军采用了一种被称为"强行征用"的强制征兵制度，商船上的海员经常成为征用对象）。[34]五千个吊床运抵船坞，为各艘舰上的舰员提供睡觉的地方，经发现，其中许多质量"低劣"。除此之外，修舰和建造新舰所需的木材也迟迟不能从舍伍德森林运来。因为负责运送木材到各个造船厂的水手们害怕出海，怕他们也被"征用了"。尽管如此，1665年3月7日，"伦敦号"经认定可以加入舰队。离开船坞时，舰上装满了补给：下层甲板的储藏室里塞满了皮靴、衣服、蜡烛、食物、床上用品、医疗设备、啤酒桶和水桶。舰上还装备了铜炮和大量火药。

上舰后，乘客们被安置在位于三层甲板中间部分的舰舱，靠近舰长室。舰长室在航行中作为公共空间，用来听音乐、喝酒和社交。正上方是会议室，军官们在那里进餐并举行军事会议。后甲板在会议室上面，末端是"尾楼甲板"。资深舰员的舰舱设在此处，窗户朝向大海。这一天天气寒冷，"伦敦号"在麦德威河上航行。向外望去，他们会看到田地平旷，农舍星罗棋布。当舰绕过圣玛丽亚岛时，水面开阔浩渺，小岛密布。麦德威河迂回曲折，航行穿过河口困难重重，这条通往英格兰东南部的航道几乎无法通航。仅在一年前，查理二世通过了一项法案，治理麦德威河和其他重要水道，使其更加"适于航行"。[35]然而，"伦敦号"在此航行畅通无阻。

舰驶近诺尔（泰晤士河口的沙洲，舰可在此抛锚）时，可怕的事情发生了。其原因至今仍有争议，但新的考古证据提供了一种可能的情况。"伦敦号"继续驶向泰晤士河时，在弹药库（舰上大炮存放的地方）的深处，炮手们开始准备战斗中使用的弹药筒和大炮。和同时期的许多战舰一样，弹药库里有可重复使用的弹药筒。这些二手弹药筒通常含有旧火药和棉花的残留，如果与新火药混合，就会变得非常易燃，只需最小的摩擦就能爆炸起火。有证据表明，当时舰上的炮手正在把弹药筒装进大炮，其中装填了一半的炮管里的弹药筒擦出火星，点燃了舰上的弹药库。火焰飞速穿过甲板下的货舱，里面存放的火药突然爆炸了。[36]

大约1英里开外的一艘小船上，乘客目睹了灾难的整个过程，大火在巨大的战舰上肆虐，几乎将其完全摧毁。一声爆炸过后，舰的前半部向西侧断开，舰的中央部分被炸毁，舰体上原本堆满废弃的大炮作为压舱物，在爆炸的推力作用下，舰体沉入水中。除了舰身的一部分和舰尾，什么也没留下。[37]舰上的最后时刻没有被记录下来，佩皮斯后来写道，舰上的三百五十人中，"只有后甲板舱室和客舱里的二十四个男人和一个女人被救起，其余的三百多人都淹死了"。[38]

有关爆炸的消息传得很快，尽管开始还不知道详细情况。威廉·考文垂（William Coventry，海军专员）当天写信给阿灵顿勋爵（内阁大臣），告诉他，"一艘船在希望锚地下面爆炸了，我说不出是哪种船，但应该是开往巴巴多斯的"。[39]第二天，平底货船上的目击者向多佛的一名官员讲述了他所看到的情况。官员立即写信给阿灵顿勋爵的秘书约瑟夫·威廉姆森（Joseph Williamson）："英勇的战舰'伦敦号'已经被炸毁，怎么炸的，唯有上帝知道……什么也没留下，除了一部分舰身，还有舰尾。"[40]佩皮斯在办公室也得知了这场灾难的消息，他在前一天排出"两粒石子"后，身体有所恢复。他在日记中写道：

> 今天早晨，"伦敦号"不幸的消息把我带到办公室。劳森爵士的手下之前带领"伦敦号"从查塔姆驶向希望

23

锚地，劳森爵士将从那里乘舰出海；但是在靠诺尔的浮标这边，战舰突然爆炸，炸成了碎片，舰上的80门铜炮也一同被炸毁。战舰沉没了，只有后甲板舱室露在水面上。劳森爵士损失了许多精心挑选的下属，以及他们的许多亲属。[41]

据佩皮斯的记录，我们还发现，报道很快就传开了。当天晚些时候，佩皮斯去了趟伦敦证交所，他发现这个消息"让人们悲痛不已"。不久，伦敦市就计划给国王一艘新舰来代替"伦敦号"。[42]

更紧迫的问题是幸存者。约翰·伊夫林作为四名特派员中的一员，负责照料受伤海员和处理战俘事宜。伊夫林和妻子玛丽住在塞伊斯庄园的一所大房子里，毗邻德普特福德造船厂，他们有个十岁的儿子，也叫约翰。他们其实还有其他孩子——实际上是四个——但是三个在他们各自一岁生日之前就死了，另一个只活到了第五个生日。3月9日，伊夫林带着两百多人"去迎接从意外炸毁的'伦敦号'护卫舰上救下来的可怜人"。[43]

到3月10日，伦敦的咖啡馆里谣言四起，说这艘舰爆炸是因为海军使用了首都之外的卖家提供的廉价火药，"比伦敦卖的火药便宜二十先令"。[44]同一天，灾难的消息开始由外国大使传播，荷兰驻伦敦大使米希尔·凡·高（Michiel van Gogh）写道："为海军中将劳森准备的'伦敦号'在沿河航行时被炸毁了。三百五十一名舰员中只有十九人获救。"除了这显而易见的悲剧，财政损失也很大：铜炮非常昂贵，而且船上已备足了物资。3月11日，威廉·巴顿爵士（Sir William Batten）和明斯爵士（Sir J. Minnes）勘察完沉船后回到伦敦，声称"枪炮可能会被捞上来，但船身已被完全损毁"。[45]

接下来的几个月里，约翰·伊夫林负责组织照顾由这个血腥开端所产生的"可怜的孤儿和寡妇"。他写道："她们的丈夫和亲属死在'伦敦号'护卫舰上，有五十名寡妇，其中四十五人带着孩子。"[46]约翰·劳森爵士也失去了一些亲人，他给最需要帮助的人提出了不少建议。第二次英荷战争还没开始，这座城市已接受了火与死亡的洗礼。

对小册子的写作者托马斯·格林（Thomas Greene）来说，"伦敦号"的毁灭标志着一系列可怕事件的开始，表明上帝对伦敦人民的不满：

> 自从主向你显示不悦，甚至自从"伦敦号"这艘舰被炸毁，舰上两百多人被炸成碎片，葬身海底，我的心就为你哀愁、为你忧虑，如重担般压迫着我。这是我的心在呼喊：你以为他们是比众人更大的罪人吗？[47]

2
瘟疫暴发

> 这跳蚤怎么就有罪了？
> 它不过吸了你一滴血。
>
> ——约翰·多恩《跳蚤》[1]

在宿主死后，跳蚤大约有三天的时间来寻找新鲜的血源。过了那个时间点，它们就会挨饿。如果跳蚤携带了鼠疫杆菌，[2]这种细菌会阻塞通往胃部的阀门，跳蚤进食的需求就增强了。只有跳蚤不断地进食，细菌才会被排出，进入跳蚤咬过的伤口。跳蚤的腹部满是新鲜血液时，细菌渗入新宿主流动的血液中，不断繁殖，并将毒素注入每个细胞。[3]在船上，跳蚤可能会附着在一捆捆棉布或丝绸上，直到发现另一个活体，通常是一只黑鼠。这样，跳蚤从一个宿主跳到另一个宿主，穿越水域，比如，从荷兰来到英国。

1664年冬天，英国雅茅斯港发生了一系列互不关联却非同寻常的死亡事件。同时还出现了一道壮观的"灼热之光"，在天空划出一条线。这是几十年来观测到的最亮的彗星,接连几天时间,整个西欧都可以看到,许多观测者(包括国王和皇家学会的成员)都想知道这意味着什么。在17世纪,彗星被认为是厄运的预兆。之后的圣诞节期间,一名叫纳撒尼尔·霍奇斯(Nathanial Hodges)的伦敦医生被叫去给一个病人看病,病人身上"长了两颗肉豆蔻那么大的隆起物。……一条大腿上一个",按他的说法,周围一圈都"黑黑的"。1665年1月的第一周,据每周《死亡布告》(由教区办事员绘制,卖1便士)披露,伦敦原野圣吉尔教堂的教区有一个人死了。这个通常被称为"布告"的文件不仅详细地列出了前一周的死亡人数,还列出了他们的死因。原野圣吉尔教区的死亡事件很奇怪,死者是一名女性,身体上出现了非常可怕的传染病症状。死者和其他人都不知道,她曾被携带鼠疫杆菌的跳蚤咬了一口,由此开始了她的坟墓之旅。黑死病又回到了伦敦。

1665年,瘟疫的到来并不令人惊讶。鼠疫在英国是一种地方病,几乎每年都有少量病例在全国各地发生。纳撒尼尔·霍奇斯医生注意到:"民众普遍认为,鼠疫每二十年就会光顾英国一次……仿佛每过一段时间,由于某种不可避免的必然性,它必须回来。"[4]

事实上,伦敦上一次大规模的鼠疫传播已经过去近三十年了,但整个17世纪都曾暴发过严重的鼠疫。1603年,伊丽莎白一世死后,瘟疫立即袭击了伦敦,三万多人死亡。1625

年，詹姆斯六世及一世去世后，另一场瘟疫暴发，夺去了伦敦百分之二十的人口。从死亡人数和人口的比例来看，这是最近一年首都发生的真正可怕的瘟疫。不过1630年和1636年也有时疫流行。到了1665年，对许多伦敦居民来说，他们已没有关于重大传染病的记忆。

淋巴腺鼠疫过去是、现在仍然是一种无比可怕的疾病，可以使受害者丧失人性。它通过感染淋巴系统破坏身体，引起发烧和发冷、头痛、虚弱、癫痫、呕吐、腹泻和极度的肌肉疼痛等症状。最初，患者会出现皮疹，变得昏昏欲睡，但又因体内和体表的极度疼痛而无法入睡。开始发烧后，患者的语言和协调能力下降，看起来像醉汉。肿胀的淋巴腺在腹股沟、腋窝或颈部（有时在跳蚤咬伤部位）形成囊肿。来自这些囊肿的压力会导致皮下出血，皮肤变成深蓝色或黑色，因此被称为"黑死病"。最后，当患者接近死亡时，皮肤上会出现红色斑点，被称为"标记"。

清教徒传教士托马斯·文森特（Thomas Vincent）相信，许多其他疾病容易影响社会上最弱势的群体，而鼠疫"不放过任何阶层、年龄或性别"的人。他认为，瘟疫的毒箭"射向富人和穷人，指向上层和底层"。但他错了：事实上，瘟疫是穷人的疾病，那些生活在伦敦最贫困地区的人，那些住在拥挤破败的公寓里的租客和一户户人家，以及那些没有办法离开首都的人——这些人通常都死了。[5]死亡率很高，估计在百分之七十至百分之八十之间，这种病三百年前就第一次出现在英国，但到现在，预防或治疗方面几乎没有什么变化。数百年来，医学漏洞百出、停滞不前，根本没有治愈这一疾病的希望。

在17世纪，医学实践依赖于古老的古希腊伽林理论。这种理论认为，人体生病是因为四种体液失衡，即黑胆汁、黄胆汁、血和痰失调。由此，治疗主要是平衡体液——诱导出汗、呕吐或放血。像鼠疫这样的传染病被认为是通过瘴气或"不良空气"传播的。因此，预防措施在于用芳香的木柴烧火和宜人的气味来"净化"空气。人们还需要两百五十年才能开始了解这种疾病的生物特性。即使是现在，关于该疾病不同菌株的讨论仍在继续。历史上的流行病似乎比现代的瘟疫更致命，所以一些人认为，在近代早期，人蚤和体虱也可能作为疾病的载体发挥了重要作用。对于人类而言，淋巴腺鼠疫通常由已感染的跳蚤叮咬引起，这些跳蚤寄生于黑鼠身上。

当时已知的情况是，疫情在英国暴发之前，通常已经在欧洲大陆发生。早在1663年，阿姆斯特丹和汉堡两个主要贸易港的鼠疫引起了枢密院的极大关注，枢密院制订了一项计划，以阻止疫情到达英国海岸。在伦敦市市长约翰·劳伦斯爵士（Sir John Lawrence）的建议下，位于泰晤士河口的坎维岛设立了一个隔离点，任何受感染的船只和船员要先经隔离，然后才能接近英国。这项措施最初取得了成功——1664年，阿姆斯特丹有两万四千人死于鼠疫，而在英国，死亡人数寥寥可数——然而，对于17世纪的边境控制来说，鼠疫过于强大。传染病不可避免地进入了英国。

1664年末,有传言说,一群受感染的法国人将瘟疫从威斯敏斯特带到了伦敦城,但他们也很可能是从疫情泛滥的荷兰港口分几批抵达的。1665年3月,英国和荷兰之间的战争爆发,离岸检疫措施松懈,疾病传播变得更加容易。纳撒尼尔·霍奇斯医生在他的回忆录中写道:"瘟疫从荷兰和成批的商品一起传进来;如果有人愿意进一步追踪的话……应该是来自土耳其,和一捆捆的棉花一起,棉花可以保存'疫病的活力',这很奇怪。"[6]

无论如何,1665年第一次官方公布的伦敦瘟疫死亡事件并没有引起广泛的恐慌。原野圣吉尔教区是城市西边的一个贫困地区,以麻风病人的守护神命名。这个位于郊外的教区建在早年一个中世纪麻风病医院的旧址上,距离泰晤士河和伦敦的商业中心地带都很远。到1665年,该地区已经变得国际化,大量的法国人(包括塞缪尔·佩皮斯的母亲和岳父)居住在此,有一千多家住户。[7]作为伦敦外环最大的教区,这里贫穷与繁华并存,从东边的林肯律师学院一直延伸到西边的查令十字。最穷的居民住在木头房子里,分布在科尔庭院、十字巷,以及皇冠酒馆附近的小街小巷——人们常去皇冠酒馆那里喝酒。最富有的居民——包括皇家学会主席威廉·布朗克(William Brouncker)——住在宏伟的红砖建筑里,位于皇后大街和德鲁里巷繁荣的剧院区。

像原野圣吉尔教区这样的地方,时不时在《死亡布告》

上出现死于鼠疫的离奇事件并不罕见。只要病例保持在较少的程度，通常就没必要担心。本着这种精神，1月份的鼠疫死亡事件被当作一个孤立的案例被人们置之不理；但后来到了2月份，教区出现第二例瘟疫死亡患者，《死亡布告》显示，死亡人数总体稳步上升，里面包括"斑疹热"（现在称为斑疹伤寒）病例，这是一种由体虱传播的传染病，症状与鼠疫非常相似。住在城墙内的纳撒尼尔·霍奇斯说，一旦可能有传染病蔓延的传言出现，"老百姓们听到了……每个人都预测着未来的灾难，他们回忆起以前瘟疫暴发的情形，开始吓唬别人"。[8]丹尼尔·笛福（Daniel Defoe）在疫情发生时还只是个小男孩，几年后，他结合自己的研究和长辈的二手证词写下当时的情形，他说这第二次死亡牢牢"占据了人们的头脑"，很少有人愿意"走过德鲁里巷，或其他可疑的街道，除非他们有特别的事情，不得不去"。而事实上，这一地区最著名的营业场所国王剧院比以往更加繁忙。

国王剧院夹在德鲁里巷和布里奇街中间，位于原野圣吉尔教区的外沿，属于毗邻的丹麦圣克莱蒙教区。这座三层大剧院于1663年开放，是复辟时期伦敦的象征，也是国王剧团的所在地。一名评论者描述道，剧院位于街道后方，"非常大"，要经过一条狭窄的通道进入主剧场。空间不够宽敞，绅士们和太太们在包厢里应酬着，新兴的"中产阶级"在拥挤的正厅里推推搡搡，年轻漂亮的姑娘们在卖橘子。这个地方很不错，但不完美。佩皮斯觉得包厢离舞台和屋顶太远。[9]屋顶上罩着一个圆顶，经常有雨漏进来，七百多名观众就这么忍受着恶劣天气的肆虐。在这样的空间里演出，需要钢铁般的意志，许多想当演员的人进了剧院，又被淘汰出局。

就在国王剧院里，在野心勃勃的托马斯·基利格鲁（Thomas Killigrew）的监管下，那个时代最优秀的表演者开始了他们的职业生涯。1665年3月，可能有这样一名表演者首次登台表演。[10]妮尔·格温（Nell Gwynn）还只有十几岁的时候就很熟悉这家剧院，但不是作为一名演员。她童年的大部分时间都在考文特花园的一家妓院里度过，同酗酒的母亲和姐姐一起。大约十二岁时，她在伦敦各个剧院里卖橘子，搬进原野圣吉尔教区内的"公鸡和馅饼"酒馆里的房间住下。如果妮尔出生在不同的地方，或较早一代，她的生活可能会像她的母亲一样。但查理二世的复辟带来了巨大的变化。不仅剧院重新开放，官方也首次允许妇女在英国的公共舞台上表演，她们成为主要的票房吸引力。妮尔长着漂亮的脸蛋，性格坚韧、活泼机智，简直就是为这个新的公共领域而生。在某个时候，也许是卖橘子的时候，她引起了基利格鲁的注意。

仅在第二例鼠疫病例发生几周后，妮尔很可能首次登上舞台，在约翰·德莱顿的黑暗史诗《印第安帝王》（*The Indian Emperour*）中饰演西达利亚。她当时十四岁，男主角是她现实生活中的情人，三十九岁的查尔斯·哈特（Charles Hart）。这是一个严肃的角色，对于像妮尔这样背景的人来说，是一个前所未有的飞跃，更不用说她还很年幼。她并不是英国舞台上的第一名女演员——这一荣誉属于安妮·马歇尔（Anne Marshall），1660年11月，她在改编的莎士比亚戏剧《奥赛罗》中扮演苔丝狄蒙娜——但妮尔将成为最聪明的女演员。演员这种职业带来前所未有的社会阶层的提升，但也带来了不必要的关注。据悉，演出结束后，男士们会进入后台的"疲劳房间"，向正在穿衣的女演员抛媚眼。有一次，一个名叫丽贝卡·马歇尔（Rebecca Marshall）的演员（安妮·马歇尔的妹妹）拒绝了休·米德尔顿爵士（Sir Hugh Middleton）的求爱，"从剧场回家时，被埋伏在路上的一个恶棍袭击了"。[11]遗憾的是，没有资料记载妮尔的第一次表现如何。但到了1665年4月3日，她已声名大噪，足以让塞缪尔·佩皮斯在公爵剧院的观众中认出她。

公爵剧院由威廉·达文南特（William Davenant）管理，这里原是一个网球场，后改建为林肯律师学院的一个剧院，位于原野圣吉尔教区内。佩皮斯和妻子去剧场看演员托马斯·贝特顿（Thomas Betterton）演出的悲剧《穆斯塔法》（*Mustapha*）。这是一部新戏，关于一名沉溺"女色"、不尽完美的统治者的故事。妮尔和丽贝卡·马歇尔一同参演，丽贝卡也在基利格鲁的公司工作。然而，那天下午地位最尊崇的观众是查理国王本人。国王经常公开出席剧院的活动，这次，他由二十四岁的情妇卡斯梅恩夫人（Lady Castlemaine）陪同。当时，她已怀有一个月左右的身孕，这是他们的第四个私生子。剧场的这群观众身份混杂,他们并不知道,自己正身处英国最危险的教区之一。事实上,几天之内,在离他们看戏的剧院走路仅十分钟路程的地方,一个年轻的女孩死于瘟疫。[12]

整个春天,这些剧场就像一块磁铁,每天吸引大批伦敦人来到疫情暴发的中心。传染的现象一直持续着。尚不清楚国王对受感染的原野圣吉尔教区的情况了解多少。不过在4月15日,他前往派特纳斯特街的内科医师学会。资料记载显示,除了其他一些事情,他还"问询了传染病的暴发地和原因",以及"维护并增进臣民健康的手段和方法"。[13]

4月24日《死亡布告》发布后,上面显示原野圣吉尔教区又有两例鼠疫死亡病例。隔离措施迅速出台,一些住宅被"关闭"。按照既定的协议,在房舍外面画一个红十字,门上贴一张字条,上面写着"主怜悯我们的灵魂"。某栋房子的居民据说曾靠近"轮船(客栈)的十字标志",他们对强制隔离提出异议,撤掉标志,打开大门,报告中称这是"一种骚乱行为"。然后,他们"与其他人一起到外面的大街上乱窜"。[14]这是在公然违反法律和秩序。4月28日,国王在白厅的一次议会会议上听取了关于骚乱的简报。他下令对违法者施以"法律权利所允许的"最严厉的惩罚。

尽管《死亡布告》中还没有显示,但越来越多的人怀疑不止一个教区受到了感染。国王的议会会议记录指出:"瘟疫已经暴发,原野圣吉尔教区的一些住宅非常可疑,还有其他的教区。"[15]议会做出决议,在城外建立疫房,让受感染者远离民众。目前,人们对伦敦的疫房知之甚少。但记录显示,城市北边的老街附近有一座永久性的木结构建筑,用来安置那些感染了传染病的人……国王和议会是否像丹尼尔·笛福后来所说的那样,有意"尽可能不让公众知情"?还是他们认为局势可以得到控制?也许两者都有。然而,在这个阶段,似乎只有少数人知道整件事情有多严重。

当天,佩皮斯就在议事厅附近,但似乎对不断升级的局势浑然不觉。作为丹吉尔委员会的新任司库,他的工作量又增加了。今天,他在朝廷上等着,想看看他提出的关于运粮船上一些水兵生病的投诉是否得到了回应。由于他的许多同事都在海上或其他地方工作,佩皮斯经常被点名与国王讨论"海军事务"。突然和君主这么熟,最初,佩皮斯感到不安。除非他"做好准备,有了好的答案",否则会迟迟不愿前往白厅。议会结束时,国王走出会议厅,亲自对佩皮斯说,自己已经看过他的投诉了。那天晚上,他在日记中写道,国王现在认识他,"他从来不看我,但他跟我说话了"。[16]

两天后,他的日记里出现了新的担忧。那一年,他第一次写道:"城市里弥漫着对疾病的恐惧,有两三所房子给封上了。"[17]他指的是原野圣吉尔教区的房子,但没过多久,《死亡布告》披露了其他边远教区的死亡情况。在5月的第一周,原野圣吉尔又有三人死亡,与之相邻的圣安德鲁霍尔本和丹麦圣克莱蒙教区也有人死亡。伦敦的瘟疫从情势严峻的西边向东穿过肮脏的街道和敞开的下水道，蔓延到城墙周围拥挤污秽的边远教区，最终潜入了伦敦城。

5月9日，《死亡布告》显示，城墙内有一人死于瘟疫。死亡病例发生在圣玛丽·伍尔彻奇·霍教区的贝尔宾德巷，距离佩皮斯位于塞辛巷的家不远，步行可达。有传言称，死者又是一名法国人，与先前原野圣吉尔发生的几起病例有关联，他为了安全逃入城市。疫情既已进入城墙以内，市长大人约翰·劳伦斯立即启动已建立的公共卫生系统。劳伦斯正处于职业生涯的上升期，他是一名伦敦商人、尊贵布料商同业公会的成员，1658年当选为圣保罗大教堂南部奎恩希特这个小选区的市议员。他当选为市长时，还拥有"布料业大师"的头衔。作为几个女儿的父亲，劳伦斯个性很强，拥有一群忠实的追随者，瘟疫给了他一个展现能力的完美机会。

在他的指示下，城里点燃了许多焚烧香料的火堆，以净化空气。5月11日，他下令所有教区的街道"必须洒水、清扫，清除各种污垢和垃圾"。伦敦暴露在外的下水道给城市造成了持续的污染问题，而仅在一个月前，国王命令劳伦斯和市议员对所有下水道进行严格检查，"以保护这座人口稠密的伟大城市，免受火灾和其他灾难的侵扰"。[18]同时，内科医师学会接到指示，参考以前的鼠疫指南，以便向公众发布最新的医学建议手册。在很短的时间内，疫情似乎有所缓解。几乎就在命令发出的同时，死亡人数就下降了——从一周的九例下降到下一周的三例，城墙内没有一例。

在格雷沙姆学院，皇家学会采取了预防措施，提醒他们的期刊《自然科学会报》的读者注意，由于鼠疫疫情加重，期刊的正常出版可能会中断，公开会议也可能暂停。[19]自1663年以来，皇家学会一直以主教门区的格雷沙姆学院作为其事实上的总部——进行实验，并举办讲座和辩论会——整个5月，会议一直持续着。这是一座宽敞的教堂，里面聚集着绅士、贵族、野心勃勃的布商之子、裁缝等等。在这些人中有罗伯特·胡克（Robert Hooke），他很快就成为社会上的一颗新星。

胡克就住在格雷沙姆学院内，年仅二十九岁的他已经成就卓著，比大多数人一生取得的成就还要多。他起初是艺术家彼得·莱利的学徒，进而就读于牛津大学，在著名科学家罗伯特·波义耳（Robert Boyle）的指导下研发空气泵。他还发现了弹性定律，这一定律后来被简称为"胡克定律"。1662年，他成为英国皇家学会实验负责人（第一位职业从事研究的科学家）。在那里，他建造了一台格里高利反射望远镜，有许多天文发现。

过去的几年里，他一直在默默地从事一个使用复合显微镜的新项目。他近距离观察了三十九个精心挑选的细小标本，不知疲倦地创作了精美详细的解剖插图，并配有解释性文字。在研究橡树皮和植物时，胡克注意到标本中有蜂窝状的小室。他决定将其命名为"细胞"，取自拉丁语cella，意为"小房间"。这是第一次用"细胞"这个词来做这种指称。在这个项目中,胡克绘制了微小标本的细节,像丝线、别针的针头,甚至雪花。但到目前为止,最令人印象深刻的插图是一幅放大的跳蚤绘图,绘在十八英寸的折叠式插页上。"通常,人们认为跳蚤只是个会咬人的小黑点",胡克绘制的这幅惊人的图片使人们"熟悉了这个生物的每个细节"。胡克当时显然着迷于跳蚤,他写道:

>……说到它的美丽,显微镜显示,它全身装饰着一整套奇特而锃亮的黑色盔甲,衔接整齐。上面布满无数尖尖的小刺,形状如豪猪的刚毛,又像亮闪闪的锥形钢针。它的头部两侧各有一只转动敏捷的黑色圆眼睛,眼睛后面还有一个小洞,里面有一层薄膜,可以来回移动,上面有许多细小的透明毛发;头的前部,在两条前腿之间,长有两根细长的多节触角,或者说是嗅觉器官。……[20]

这本书叫作《显微图谱》(*Micrographia*),副题是"通过放大镜观察微小物体并进行生理学描述及研究"。虽然尚未广泛发行,但英国皇家学会已颇为了解它的重要性。自圣诞节前,这本书的副本就以未装订对开本的形式流传。4月,英国皇家学会在《自然科学会报》上发表了一篇评论文章,声称这本书可以"激发自然哲学的头脑,使其迅速进入深邃的沉思"。[21]佩皮斯在1月读了这本书,认为这是"我一生中读过的最具独创性的书"。[22]他理应对这本书赞赏有加。这是显微镜学领域的一个创举,作者娴熟的艺术技艺和科学严谨的态度造就了一本不同于以往的作品。胡克沉浸在这本巨著所带来的荣耀中,而那让他惊叹不已、充满"力与美"的微小寄生物正在酝酿着自黑死病以来最致命的瘟疫,并向伦敦袭来。

仅仅三年前,胡克的同辈、统计学家约翰·格朗特写了一篇关于历史上鼠疫暴发模式的论文,颇受好评。他断言,在瘟疫时期,富人们密切关注着《死亡布告》,以此"判断他们是否需要搬迁"。[23]在5月23日阅读布告的人都有理由感到担忧。病例的数量非但没有减少,布告列出十四例新的鼠疫死亡病例,"斑点热"导致的死亡人数显著增加。事实上,丽贝卡·弗劳尔斯(Rebecca Flowers)和莎拉·弗劳尔斯(Sarah Flowers)的死就记录在其中。她们的父亲叫威廉·弗劳尔斯(William Flowers),是科里普门一带的拉丝工匠。有趣的是,这对姐妹并没有被埋葬在当地教区的教堂,而是安葬在城墙外被圣化的一块土地,专在瘟疫时期使用。可能暴发传染病的消息开始风传,越过英吉利海峡。自1663年以来,威尼斯驻巴黎大使阿尔维斯·萨格雷多(Alvise Sagredo)经常收到伦敦一名匿名线人发来的快信。在5月底写给萨格雷多的信中,线人透露:"这座城市的瘟疫开始恶化。《死亡布告》公布本周已有十四人死于疫病,但一些医生说,在过去八天里,死亡人数应是这个数字的三倍。"

然而，就在传染病开始逐渐蔓延之际，公共剧场仍在开放。5月中旬，国王剧院上演了托马斯·海伍德（Thomas Heywood）的戏《爱的情妇或女王的面具》（*Love's Mistress, or the Queen's Mask*），演员阵容已无从知晓。塞缪尔·佩皮斯独自一人去看了演出，他认为该剧"内容丰富多样，但不那么精美"。[24] 舞台之外，另一个同样富有戏剧性的事件吸引了那些喜好八卦的人。一个年轻的伯爵决定绑架一个富有的女继承人。约翰·威尔莫特（John Wilmot）是第二代罗切斯特伯爵。5月26日，离他十八岁生日还差几天，他胆大包天地想要勾引十四岁的伊丽莎白·马莱特（Elizabeth Malet），想娶她做妻子。罗切斯特的父亲，即第一代罗切斯特伯爵，在内战期间曾是一名杰出的保皇派将军。然而，他在1658年去世时欠了大笔债务，仅给儿子留下一个头衔，其他几乎什么也没有。年轻的罗切斯特依赖国王的补贴生活，他一定把这名女继承人看作是一个无价的机会。的确，国王曾几次鼓励马莱特小姐与罗切斯特结婚，但都无济于事。

事发当晚，在白厅的晚宴之后，弗朗西斯·霍利爵士（Sir Francis Hawley）陪伴这名年轻的女继承人乘马车返回住所。到达查令十字一带时，他们的马车被全副武装的"骑兵和步兵"劫持，马莱特小姐被掳走并被塞进另一辆马车。等着的两名妇女把年轻女孩带走了。罗切斯特精心策划了这次行动，他跟在马车后面，不料却在阿克斯布里奇被捕。当时国王勃然大怒，立即签发了逮捕令。马莱特很快被找到，并被送回到家人身边。国王其实很喜欢罗切斯特,罗切斯特只比他的长子(私生子)大几岁,但他不能宽恕这种鲁莽的行为,于是把年轻的伯爵送进了伦敦塔。

★

6月3日,国王的注意力转向了东边:远离伦敦,远离罗切斯特和他微不足道的过失,关注着洛斯托夫特海岸40英里外的一片海域。这里正在进行第二次英荷战争中的第一次大会战,英国的八十八艘舰船与荷兰的一百零九艘舰船相对峙。伦敦人什么也做不了,只能等着,听候消息。佩皮斯回忆说:"一整天,泰晤士河上及附近一带的所有人都听到了枪炮声,两支舰队一定交火了。"[25] 德莱顿描述道:"每个人听循着声音,展开想象。城市几乎空了,一些人来到泰晤士河边,另一些人沿河而下,都在寂静的深处找寻那声响。"[26] 伊夫林听到枪声,预计会有伤亡,命令手下的军官准备好接收受伤的俘虏。[27] 当然,伦敦离战场几英里远,他们根本没办法知道战斗的进展。

两天以来,英荷双方僵持不下,他们听到的枪炮声来自胶着战况的最后阶段。为急于避免港口被封锁,荷兰舰队接到命令,在风向有利的情况下攻击英国人。6月1日,两支敌对的舰队进入对方视线,但不知为何,荷兰人在进攻中犹豫了。到6月3日,风向变了,英国人处于有利地位。经过几个小时的部署,上午十时,第一批炮击开始,持续了八个小时。

海军上将约克公爵坐镇"皇家查理号"旗舰，舰上有三层甲板、80门大炮，他指挥的英国舰队贵族云集：莱茵的鲁珀特亲王（Prince Rupert of the Rhine）、桑威奇伯爵、蒙茅斯公爵（the Duke of Monmouth）、白金汉公爵（the Duke of Buckingham）、查尔斯·伯克利爵士（Sir Charles Berkeley）、穆斯克里勋爵（Lord Muskerry）、伯灵顿伯爵（the Earl of Burlington）之子理查德·博伊尔（Richard Boyle），以及巴克赫斯特勋爵（Lord Buckhurst）。"皇家查理号"和"埃恩德拉赫特号"相持不下，这两艘旗舰的血腥对决将这场激烈的战役带入高潮。中午时分，一枚链弹击中"皇家查理号"的后甲板，伯克利、穆斯克里和博伊尔当场死亡，而约克公爵就在旁边，"鲜血和脑浆溅到公爵的脸上"。后来，诗人安德鲁·马维尔（Andrew Marvell）对这一幕嘲讽道：

> 他（伯克利）破碎的脑袋，让无畏的公爵变色，
> 最终也是首次证明，他还是有大脑的。[28]

海军少将罗伯特·桑苏姆（Robert Sansum）也战死了，这样空出了一个重要的船旗将官空缺。罗伯特·霍姆斯舰长被提名，但在激烈的战斗中，约克公爵提拔了约翰·哈曼（John Harman）舰长。霍姆斯没有忘记这一点。最终，"皇家查理号"将"埃恩德拉赫特号"炸沉，一次巨大的也可能纯属意外的爆炸摧毁了"埃恩德拉赫特号"。据报道，爆炸的巨

响甚至撼动了海牙的房屋,窗户都炸开了。"埃恩德拉赫特号"上的409人中仅5人幸存,其余全部遇难,其中包括荷兰指挥官奥布丹(Obdam)。荷兰的旗舰被摧毁,舰队随之撤退。约克公爵本可以,或许也应该乘胜追击溃败的舰队,但出于某种原因,他决定不这么做。日记作者约翰·伊夫林认为,如果公爵当时追击荷兰舰队,那么胜利"可能是彻底的,并立即结束战争……但一些人的怯懦或变节,或两者兼而有之,使最终的胜利受挫"。[29]这场战役被认为是英国人的胜利,也是国王的弟弟及继承人的个人成就。城市里,人们敲钟、鸣放烟花,庆祝胜利。

此次战役的一些细节开始慢慢浮现。爆炸发生后,佩皮斯写道:"我们的心中充满了对公爵的担忧。"[30]《情报者》在一篇相当诚实的报道中写道:

> 关于国王陛下的舰队与荷兰舰队最近这场战役的详情,这个镇上的谣传是如此疯狂、花样百出,以至于人们已习惯于传言,真相无处容身。[31]

英方损失的最重要的人物是约翰·劳森爵士。他膝盖上的伤久久不愈,成为坏疽。战役结束几周后,他就进了坟墓。他的遗体从格林尼治运来,几天后安葬在伦敦的东方圣邓斯坦教堂,就在他女儿阿比盖尔的墓旁,没有任何仪式。伦敦当时正处于大瘟疫时期,所以葬礼在晚上举行,仅有为他抬棺的海军军官在场。

伦敦塔里，罗切斯特所处的位置非常完美，他可以听到炮击声在泰晤士河上空回响。对国王来说，如何把这个叛逆的年轻人转变成一个体面的成年人，这个问题可能已在海军舰炮的爆炸声中找到了答案。在被捕三周后，他被默许可以返回白厅。然而，年轻的伯爵回到宫廷的时间非常短暂。数学家威廉·佩蒂爵士（Sir William Petty）曾揣测，只有每周死亡人数超过100人时，疫情才真正开始。6月13日，这种情况发生了。鼠疫导致的死亡人数从一周43人猛增至下一周的112人。6月20日，这一数字在一周内飙升至168人。国王和宫廷人员，以及一些剧作家和演员，先后撤离了城市。

清教徒兼牧师托马斯·文森特默默观察着他所在城市不断加剧的恐慌。他注意到，伦敦人避免接触"新鲜玫瑰和其他芳香的花朵"，以防花的"香气"引来传染病。他看到贸易滞缓，人们小心翼翼，不愿与他人交谈。他写道："贵族和绅士们退隐到他们的乡村居所；地处偏远的房屋已收拾好，物品也搬走了……街上少有惹是生非的殷勤少年走动；窗边也很少看到长着斑点的女人。"这并非反应过度。6月27日的《死亡布告》显示，鼠疫导致的死亡人数再次飙升至267人。二十个教区被感染，包括城墙内的四个教区。

疏散的人群中还有约翰·弥尔顿。他在过去五年的很长一段时间里处于隐逸状态。他逃难到白金汉郡的乡下。约翰·德莱顿也离开了城市，归隐到威尔特郡。许多商人都走了，包括那些给伦敦人提供食物的面包师、酿酒师和屠夫。到7月底，威斯敏斯特大厅的书商迈尔斯·米切尔和安妮·米切尔连同家人一起撤离了城市，还捎带上佩皮斯送给他们的一品脱葡萄酒。夏天的某一天，瘟疫夺去了他们大儿子的生命，贝蒂·豪利（Betty Howlett）也就失去了未婚夫。威斯敏斯特公学的校长起初把学生转移到奇西克区的房子里，但瘟疫随之而来，于是他让学生各自回家，其中包括十二岁的威廉·塔斯威尔。塔斯威尔回到在格林尼治的家中，当时他的父亲不得不将两个女仆送到隔离病院。[32]

据估计，7月的头两周，有三万人离开了城市，随后又有数千人离开。佩皮斯在6月底将母亲送到伍尔维奇，随后他的妻子在7月5日也去了那里。议会休会，财政部搬出伦敦，搬到萨里郡的楠萨奇宫。8月初，皇家学会的罗伯特·胡克、约翰·威尔金斯（John Wilkins）和威廉·佩蒂撤离到埃普索姆的杜尔丹斯庄园。只有学会主席布龙克尔勋爵（Lord Brouncker）和秘书亨利·奥尔登堡（Henry Oldenburg）留了下来。

最臭名昭著的是伦敦医生的撤离。内科医师学会的大多数人都跑了，包括学会主席爱德华·奥尔斯顿爵士（Sir Edward Alston）。他们这样做的原因很多，恐慌无疑是其中之一。但很明显，经济利益吸引他们接近那些惊慌失措的富有家庭。乔纳森·戈达德医生（Jonathan Goddard）是德特福德一名造船师的儿子，他为"自己和一些医生同事在瘟疫时期离开伦敦城"辩解称，因为"他们特定的病人大多离开了市区，所以他们也应离开"。[33]事实上，留下来的医生太少了，窃贼趁机将学会洗劫一空，带走了整整一箱金币和其他财宝，其中包括女王的医生弗朗西斯·普鲁金爵士（Sir Francis Prujean）的一个银质水果盘。少数留下来的人，像纳撒尼尔·霍奇斯医生和佩皮斯的私人医生亚历山大·伯内特（Alexander Burnett），面对的是不可能完成的任务。1665年瘟疫期间，首都的大规模撤离景象极其惊人。出伦敦城的大道上挤满了乘客、马车和货物，赤贫的穷人们留在城里没有食物、药品，听由命运的摆布。正如托马斯·文森特所说，"坟墓现在张开嘴巴接受死者的身体，地狱也张开嘴巴接受死者的灵魂"。[34]

这座城市只剩下一个空架子，约翰·劳伦斯爵士是留守的官员中地位最高的，还有寥寥可数的几个市议员。但市长大人的管辖范围并不包括许多受瘟疫影响最严重的郊外教区。贵族当中，阿尔伯马尔公爵乔治·蒙克留守在白厅，主持工作。蒙克是17世纪中期的杰出人物，内战期间，他为保皇党而战。在奥利弗·克伦威尔担任护国公的共和时期，他获得了对苏格兰的军事控制权，之后策划了查理二世的复辟。同时代的人称他为"将军"，他的正式头衔是查理二世的陆军总司令，麾下有一支军官连队，人称"将军大人的步兵禁卫军"。他得到了朋友，第一代克雷文伯爵威廉（William, Ist Earl of Craven）的支持，威廉一直住在德鲁里巷的家中。和蒙克一样,克雷文也是一个经验丰富的军事领导人(与蒙克不同的是,他曾与莱茵的鲁珀特亲王的母亲,即波希米亚女王伊丽莎白有过一段恋情)。留下来的医生屈指可数,其中,纳撒尼尔·霍奇斯医生和威瑟利医生(Witherley)负责伦敦城和自由区的鼠疫预防工作(自由区位于伦敦城墙外,属于伦敦市的管辖范围)。另外两名医生起协助作用,他们的薪酬由慈善捐赠的资金支付。他们的状况堪忧,各方面都不堪重负,捉襟见肘。佩皮斯选择留在城里的海军委员会办公室,但会定期去看望住在伍尔维奇的妻子。

世纪之交的流行病时期,全市瘟疫法令一经发布,即迅速生效。该法令几乎完全脱胎于1646年的瘟疫法。法令规定,不得从感染者的家中拿走衣服或被褥,家人或朋友不得参加瘟疫死者的葬仪,受感染房屋中的人员不得离开——除非他们是被带去隔离病院,城市周围至少建了五个这样的医院;死者要在黑暗中埋葬,每个教区都要指定"检查员",记录本教区的所有病例;每幢受感染的房屋由两名"看守人"监管:一名值白班,从上午六时至晚上十时;另一名值守夜间剩下的几个小时。他们要确保没有人进出房子。最令人厌恶的任务由"搜索者"执行,通常是那些大家认为"诚实可靠"的妇女。她们要检查死者,并"尽其所知"报告死者是否死于鼠疫。

伦敦进入7月,白天骄阳烈烈,"异常炎热"。劳伦斯起草了一份市长公告,命令所有的市议员留在首都。禁止在街上唱歌和卖东西，指示居民移走街上的死狗和死猫，并关闭所有学校。本月第一周的死亡人数为470人，33个教区受到感染。剑桥学者塞缪尔·泰恩（Samuel Terne）在这段时间来到伦敦，他注意到，大多数人仍然很随意地出门转悠，忙着自己的事情，只是避开原野圣吉尔等感染严重的地区。他描述道，"那些地区有推着手推车、手持铃铛的更夫；死了这么多人，要是敲铃的话几乎会一直敲个不停，所以他们就不敲了"。7月11日至18日的一周内，鼠疫死亡人数上升至1000多人，7月的最后一周有1843人死亡。月初开始实施的瘟疫法令似乎没有起到任何作用，传染病持续蔓延，"完全没有缓解的希望"。[35]

年代久远的城墙外面，一名妇女独自走向贝特莱姆医院旁的新教堂墓地。她边走边哭，胳膊下夹着一口小棺材。托马斯·文森特在附近看着这一切。他判断，她是棺材里孩子的母亲。她独自一人，因为家人都去世了。他思忖着，她迫不得已必须自己将孩子装进棺材，亲手埋葬她仅存的骨血。这个女人沉浸在自己的世界里，没有注意到文森特。对这次短暂的相遇将赋予她后世怎样的影响，她也一无所知。一个月来，文森特几乎每天都听到他曾经认识的人去世的消息。但看到这个可怜的女人，他被深深地打动。他把这件事写进了他言辞激烈的瘟疫记载中，将她转瞬即逝的悲伤片段提升为历史记录。

虽然这名妇女的最终命运不得而知,但我们知道的是,她走向的新教堂墓地一定极其恐怖。到1665年,墓地已经不"新"了。墓地最初建于1569年,作为邻近教区在需要时使用的神圣土地。瘟疫时期,这里深陷危机,承载超负荷容量,充斥着"大量尸体发出的恶臭"。整个首都,教堂墓地"堆满了尸体,许多地方比以前高了两三英尺"。随着越来越多的人死去,必须挖开新的地面以掩埋死者。万人坑逐渐取代了单独的墓葬,一个坑可以掩埋数十具死于鼠疫的尸体。男人、女人和孩子裹着他们死去时穿的亚麻布,"三四十人一起"被埋于地下。

伦敦各地不断有尸体运往摩菲尔德附近的新教堂墓地,都被草率地埋入土中。教区记录中记载的一连串事件令人难过,许多家庭经历生离死别,几天后又在死亡中团聚。通常,在复辟时期的伦敦,男性的死亡率往往高于女性(比例约为10∶9);然而,在传染病期间,这一比例不仅相等,女性死亡人数甚至超过了男性(比例为10∶9.9)。[36]在佩皮斯自己的教区,有一个叫威廉·拉姆齐(William Ramsey)的人,在布商同业公会领受救济,他于7月23日埋葬了女儿伊丽莎白;7月24日,又埋葬了另一个女儿玛丽;7月25日,则是他家的一个小男孩。[37]沃尔特·扬(Walter Young)来自圣彼得康希尔教区。他的女儿坦珀兰斯于7月12日下葬,另一个女儿玛莎在7月17日下葬,第三个女儿伊丽莎白在7月21日,第四个女儿玛丽在8月1日。8月5日,罗伯特·弗里斯通

（Robert Freestone）与妻子玛莎合葬。托马斯·豪尔（Thomas Howle）于7月29日去世，几天后，他的妻子玛丽与他合葬在一起。

在死亡中，主人和仆人、父母和孩子都是平等的。一个名叫威廉·福兰德（William Frond）的木匠在他的仆人安下葬的第二天下葬。8月25日，在珀特里的圣米尔德雷教区，托马斯·鲁奥（Thomas Roo）与他的儿子彼得·鲁奥（Peter Roo）合葬。仅仅两周的时间里，来自银街圣奥拉维教区的威廉·格林诺（William Greenop）普埋葬了三个女儿、一个儿子和他的妻子。[38]许多一家之中最后被埋葬的人在登记册上只记录了他们的姓氏，一些人被称为"无名"。考古证据表明，人们尽量将死者按东西向埋葬，并且在下葬前包上裹尸布，可能用他们的床单，而不是赤身裸体地埋葬。一个名叫玛丽·戈弗雷（Mary Godfrey）的年轻女孩在科里普门外的圣吉尔教区去世，她的亲人委托制作了一块墓碑，以标明她在新教堂墓地的埋葬地点。[39]失去亲人的人生活得十分艰难。伊丽莎白·林加尔（Elizabeth Lingar）是一名寡妇，在瘟疫中失去了两个女儿。一年后的炉膛税记录中显示她以原地址登记，需要穷困救济。[40]

伦敦人更害怕气味，而不是死亡的景象。如果能闻到被感染的"坏"空气，就可能染上瘟疫。考虑到新教堂墓地腐烂的尸体发出恶臭，当地人急于用泥土迅速将其覆盖。但是他们应该用多少土呢？应该挖多深呢？丹尼尔·笛福描述道，在他居住的阿尔德门教区，深坑"大约有四十英尺长，十五或十六英尺宽"，"据说他们后来在其中一处挖了将近二十英尺深，直到不能再往深处挖，不然会有水渗出"。[41]新教堂墓地是伦敦最繁忙的瘟疫掩埋坑之一，尸体躺在地上，一览无遗，等着下葬。8月底，佩皮斯前往毗邻的摩菲尔德，被这一毛骨悚然的景象所震慑，他想看看（上帝啊！禁止我的放肆吧！）"自己能否看到尸体埋入坟墓；但是，正如上帝所希望的那样，我没能如愿"。然而，他的恐怖之旅并非一无所获，他在摩菲尔德周围注意到，"街上每个人都面如死灰，谈论的都是死亡，别的什么也没有。路上走动的人寥寥无几。这座城市凄惨荒凉，像是已被遗弃"。墓地已过于满负荷，以至于上面命令墓地看守人停止挖坑。

托马斯·文森特三十一岁，住在霍克斯顿的一所小房子里，离新教堂墓地不远。同住的还有另外两个男人、三个年轻人、一个老太太和一个女仆。在一座满是房客和租户的城市里，这算是一个家庭了。文森特在牛津大学受教育，直到1662年，他一直是英国国教的牧师。但《统一法》出台后，2000名清教牧师遭驱逐，其中包括文森特（该法案要求英格兰教会的所有牧师遵守《公祷书》）。1665年出台了所谓的《五英里法案》，禁止任何神职人员在被驱逐出教区后，仍在教区周围方圆5英里以内居住，除非他们宣誓服从国王，并接受《公祷书》。文森特显然违反了法律，被罚款40英镑。但他认为，在特殊需求时期，上帝之法应凌驾于人类法律之上。他继续向穷人非法传教，目睹了局势不断升级。他在写作中召唤着世界末日的景象：

> 现在，乌云黑压压的，暴风雨向我们猛烈袭来。现在，死神骑着白马，得意扬扬地穿过街道，闯进每一户人家，几乎可以找到每一个住户。

每周的《死亡布告》证实了人们的怀疑。疫情变得更严重了。7月曾达到高峰，一周内共有2010人死于疫病，但到8月最糟糕的一周，死亡人数上升到6102人，其中绝大多数发生在城墙外。情况甚至可能比《死亡布告》所披露的还要糟糕——贵格会信徒、犹太人和其他少数派宗教团体并没有列入官方埋葬记录。而且，一些最大的教区似乎已经放弃了在教区登记册中详细记录每个人的埋葬情况，而倾向于把"累积总计"数据提供给每周的《死亡布告》。[42]此外，似乎有人故意淡化疫情的影响。接近月底的时候，佩皮斯和圣奥莱夫哈特街的教区办事员谈了一次话。办事员透露，在他的教区，瘟疫死亡人数一直在增加，但却有意地漏报了。佩皮斯记录了他的话："这周死了九个人，但我只汇报了六个。"借鉴以往的鼠疫疫情，佩皮斯的近邻约翰·格朗特认为，在瘟疫期间"死于这种传染病的人数比记录下来的多四分之一"。[43]还有人批评说，搜索者"上了年纪，又头脑简单"，都是些"年迈的"老妪，检验尸体时她们根本不知道应该看什么。[44]

与首都以外地区的官方联系主要靠邮政总局来维持。主任詹姆斯·希克斯（James Hickes）和同事们保留了城墙内针线街上的办公室，他们"从早到晚忙碌着"，几乎见不到面。他在给约瑟夫·威廉姆森的信中写道："如果疫病通过信件传染的话，他们早就死了。"他又希望他们能"因重要的公共服务工作而免遭毁灭天使的打击"。[45]人们担心，仅仅通过触摸来自受感染地区的人的信件就可能感染。因此，希克斯设计了一套系统，将邮件在醋的上方熏晾，然后再继续发送。

"没有嘎嘎作响的马车，没有腾跃的马匹，没有吵吵嚷嚷的顾客，没有人兜售商品"，伦敦寂静而肃穆。荒无人烟的街道上开始长出了青草，罗杰·勒斯特兰奇和其他人都注意到，穷人苦于"面包和食物匮乏"。因为大批酿酒商和面包商关闭了店铺，许多人挨饿，有的被迫偷窃或乞讨，或两者兼而有之。那些留下来的人待在家里，只在必要的时候才冒险出门。在丹尼尔·笛福关于瘟疫的叙述中，主人公到霍尔本去，看到人们不再像以前那样，推搡着要靠墙边走，而是走在马路中央，害怕路两边受感染的房屋有传染性——恐惧是如此强烈。

唯有垂死之人的呻吟声和伴随"装运死者推车"前进的叫唤声打破了这座大都市反常的寂静。在巴黎，威尼斯使臣阿尔维斯·萨格雷多从他的英国线人那里得到消息，说"他们推着手推车穿街过巷，叫唤着'把死者抬出来，把死者抬出来'"。手推车装满后，他们就把尸体运去埋葬。[46]仅在夜晚、在黑暗的掩护下埋葬死者的话，时间远远不够用。于是这一令人反胃的工作一直持续到黎明，甚至大白天。佩皮斯说，教区居民"很乐意在白天把死者抬去埋葬，晚上根本不够用"。[47]

染病的人实在太多，以至于在一些地区，受感染的房屋也不再关闭。健康的人和病人相隔不远。萨瑟克区疫情特别严重，一个名叫约翰·艾林的药剂师写道："每一周，疫病似乎越来越近，我深感不安，而且新设的一个埋葬地点离我们很近。"8月初，佩皮斯在伦敦城里出行，听到一个他熟悉的人的不幸遭遇，这个人是卖艾尔啤酒的，叫威尔。他的妻子和三个孩子都死了，"我想，就在一天之内"。恐怖事件如此迫近，佩皮斯决定减少在首都的出行。药剂师威廉·博赫斯特（William Boghurst）在德鲁里巷的白鹿酒吧里开店，他注意到，疫情不是从一个地方"越传越远"，而是"像下雨一样落在城市和郊区的几个地方"。[48]根本没有办法猜测下一个会轮到谁，或哪个地方。

在这种恐怖的氛围中，不少人提出了一系列预防药物和治疗办法。托马斯·科克医生（Thomas Cocke）建议穷人在怀疑自己感染鼠疫时强迫自己呕吐，并喝一杯"热牛乳酒"。然后，他建议他们"用温水和醋漱口、洗手"。佩皮斯嚼烟草，许多买得起烟草的人也这样做；其他人则求助于护身符和辟邪物。某个伊莎姆夫人写信给仍留在城里的侄子，建议他"将水银注入鹅毛笔,用硬蜡封住,裹在丝绸里缝上,再用细绳挂到脖子上"。[49]有一次,有传言说,法国研制出一种以矿物为主的药物,可以治愈疫病。样本送到时,许多医生满怀希望,但发现这种"疗法"只会让患者更快地进入"最后的沉睡"。[50]一些人认为,"去年穷人食用不卫生的肉(和绵羊的坏疽病大暴发有关)",可能造成了传染病蔓延。[51]据称,一些护士从鼠疫中幸存下来,这些妇女被认为具有免疫力,她们建议食用人类粪便作为解毒剂,并鼓励饮用尿液。一个男子在肘部下方发现一块痈,为了治疗,就用膏药敷上。伤口形成坏疽,需要切除瘢痕,但外科医生切开了一条大静脉,该男子在三小时内因失血过多而死亡。

治疗病人的医护人员之间也不融洽。每个家庭应该有一名护士看护,护士会照顾他们的需求,但护士们并不总值得信赖。纳撒尼尔·霍奇斯医生曾哀叹:"这些卑鄙小人,贪婪地掠夺死者,他们掐死病人,然后说病人喉咙有毛病。"他们被指控"偷偷地将感染者疮疡的致命污秽物带到那些健康人的身上"。[52]据报道,有一次,据说一名护士从满是瘟疫死尸的房子里偷东西,结果被偷窃的重物压死了。江湖医生抓住一切机会从时疫中赚钱——一名有进取心的年轻人委托他人制作了一份广告,说他最近获得一种神奇药粉,并列出所有用药粉"治愈"的鼠疫患者,包括考文特花园的四个挤奶女工和住在布里奇街的"理查德·皮尔斯(Rich. Pearce)、他的妻子和护士"——但即使是合格的医生也被指责收了钱却不能提供有效治疗。[53]

瘟疫暴发时，纳撒尼尔·霍奇斯医生大概三十多岁。他是肯辛顿教区牧师的儿子，出生在伦敦，就读于威斯敏斯特公学。1646年，他前往剑桥读书，然后转到牛津的基督教堂学院。他于1659年获得内科医师资格，同年成为内科医师学会会员，在沃尔布鲁克教区定居。他显然很有天赋，尽管他没有挑战公认的医学传统，但确实非常重视观察和实际经验。霍奇斯仔细地记录了他所目睹的鼠疫症状，评注病人呕吐物有"腐臭的咸味"，以及"喷出的粪便呈泡沫状、有发酵的感觉"。[54]有一次，他注意到鼠疫伤口的印记，"不易与跳蚤咬伤区分"。[55]他没有采纳同僚们接受的一些治疗方法，如将独角兽的角研成粉末，甚至放血。他认为"应该视放血为致命的疗法"，同时确认夏季的"和风"应足以"防止空气不流通及空气污染"。[56]

拜访感染的病人时，他命令他们直接平躺在床上，盖上羊毛毯，有利于出汗。用杜松木、冷杉木、橡木、榆木和栗树木头生火，但不用煤——他认为煤不纯净。感染者不允许更换衣服，以防干净衣服的潮气让他们不舒服。他推荐的饮食包括"红酒浸面包、水波蛋、香橼汁、石榴汁或接骨木莓果醋汁，还有鸡汤、果冻和葡萄酒"。[57]当然，很穷的病人吃不起如此丰富的食物，许多人"日渐衰弱，在极度痛苦"中死去。

濒临死亡的人常常遭受疯狂的折磨。一些人"一阵躁狂",从床上起来,"在房间里蹦来跳去",想以此缓解病情;"另一些人则大声哭喊,冲着窗外咆哮"。[58]一些患者在精神错乱的状态下,一瘸一拐走上街头,几乎赤身裸体,展露他们的伤口。一个可怜的人在病痛和孤独的折磨下,自焚而死。8月,托马斯·文森特看见一名男子跟跟跄跄地走向炮兵大厦墙拐角处的栏杆,靠近炮兵连(皇家海军陆战队的前身)受训的地方。那人狠狠地把脸撞向栏杆,鲜血喷涌而出,文森特立即冲了过去。他看见那人脸朝栏杆躺在地上,流着血。文森特离开了,也许是去寻求帮助,过了一会儿,他折返回来,发现那人在几码远的地方,仰面躺在摩菲尔德空地的一棵树下。文森特试着跟他说话,但唯一听到的是男子喉咙里发出的"咔咔"声。半个小时后,该男子已经死亡。

8月底,佩皮斯得到消息,他的医生亚历山大·伯内特死于瘟疫。佩皮斯觉得这件事很蹊跷,考虑到医生的仆人很久之前就死于疫病,并且"他的诊所这个月又开门了",他在日记里这样写道。写日记的佩皮斯并不知道,最近和其他几名内科医生一起,还有"一些外科医生、药剂师和化学家约翰逊",伯内特"打开了一具满是鼠疫印记的尸体"。[59]许多人死于这次鲁莽且未经授权的解剖。这表明存在肺炎性鼠疫——它可以通过呼吸和身体接触在人与人之间传播。另一个死于鼠疫的医师是科尼尔斯(Conyers)医生,"他的善良和人道主义精神值得所有活着的人铭记"。[60]

有些人较为幸运。霍奇斯医生在疫情期间一直留在市里，这段时间他两次生病，但没染上瘟疫，尽管他经常与病人接触。他详细地描述了自己的日常生活：每天起床后立即服用一种肉豆蔻口服药剂——有意思的是，肉豆蔻现在被认为是一种天然的驱虫剂；处理完私人事务后，他进入住所的大房间，大批市民等在那里，各种各样的毛病需要检查——从未经处理的溃疡到癫痫的最初病症；将众人打发走后，他吃早餐，然后到病人家中探视。

在进入感染者家中时，霍奇斯遵循一套严格的程序——先"用煤烧烤一些要用的东西"，然后在检查病人时，在嘴里放一片含片。他没有使用生姜之类的辛辣食材，因为他认为这会刺激扁桃体，危及肺部。如果自己有出汗或呼吸急促的征兆，他会小心不进病人的房间。回家吃晚饭时，他会喝一杯浸泡了核桃（另一种已知的驱虫药）的葡萄酒，"振作一下精神"，并且吃肉和泡菜。晚饭后，更多的人来问诊。这些人走后，他又会去病人家出诊，直到晚上八点或九点。霍奇斯会在睡觉前继续喝葡萄酒以助眠，并"整夜通过毛孔"轻松呼吸。如果感到有病症的初始征兆，他就喝酒。

在医疗行业之外，也制定了一些规则来防止传染病的传播。除礼拜仪式外，禁止所有公共活动。然而，在城墙的外面，威斯敏斯特区一个名叫凯撒先生的鲁特琴大师这样记录，"胆大的人半开玩笑地要（去）……参加彼此的葬礼"，有传染的危险也要去。凯撒先生还说，他看到病人向窗外呼吸，对着路过的健康人的脸。[61]在交易所附近，一家咖啡馆"在整个疫情期间"一直营业。[62]有执照的牧师和像文森特这样无执照的牧师都在向教众传道，众人害怕自己因犯了某种罪行或亵渎神灵的越轨行为而受到上帝的惩罚。在某些情况下，太多人挤进教堂，文森特不得不爬过长椅，才能来到讲道坛上。对教众发言时，他看到"热切的目光，如此贪婪地注视着他，似乎每个从牧师嘴里吐出的词都会被吃掉"。他思忖道，"如果你见过溺水的人死命地抓住绳子，就会猜到许多人是多么急切地想抓住这些词句……"

大多数人希望夏末死亡人数将会减少，但情况变得更糟。9月初，伦敦市中心的天恩寺街发生了一起悲惨事件。一名可敬的马具商和妻子被封闭隔离在家里，他们在瘟疫中失去了几乎所有孩子，只有一个幸存。为了他们仅存的骨血能有机会存活下去，据称，他们将孩子"一丝不挂地交到朋友的怀里"，朋友给孩子穿上干净衣服，将他带到格林尼治。这个朋友被逮捕，但最终被允许留下这名年幼的孤儿，加以照顾。[63] 9月的第三周，仅一周内《死亡布告》公布的死亡人数就飙升至7165人。这是疫情的高峰期，伦敦130个教区中，仅有4个没有感染。到目前为止，受灾最严重的是城墙外的教区，像阿尔德门的圣博托尔夫教区、纽盖特外的圣墓教区、斯特普尼教区、萨瑟克的圣救世主教区和萨瑟克的圣奥莱夫教区，这些地方的死亡率最高。城墙内，疫情最严重的地区是皇家衣物贮藏间旁边的圣安德鲁教区、圣安·布莱克弗里亚斯教区、基督教堂纽盖特街和圣斯蒂芬·科尔曼街。

即使在瘟疫肆虐的时候,也有少数勇敢的人到伦敦来。9月期间,学童威廉·塔斯威尔被委以任务,从他在格林尼治的临时住所将信件带到首都。他带着父亲认为能保护他免受瘟疫感染的香草,还有母亲给他的一袋食物和西班牙葡萄酒,这个男孩不情愿地往城里去了。他看到伦敦是如此恐怖:人们饱受瘟疫之苦,另一些人因腹股沟肿胀的淋巴结而跛行;有几个人向他呼救,另一边,人们将尸体堆到推车上推去掩埋。他说:"唯有死亡瞪视着我。"他把第一封信交给了一个叫哈里森夫人的人,他发现她是有七个孩子的家里唯一的幸存者;下一个收件人是长期在他家服务的仆人,也是他小时候的保姆,一个叫乔安娜的女人。在他们全家逃离的期间,她负责管理他们在贝尔巷的房子。她一看到塔斯威尔,就用双臂抱住他,说道:"我亲爱的孩子,你好吗?"塔斯威尔很高兴见到她,但急切地想回到在格林尼治的父母身边。他走后不久,乔安娜就染上了瘟疫,但幸运的是,她渐渐康复了。[64]

托马斯·克拉克(Thomas Clarke)的证词让我们得以一窥那些"被关"在家里的人的生活,读来令人不安。他总共被隔离了三个月——失去了两个孩子,眼看着另外三个孩子生病。与其他人家不同的是,克拉克的房子没有上锁封住,门外也没有警卫。相反,人们任由他"自己自觉隔离"。他不敢出门,唯恐冒犯邻居们。他那罕见的证词倾吐着悲痛和孤独,用克拉克自己的话说便是"一个受染病人的哭泣与呻吟"。他说,自己基本上被邻居和朋友抛弃了,没有人问:"你好吗?"或和他聊聊。即使在房子里,孤独无处不在。那些被感染的人,不管是成人还是儿童,都被隔离起来。克拉克回忆说,有一次,邻居给了他一些钥匙,让他"试试每一扇门",大概是为了把病人和健康的人分隔在房子的不同区域。他坦承,瘟疫时期,爱是存在的,但"恐惧更加强烈",于是:

> 女儿不敢接近母亲,
> 兄弟间不敢打架。
> 父亲不让自己的孩子靠近。
> 孩子也因为害怕不让父母接近。
> 母亲远远地为她的孩子哭泣,
> 孩子常常需要母亲有力的支持。[65]

克拉克是一个喜欢与人做伴的人,他发现这种不近人情但必要的隔离足以"让人精神萎靡,心在流血"。禁止为瘟疫死者举行葬礼更加让他难过——尸体被扔上"推车","就像罪犯被推上刑场"。[66]

在沃尔布鲁克,霍奇斯医生认识到严格隔离可能造成的伤害。有一次,他看护一个从封闭房子里逃出来的年轻女孩。他在记录中这样描述她,"充满悲伤、惊恐万状",她的家人都死了。她向医生展示了腿上她以为的鼠疫印记，这其实只是一个疖，她并没有染上瘟疫，年轻的女孩松了一口气。霍奇斯知道，把病人和健康的人锁在一起，整个房子都会被感染。他认为，正是这些阻止瘟疫传播的措施将健康的人置于严重的危险之中，他注意到那些以这种方式和社会隔离的人无比颓丧，"难以用语言来形容"。他认为在门上做记号很危险。他"确信，要不是这些门上的不幸标记，许多死去的人现在可能还活着。这些标记让他们得不到恰当的救治"。这样批评的人还有不少：药剂师威廉·博赫斯特认为，隔离已经"做得够多了，成效堪忧"。[67]霍奇斯医生建议，如果鼠疫再次袭来，应该在城外建造合适的住所，提供给那些"受感染家庭中尚未染病的人"。他认为，应该将病人送到不同的公寓。[68]

9月，疫病终于降临到托马斯·文森特的住处。起先是一个邻居家庭感染；然后，在一个星期一，文森特去城里看一个朋友，家里的女仆开始颤抖发病。到周四，她已经死了，身上满是"印记"。第二天，那几个年轻人中，一个"前途无量的可爱"男孩注意到自己腹股沟的一处肿胀，并迅速变大。他说想活到"烧死异教徒的时刻"，但星期天他就去世了。同一天，另一个男孩病倒，并于周三死亡。这个男孩的主人在周四发病，尽管身上"满是斑点"，但他康复了。文森特家中无不为逝者满怀悲伤，第一个孩子的母亲尤为悲痛。文森特对此不很认可——毕竟这是上帝的旨意。[69]

佩皮斯在9月14日的日记里恰当地展示了死亡的规模及对生者情绪的影响：

> 听说可怜的佩恩，我的侍者，埋葬了一个孩子，自己也快死了。仅几天前，我派了个劳工去达根汉姆，想了解那里的情况，听说他已死于瘟疫；我自己的一个船工，我每天都坐他的船，上周四我一整夜都在船上，周五早晨，他载我靠岸到陆地，立刻病倒了，（我确信他是在布雷恩福德染的病），现已死于瘟疫……西德尼·蒙塔古先生在卡特里特夫人家得了严重的热病，就在斯考特大厅。听说路易斯先生的另一个女儿病了。最后，我的两个仆人W.休尔和汤姆·爱德华兹，他们的父亲在圣墓教堂的教区，这个星期都死于瘟疫。这些消息让我陷入无比的哀伤和忧虑中，也算情有可原吧。[70]

随后，瘟疫的势头终于开始平息。据估计，伦敦有十万人死于瘟疫。相当多的人受疫病折磨，后来又康复了。在伦敦，几乎每个人都有认识的人死去。随着疫情继续缓解，10月底和11月，人们陆续返回首都。

但这只是暂时的缓解。

3
逆转的潮流

他的堂弟蒙塔古
（因宫廷动乱而沦为御马官）……
然后，泰迪意识到丹麦人不会采取行动，
将六名船长送去英勇赴死。

——安德鲁·马维尔《给画家的第二个建议》[1]

北　海

这是一个奇怪的约定。他们的船离英国越来越远了，十几岁的罗切斯特伯爵催促他的朋友们，温德姆（Windham）先生和爱德华·蒙塔古（Edward Montagu），要求他们与他达成一项协议。如果他们中的任何一个人在任务期间死亡，他要以魂灵的形式回来，向他们证明还有一种"未来状态"。蒙塔古充满了不祥的预感，确信自己不会活着回来，便拒绝了这个提议，而与罗切斯特年龄相仿的温德姆却同意了。

那是1665年7月，伦敦正与鼠疫进行斗争。这三名同行者来自一群所谓的"绅士志愿军"，他们自愿加入桑威奇伯爵的舰队，由此逃离了瘟疫，他们认为这次任务风险低、收益高。[2]桑威奇和一些人一样，没有党派倾向，他因此可以毫无障碍地从一个忠诚的克伦威尔主义者过渡到一个值得信任的保皇派人士。同时，他也是一名强悍的军事领袖。洛斯托夫特海战中，约克公爵险些丧命，之后，桑威奇被授予了舰队的实际指挥权。几个月来，英国外交人员和间谍组成网络，一直在海牙收集情报，并在哥本哈根密谋外交协议，试图给荷兰人致命一击。乔治·唐宁（George Downing）从海牙发来消息称，一支荷兰东印度船队即将返航，运载的货物价值连城。不仅如此，由荷兰海军上将米希尔·德·鲁伊特（Michiel de Ruyter）率领的一支来自几内亚的舰队也将很快抵达。桑威奇此行的任务是追踪、封锁并突袭返航的荷兰商船。如果成功，英国的收益将摧毁荷兰，也许使之再无反击之力，并为整个战争筹得资金。

丹麦国王弗雷德里克三世（Frederick III）的协助对计划的成败至关重要，他同时统治着丹麦和挪威。自战争爆发以来，返航的荷兰船只都避开了英吉利海峡，改为绕道苏格兰，向南航行返回荷兰，途中经常在中立的北欧港口泊锚。英国人正是想在其中一个中立港口附近对敌人进行伏击。早在1664年，哥本哈根的英国特使吉尔伯特·塔尔博特爵士（Sir

Gilbert Talbot)就一直在与丹麦国王进行秘密谈判,试图说服他背弃与荷兰的贸易协定,协助英国的袭击。对荷兰负债累累的丹麦人将获得一部分预期的战利品;而且,一旦荷兰报复的话,英国承诺给予海军援助。如果丹麦人同意,新联盟就有可能切断荷兰与波罗的海的联系——有效阻止他们进入。对于囊中羞涩的查理二世来说,这个机会令人陶醉。

经过几个月的摇摆不定,英国在洛斯托夫特的意外胜利改变了丹麦人的想法。事实上,这次胜利让许多外国观察家大为惊讶。英国士气高涨,弗雷德里克三世随即与英国达成了协议。桑威奇起航时,整个行动的策划者塔尔博特还在与丹麦国王商谈条款,因此,丹麦人具体如何参与其中的关键细节尚未敲定。尽管存在种种不确定性,英国海军还是起程了。

即使按照17世纪的标准,船员的条件也非常艰苦。几个月后,桑威奇对佩皮斯说:"从来没有舰队会在给养条件如此糟糕的情况下出海。"[3]他有充分的理由感到懊恼。这一时期英国海军的一大弱点是,除了布里德灵顿一个小港口外,在哈威奇港和索勒湾以北,可供停泊和补给的地点有限。实际上,围绕不列颠群岛的海战几乎完全集中在英吉利海峡沿岸,或北海的下半部。向北航行如此远的距离——如桑威奇现在的做法——意味着将船队逼至其后勤输送能力的极限。[4]更严重的是,许多已认定的供粮船来自感染瘟疫的地区,不得不加以禁运。伦敦大批的箍桶匠失踪,用来装水和啤酒的木桶陷入短缺。人们担心衣物会带有"瘴气",所以合格的衣服也供应不足。在这样的境况下,众多海员将难以熬过北海的狂风和恶劣的天气。[5]除此之外,自一个多月前的洛斯托夫特海战以来,大多数船员都没有获准上岸休假。对瘟疫的恐惧使他们实际上处于隔离状态。

健康的年轻新兵永远受欢迎。洛斯托夫特战役过去一个月后,罗切斯特在斯卡伯勒以南的弗兰伯勒岬附近加入了舰队,同行的还有"奥布赖恩中尉和一名法国绅士"。此前,罗切斯特一直跟随托马斯·阿林爵士(Sir Thomas Allin)的小型船队航行,据说他"非常迫切地想加入舰队"。于是在7月12日,阿林派了一艘双桅纵帆船和"成功号"战舰护送他前去。[6]7月15日,桑威奇在日记中写道:"罗切斯特大人来了……在我的船上参加这次航行。"[7]应查理国王的要求,罗切斯特由海军上将亲自关照,并在"皇家王子号"旗舰上安排独立舱房,这艘雄伟的旗舰已有五十年历史,配有90门大炮,是英国海军中最强大的战舰之一。它在詹姆斯一世时建成,几十年来历经改建和修葺,在奥利弗·克伦威尔的指挥下参加了第一次英荷战争,最近又参与了洛斯托夫特战役。桑威奇十五岁的儿子西德尼也在船上。桑威奇说自己已"竭尽所能"为罗切斯特安排了最好的住宿。一天后,爱德华·蒙塔古也加入了舰队,他乘坐装配60门火炮的三级护卫舰"迅捷号"从索勒湾过来。[8]7月17日,桑威奇列出所有加入舰队的舰只的清单,它们将一同驶往"挪威海角"。[9]值得注意的是，罗伯特·霍姆斯舰长不在其中，在洛斯托夫特战役期间的舰队司令提拔中，他被忽略了，他一气之下辞去了海军中的职务。

北海水域航行艰难。那里的水流呈逆时针流动，同时有危险的浅滩，天气变幻莫测，大风常常变为飓风或暴风雨。在17世纪，哪怕是最有经验的水手，稍一分心就会偏航几英里，或撞上北边的岩石。这是帆船航海的时代——利用风向并找到"上风位置"至关重要（这种状态较为有利，风在帆后推着船前进；在战斗中，这也意味着与敌舰交战时有更好的位置），对战役的胜负起决定性作用。然而，新的研究表明，1665年正在发生一场深刻的转变，舰队里的任何人都始料未及。自1560年以来，世界一直处于小冰河期；1629年后，小冰河期由于温和的气候和西风而中断。然而，1662年，天气再次开始变化，东风逐渐增强，急流进一步向南推进。[10]粗略地说，这意味着在克伦威尔领导的第一次英荷战争期间，天气条件经常有助于英方来"设定战役的走向"，但1665年持续的寒冷天气以及东风往往会给荷兰人带来优势。[11]

在海上恶劣的条件下，很容易缔结友谊。罗切斯特可能早就认识温德姆了，因为他之前和温德姆的兄弟托马斯一起在牛津念书。至于他是否在航行前就与蒙塔古相识还不太确定，但可以确定的是，这两人有太多相同之处。这名年轻的伯爵曾试图绑架伊丽莎白·马莱特，惹恼了国王，而蒙塔古做的事更糟糕。作为桑威奇伯爵的堂弟，蒙塔古出身权贵，享有受人尊敬的名号，以及由此带来的机会。蒙塔古至少比他的堂兄小十岁，但他曾鼓励桑威奇支持保皇派，最终促成了复辟——对此，他记忆犹新——1662年，他和桑威奇一起去里斯本接查理二世未来的新娘——布拉干萨的凯瑟琳（Catherine of Braganza）。

尽管已经二十三岁了，凯瑟琳一直过着受庇护的生活。返航途中，蒙塔古赢得了凯瑟琳的信任，回到英国后不久，他被任命为王后的御马官。蒙塔古不太受同辈人的待见，他得罪了许多朝臣，债台高筑（在当时当地并不罕见），而且似乎觊觎新王后的家室。1664年5月，他越界了。凯瑟琳是一个虔诚的女人，她很快发现自己周围全是查理那些反复无常、美貌风趣的情妇，眼见着王室私生子接二连三诞生。很明显，她还是爱查理的。1663年病重时，她还哭着向他道歉，觉得自己不是一个好妻子。即便查理并不爱她，他也对她抱有深深的敬意，对她很呵护。

1664年初，佩皮斯注意到，蒙塔古"比其他人更受（王后的）喜爱，会和她单独交谈两三个小时"。他开玩笑地补充说，"国王周围的大臣"会告诉查理，"他必须照看好自己的妻子……因为有人在对她献殷勤"。[12]有一天，蒙塔古和凯瑟琳单独在一起，他摸了摸她的手。这是一场危险的权力游戏，也是公开的亲密行为，有很大的风险。尽管这不是亨利八世的宫廷，但对于王后忠贞度的怀疑仍有可能损害斯图亚特王朝的合法性。没人知晓蒙塔古脑子里到底在想什么。后来，凯瑟琳天真地问丈夫，男人抚摸女人的手是什么意思，并向他交代了事情的经过。这个"快活王"并不觉得好笑。蒙塔古被逐出了宫廷。

毫无疑问，此次航行将为罗切斯特和蒙塔古提供一个重获国王青睐的机会，但他们无疑也渴望财富。私掠商船活动在英国深入人心，在整个17世纪都是合法的。事实上，来自伦敦、多佛和布里斯托尔等港口城市的商人财团都投资了私掠计划，许多在与荷兰的战争中丧夫的遗孀也参与了——甚至连佩皮斯也投资了一项计划，派遣私掠船"飞行猎犬号"。[13]对于海上的船员来说，只有上层人士才有可能获益。除了军官和像蒙塔古和罗切斯特这样的绅士志愿军，普通船员从俘获的船只中收获甚微。从罗切斯特的信件中可以看出，他和同伴们"满怀希望和期待"，计划着如何瓜分战利品。罗切斯特想要"衣物和黄金"，其他人则选择了香料、丝绸和钻石。[14]

舰队继续向北。过往船只传来一些关于德·鲁伊特和荷兰东印度船队行踪的消息，[15]但都没有得到证实。7月22日之前，舰员们已经开始在寒冷的海水中捕捞新鲜的鳕鱼。库存消耗殆尽。最糟糕的是，啤酒没几天就要定量供应了。7月23日，桑威奇收到了令人失望的消息：德·鲁伊特的舰队已经返回荷兰共和国。另外，挪威的卑尔根港泊有大量的荷兰舰只。7月30日，桑威奇在"皇家王子号"上召开战时会议，制订了一项计划。卑尔根是一个难以停泊的地方，不适合大型战舰。因此，桑威奇决定派遣一支由二十二人组成的小型舰队，配备四级和五级护卫舰以及三艘火攻船。这支队伍由海军少将托马斯·泰德曼爵士（Sir Thomas Teddeman）指挥，政治家托马斯·克利福德爵士也在舰上，前去与卑尔根的长官谈判条件。克利福德出身于德文郡的一个普通地主家庭，是托特内斯的国会议员，他今年三十四岁，有两个年幼的儿子，至少五个女儿。他是国务大臣阿灵顿勋爵的门生，才智敏锐卓绝。与许多年轻的政治家一样，这次与荷兰的战争对他而言是一次绝无仅有的机会，可以在国务上大显身手。

泰德曼和克利福德将乘坐"复仇号"，这艘战舰是这些小型舰只中最大的一艘，有十一年的历史，配有60门火炮。之前的会议已达成一致意见，食物供给短缺（剩下的粮食估计只能维持三个星期）意味着他们要么即刻行动，要么"一事无成"。[16] 分割舰队是一个大胆且有风险的举措，据说，威廉·佩恩爵士最初表示反对；然而，后来的情报改变了他的想法：据报告，十艘满载货物的荷兰东印度船只也正在向港口靠近。

在海上航行了几个星期后，罗切斯特不想错过任何一次行动。他直接找到桑威奇，请求加入泰德曼所在的"复仇号"，声称，"于我而言，错失任何一次为国王效忠的机会都是不合适的"。他的请求得到了批准。最终，他和桑威奇的小儿子西德尼、温德姆先生和爱德华·蒙塔古一同加入了泰德曼的旗舰。当晚六点，这支队伍起航了，舰队里剩下的人由桑威奇领导，留在环绕大陆的零星岛屿外等待。在北海汹涌的波涛中，一阵疾风推着泰德曼的舰队破浪前行。他们在克拉奇福特住了一夜，次日中午前往卑尔根。一名老练的水手告诉罗切斯特："那些岩石危险极了……他们根本没见识过。"[17]他们继续一路向北。

英　国

他闭上眼睛，凝视黑暗，任"视觉幻想"恣意延展。首先，出现了一个蓝色的斑点，越来越亮，最后成了"白色的亮点"。接着，红、黄、绿、蓝、紫颜色的五个圆圈围绕着它，这些圆圈上都罩着一层深绿色或红色。然后图像变成蓝色和红色。最后，他睁开眼睛，感觉像是始终在直视太阳。亮的物体呈红色，暗的物体看起来是蓝色。[18]

他把自己的观察简略地记录在一本翻旧了的笔记本上，这个本子被他称为《某些哲学问题》（*Quaestiones Quaedam Philosophicae*），里面记满了他对光、声、自然世界和人类情感的思考。扉页上潦草地写着一句格言："柏拉图，吾友也；亚里士多德，吾友也；唯真理为吾挚友。"[19]这个年轻人在剑桥大学读书，他在大学导师眼中并不很出众。导师们都热衷于古典课程，以盖伦、柏拉图和亚里士多德的著作为根基，但他一直默默地以其他方式来扩展自己的思路，一丝不苟。他私下里如饥似渴地阅读笛卡儿、霍布斯、伽利略、开普勒和波义耳的著作，并进行梳理，以形成自己的理论，提出新的问题。艾萨克·牛顿（Isaac Newton）那年二十三岁，已在剑桥大学圣三一学院度过了四年这样的双重生活——一方面是独立的思想家，一方面是顺从的学者。

在一个世纪里，圣三一学院造就了一批英国自然哲学和数学领域顶尖的思想家。仅一代人之前，它就培养了自然学家约翰·雷（John Ray）和弗朗西斯·维卢格比（Francis Willughby）。再往前推几十年，文艺复兴时期伟大的思想家弗朗西斯·培根爵士（Sir Francis Bacon）在学院与世隔绝的高墙内彻底改变了科学理论。牛顿的导师艾萨克·巴罗（Isaac Barrow）也是数学和微积分领域的领军人物。圣三一学院由亨利八世于1546年创建，是剑桥最大的学院之一。学院建筑群包括一个壮观的大庭院（被视为欧洲最大的封闭庭院）、一座新建的大厅，以及一系列住宅建筑。正是在这里，牛顿与他在1663年结识的约翰·威金斯（John Wickins）同住一室。

17世纪60年代中期，圣三一学院由五十二岁的保皇党人、学者兼传教士约翰·皮尔逊（John Pearson）主持。导师和院士们如艾萨克·巴罗和詹姆斯·杜波特（James Duport）等都支持他。那时牛顿已获得了学士学位，正准备进一步深造，瘟疫的危险却进一步升级。剑桥这座城市具有一定规模，也占有重要地位，城市居民自然感到恐慌。这里最近的一次大规模暴发是在1630年，大学里有些资历的教员们仍对此记忆犹新。在初夏的某个时候，牛顿离开剑桥，回到林肯郡的

73

伍尔斯索普庄园自己的家中。他也跻身为在英国四处搬迁、躲避瘟疫的大批男女老少中的一员。这次避难过程将是他一生中学术成果最丰富的时期。

就像吸墨纸上的一滴墨水，伦敦一旦染上瘟疫，疫病就一定会进一步蔓延开来。随着恐慌的伦敦人大批离去，疫情也随之散播，沿着公路，蜿蜒进入邻近的城镇和村庄。骇人听闻的故事比比皆是：许多人还没找到避难所就死在了荒野或农田里，而当地人害怕感染，就把暴露在外的腐烂尸体留给狗和乌鸦捕食。[20]在多塞特郡的多切斯特市外，一名染病的男子在农场的一间"破陋的小屋"里了此残生。多切斯特的人不愿处理他的尸体，就用木板封住茅舍，连人带屋扔进了深坑。[21]南安普敦城外2英里处，一个男人、一个女人和一个孩子曝尸荒野。女人大概是最后一个死的，她用手挖了一个很浅的坟墓，将丈夫埋了一半。[22]托马斯·克拉克写道：

> （乡野间，）有些人被绑在柱子上，
> 脖子上勒着绳子，被拖进洞里；
> 而有些尸体则曝露在荒野，
> 等待着过往禽兽的处置。
> 这场景确有出现，如同二次死亡，
> 引得幸存者痛心哭泣，
> 因为他们害怕自己

被抓住的话，也是同样的下场。[23]

整个17世纪，公共集市日益流行，其特色是一些公共娱乐活动，诸如木偶戏、音乐和市集。伦敦方圆50英里以内的所有公共集市都被禁止，包括巴塞洛缪集市和斯陶尔布里奇集市（一年前，牛顿还在那里买过几本书）。在多佛、坎特伯雷以及重要的粮食储备镇伊普斯威奇，人们都紧闭房门。[24]哈德利镇上，一些荷兰囚犯死了，引起恐慌，但验查尸体时发现，他们并非死于瘟疫。[25]瘟疫传到了伍尔维奇造船厂，造船师克里斯托弗·佩特（Christopher Pett）表示，"担心会死不少人"。[26]在普尔市，染病的人都被转移到一家隔离病院。[27]那里没有护士照顾病人，于是一个已经被判死刑的年轻女人被劝去照看病患，她被承诺可以免于死罪。但她并未能逃脱死亡的命运。

大多数城镇都对外来人员关上了大门。伊普斯威奇只准许有健康证明的人进入。在巴斯，从疫区过来的人就算持有健康证明，也必须证明他们至少已经离开疫区二十天，所有车辆和货物都必须在城外接受一段时间的检疫。埃普索姆镇紧邻皇家学会成员逃往的地方，已紧闭城门，禁止收留投宿者。然而，尽管严防死守，瘟疫还是来了。在利奇菲尔德，一名染病的男子进入一家啤酒馆，几天后店主就死了。守卫驻扎在雅茅斯，以防止居民离开城镇，屠夫、面包师和其他食品供应者都禁止进入。这样一来，人们开始挨饿，于是枢密院命令地方官员想出办法，既不削弱防护措施，又能为居民提供食物。然而没人知道该怎么做。通过北大道等主要公路与伦敦相连的城镇尤其危险，泰晤士河沿岸的村庄也是如此。瘟疫蔓延到了柴郡，治安官关闭旅店以防止疾病传播。病毒还通过从泰晤士河来的运煤船到达了东北部的泰恩河。[28]

在这一时期，疫情最严重的地区是德比郡的一个小村庄埃亚姆。相传当地的裁缝从外地亲戚那里得到了一些图案模子和布料。一打开材料盒，他就闻到一股奇怪的潮味，于是把布料挂在火旁烘干。这个裁缝乔治·维卡斯（George Vicars）不久后死于瘟疫。随后，疫情席卷了整个村庄。威廉·蒙佩森（William Mompesson）等教会领袖眼看邻近的村庄也将陷入险境，于是将埃亚姆这个拥有350户居民的村庄自行封锁隔离。瘟疫在村中肆虐了足足几个月的时间，疫情解除时仅有83人幸存。

英格兰的邻居迅速采取了行动。苏格兰议会发布公告，禁止与伦敦和其他受感染的英格兰城镇进行贸易，所有从英国过来停靠在苏格兰港口的船只都必须进行检疫。商人和旅客在苏格兰边境被拦截，并进行强制隔离。任何前往苏格兰的人都必须持有健康证明。对于苏格兰人来说，瘟疫离他们并不遥远；就在1645年，爱丁堡和利斯港曾暴发瘟疫，数万人死亡。在英吉利海峡的另一边，法国拒绝任何英国的船只入境，违者处死。瘟疫却让荷兰人乐不可支，据《乌得勒支时报》（Utrecht Couranter）报道，"现在，瘟疫把英国搞得一败涂地,(我们)只要动动手指就能把他们打得落花流水"。[29]

瘟疫甚至袭击了王室宫廷,有几个边缘人物遭了殃。人们非常担心病毒追随国王和王后来到他们在索尔兹伯里的度假居所。索尔兹伯里小镇的一条街道上,西班牙大使的一名仆人死于疫病。一个女人在邻近的费舍尔顿村染病身亡,她的丈夫是王后侍从队伍里的马夫哈索尔先生;甚至连国王的蹄铁匠也因疑似患病被关了起来。查理下令向镇上的居民征税,以建立一个隔离病院。在宫廷扩建集镇期间,任何人不得进入,除非持有市长颁发的健康证书。当然,国王不用遵守这些严苛的规定。他来去自由,利用不在首都的这段时间多次乘船前往港口,监督和协调海军的准备工作,以期证明《乌得勒支时报》的评论是错误的。

同样,约克公爵也在"不停地行动",他与妻子安妮一起北行,会见忠实的支持者,消除本土"狂热分子"、反叛者(包括清教徒)和贵格会教徒的威胁:人们担心,如果发起陆上攻击,这些公认的荷兰同情者会帮助敌人。[30]他向北方贵族发送信件,让他们务必在自己的辖区管住"危险人物"。国王给各郡治安长官写信,对瘟疫没能阻止叛乱行为表示失望,并请求他们的帮助,镇压任何潜在的叛乱。在多佛,三四百名反叛者在集会时遭到伏击,全国各地数十名"狂热分子"被捕。在迎接公爵并承诺效忠的贵族中,有古怪的泰恩河畔纽卡斯尔公爵和公爵夫人,以及威廉·卡文迪什(William Cavendish)和玛格丽特·卡文迪什(Margaret Cavendish),他们的维尔贝克庄园位于诺丁汉郡。

玛格丽特几乎完全不符合17世纪贵妇的既定形象。她自学成才，知识广博，对科学、自然哲学和传奇故事都很感兴趣，最重要的是对她自己本人兴趣浓厚。她在1656年出版的自传《我的出生、血统和人生的真实关系》（*A True Relation of My Breeding, and Life*）被广泛传阅，其中有这样一句引人入胜的话："我一生的渴望唯有声名。"她是一个彻头彻尾的保皇派，在政权交替期间曾是查理二世的母亲亨利埃塔·玛丽亚（Henrietta Maria）的侍女。她随王室前往巴黎、鹿特丹和安特卫普，其间与内战时的保皇党将军威廉·卡文迪什相爱，并嫁给了他。威廉是剧作家约翰·德莱顿和托马斯·沙德韦尔（Thomas Shadwell）的赞助人。不同寻常的是，他鼓励妻子做学问，与顶尖的思想家会面。玛格丽特·卡文迪什早期出版的一本书的卷首插图中，甚至绘有她领导小组讨论的画面。这对夫妇确实不容小觑。

到1665年，玛格丽特已经出版了几部作品，最近的一部收集了一系列写给一个匿名"夫人"的信件，其中陈述了她对当时各种哲学话题的看法。她的一个主要论点是，人类获取的一切都是物质的。至于心灵，她指出，它并非"由破布和碎片组成，而是自然界中最纯净、最质朴、最微妙的物质"。她的作品也触及了上帝和信仰的非物质本质，她认为：

在我看来，证明灵魂的不朽与劝说无神论者皈依一

3 逆转的潮流

样奇怪,因为世上几乎不可能存在无神论者:谁会愚钝到去否认上帝呢?因此,无论是证明上帝,还是证明灵魂不灭,都会让人对两者同时产生怀疑。[31]

然而,一条最重要的线索贯穿她写作的始终——她明确地渴望可以在学识上被平等接受。

她的这个愿望并未实现。她文章中提到的思想家都没有和她公开接触过。约翰·伊夫林与她相识多年,待她很热情,却在日记中称她"可能是个冒牌货,无论在学问、诗歌还是哲学上"。[32]她思想前卫,认为男女智力平等,区别只在于学习。[33]她还因与众不同、"非常特立独行"的风格,[34]以及抵制时尚潮流而闻名。她四处游历时,用天鹅绒装扮她的男仆,出人意表。甚至连对她有所了解的伊夫林再次见到她时仍感到震惊,认为她"行为怪异,奇装异服,言谈惊人"。[35]世人对她放肆而自信的举止既着迷又反感。几年后,她和丈夫访问伦敦时,佩皮斯描绘了她的光彩形象:

> 关于这名女士的一切都是传奇,她的所作所为也非常罗曼蒂克。她的男仆穿着天鹅绒衣服,而她自己穿着复古衣裙,就像人们说的那样……人们会跑来看她,仿佛她是希巴女王。[36]

与约克公爵会面时,她正在准备出版一本新书,是一部很有想法的乌托邦式的科幻小说，名为《描绘新大陆：燃烧的世界》(The Description of a New World, Called The Blazing World)。这是一个冒险故事，讲的是一个女人去北极旅行，进入了一个全新而神奇的地方，那里住着猪人、狐人和各色奇异的生物。

卡文迪什夫妇与约克公爵及其随从同行了15英里，在拉福德招待公爵一行，然后返回自己的庄园。他们约定，等公爵这行人再次到来时定会"盛情款待"。[37]

大约在同一时间，拉福德以南100多英里的地方，一个名叫托马斯·埃尔伍德的贵格会教徒正在准备一次较为低调的重聚。他接到一项任务，他之前的老师很快就要离开伦敦，他需要为老师及家人安排一个合适的住所。埃尔伍德很快在查尔方特圣吉尔找到一座乡村别墅，如一个"漂亮的盒子"，离他自己在白金汉郡的家不远。他本打算等着迎接他们到来，但不幸的是，他被捕了，被送进艾尔斯伯里监狱，大概是因为他的宗教信仰（这已不是头一回了）。尽管如此，他五十六岁的老师在年轻的红发妻子的陪伴下，于7月安全抵达查尔方特。这个老师就是约翰·弥尔顿，他的随身物品中有一部十卷的手稿，过去几年里，他一直秘密进行着这部书的写作。自1652年起，弥尔顿已失明，所以这个作品并非由弥尔顿执笔；他对不同的助手和近亲口述，每次三四十行，孜孜不倦。弥尔顿的智力没有因失明而下降；同样，他惊人的自负也丝毫未减。

弥尔顿"总是让人为他读书",通常是熟人或熟人的儿子。[38]他早期的一个助手是诗人安德鲁·马维尔(另一名剑桥大学圣三一学院的毕业生)。1662年,埃尔伍德被共同的朋友推荐给了弥尔顿。埃尔伍德说,他每天下午都会去老师家为他读拉丁文的书——当时弥尔顿住在伦敦的杰温街。弥尔顿鼓励他的学生要"多与外国人交谈,无论在国外还是在国内",以此来提高拉丁语水平,学习正确的发音。[39]他仅凭埃尔伍德的声调就能判断出他的学生是否明白他所读的内容,如果不明白,弥尔顿会让他停下来,解释这些话的意思。有段时间埃尔伍德病了,他们在一起的时光戛然而止,但两人关系一直很好;所以伦敦遭受疫情影响时,弥尔顿求助于埃尔伍德也就不足为奇了。

弥尔顿不但活了下来,还享有自由,这不啻为那个时代最大的奇迹之一。查理二世在处理悔过的议员时表现得相当克制。根据《豁免法》,许多克伦威尔的支持者得到了宽大处理,只有五十人受到十分严厉的处置。对那些签署了他父亲死刑执行令的人,他给予了最残酷的惩治。然而弥尔顿却是个例外,他本该在那五十人之中。尽管他不是签署者之一,他曾被克伦威尔政权聘为外文事务大臣,写了一系列慷慨激昂、广为传诵的清教徒小册子,坚定地主张处决查理一世。克伦威尔去世后,弥尔顿就失势了,他的那些小册子被公开烧毁。直到复辟的那一刻,乔治·蒙克精心策划着国王的回归,弥尔顿还在反对查理二世的复位,呼吁建立一个"自由

联邦"。在他1660年春出版的小册子中,他论证道:

> 如果我们回归王权,不久就会后悔(我们肯定会后悔,我们开始意识到,旧时的体制正一点点侵蚀我们的良知,其根源必然是王权和神权因共同利益结为一体),我们也许会不得不为我们曾奋斗的目标重新战斗,再一次付出代价。[40]

复辟之后,弥尔顿被囚禁在伦敦塔,时间不长,多亏他之前的门生安德鲁·马维尔凭着专业的谈判技术让他获释。之后,弥尔顿就沉默了,没有发表任何东西,东躲西藏。也许正是这种沉默,加上国王的实用主义理念,救了弥尔顿一命。

埃尔伍德在艾尔斯伯里监狱短暂服刑,一经释放,就南行前去小屋看望他的老师。寒暄之后,弥尔顿让人拿出从伦敦带来的手稿。他把手稿交给埃尔伍德,让他在闲暇时读一读,读完后,可过来告诉他有什么想法。埃尔伍德拿走的文本是一部剧本的纲要,剧名为《被驱逐的亚当》(*Adam Unparadized*),但后来按《伊利亚特》和《奥德赛》的风格改编成一部史诗,名为《失乐园》(*Paradise Lost*)。

埃尔伍德第一次读这部作品时,就觉得它是"最优秀的诗歌"。将手稿归还时,他向弥尔顿表示,自己能被征询意见是莫大的荣幸。两人在小屋里讨论这部作品,埃尔伍德对弥尔顿说:"关于'失乐园'您谈了很多,那您对'得乐园'有什么见解呢?"弥尔顿没有回答,"而是沉思了一会儿",随后便中止了他们的谈话。[41]

北　海

卑尔根是挪威最重要的西风港口,城中的木质建筑环绕着狭窄的港口,形成一个封闭的马蹄形。两侧有卑尔根胡斯城堡和斯维雷斯堡的石头堡垒庇护,城外的农田与石头山相接。要到达港口,舰只必须通过星罗棋布的礁石,穿过其中一连串狭窄的自然通道。负责这次任务的是海军少将托马斯·泰德曼,他在前往卑尔根的途中已损失了几艘舰,这些舰被大风卷走了。舰队向北漂得太远了,就连他自己的战舰"复仇号"也搁浅了,费了点工夫才脱离困境。

他残缺的舰队终于抵达了港口,显然,他们得到的关于荷兰商船现身此地的消息很可靠。这些船就在眼前,已经泊锚了。强风意味着泰德曼的小舰队需要立即"向港口和城堡下的荷兰船只靠近",以便停泊。当时,这只是一个组织进攻的问题,很可能泰德曼希望得到卑尔根的协助。他很快收到了长官克劳斯·冯·阿勒费尔特(Claus von Ahlefeldt)的讯息,"语气谦恭,表示乐于提供帮助",却又告诉泰德曼说,不能"带乘有超过五名舰员的(战舰)入港"。[42]泰德曼解释说,他"必须确保舰只都安全进港"。消息来来往往,泰德曼安排了八艘舰排成一列，将"装有大炮的舷侧对准港口"。[43]蒙塔古充当信使，向阿勒费尔特阐明了他们此行的目的——夺取荷兰的船只。阿勒费尔特的答复让他们大吃一惊。他声称并没有接到弗雷德里克三世要与英国人合作的命令，并说他"不会侵犯港口，这有违《和平条款》"。[44]他要求英国人暂缓行动，等他接到国王的命令再说。

几天前，在数百英里之外的哥本哈根，英国特使吉尔伯特·塔尔博特爵士得知了桑威奇决定追踪驶往卑尔根的荷兰船只，他给桑威奇发了一封重要信件，解释目前的外交局势。但这封信没能及时送到桑威奇手上，更别说泰德曼的小舰队了。他在信中警告说：

> 如果他（卑尔根长官）看起来对你的行动非常不满，并对你大发牢骚，不必感到奇怪，这仅仅是为了取悦荷兰人做的秀，并向外界为自己开脱罢了。[45]

与此同时，丹麦国王弗雷德里克三世向卑尔根长官发送了一封类似的信件，说已和英国达成协议。他让长官允许英国人袭击，但未提及会提供积极支持。对弗雷德里克三世来说，保持表面上的中立更划算，英国取胜的话可分得一半的利益，而不用冒险与荷兰开战。但这封信也未能及时送达。

泰德曼的小舰队陷入了困境。补给严重不足，行动延误会严重影响士兵的健康状况和士气。还有人怀疑他们被愚弄了。克利福德和蒙塔古继续与阿勒费尔特谈判,据说蒙塔古甚至向他许诺了丰厚的报酬,[46]包括嘉德勋章,但阿勒费尔特不为所动。蒙塔古改变了策略,转而对他进行威胁,警告他"最好小心保全自己为妙"。[47]

几个小时过去了,信息来来回回地传递,但什么都没有发生。英国人抵达卑尔根时,荷兰人正在舰长皮特·德·比特尔(Pieter de Bitter)的带领下享受着上岸假期,显然在卑尔根过得很惬意。丹麦人食言了吗?夜幕降临在这座挪威的海港,荷兰人似乎趁着夜色,在城镇周围建造临时堡垒,并将大炮运送到城堡中去,包括罗切斯特在内的不少人都目睹了这一幕。最明显的是,他们还将吨位最重的舰只排成一列,横跨港口,配有大炮的舷侧一律对外。泰德曼感到其中有诈。8月2日太阳升起时,他让小舰队排成半月形,大炮一致瞄准荷兰船只和城镇,其中有"审慎玛丽号""布莱达号""远见号""本迪什号""快乐回归号""蓝宝石号"和"彭布罗克号"。包括"复仇号"在内的其余舰只则对着海岸的炮台。

年轻的水手们悄悄从英国舰队下层甲板的储藏室里把火药安全地运了出来,为战斗做好准备。清晨五点,英方的战鼓敲响,战士们做了祈祷,泰德曼下令舰队"发射战斗炮火"。士兵把新火药装入炮管,用布或旧绳将之固定。将沉重的炮架推向舷墙,确保炮管能够伸出舰侧的炮口。大炮即刻向敌舰展开轰击。

荷兰舰船以密集的炮击回应。事后泰德曼解释说，堡垒和要塞那处的人对他开火后，他才对卑尔根镇开的火。丹麦人也借口说，英国的炮弹先击中了堡垒，造成四人死亡，他们才开始反击。在激烈的战斗中，也许双方都认为自己的说法才是正确的。不管怎么说，卑尔根还是把矛头指向了英国。

荷兰大炮连续猛击英方舰只，使其上层甲板严重受创。每一次炮弹落在舰上，都掀起一阵尘土和碎片，如风暴穿透人体，让靠近的人窒息。"审慎玛丽号"的舰长托马斯·哈沃德（Thomas Haward）、"布莱达号"的舰长托马斯·西尔（Thomas Seale）、"根西号"的舰长约翰·乌特伯（John Utber），以及其他三名舰长全部阵亡。英方处于逆风向，所以战斗中的硝烟向他们滚滚袭来。在这样的条件下，使用火攻舰如同自掘坟墓。罗切斯特后来慷慨激昂地指出："不然，我们会完美地完成任务。"英方护卫舰的第一层和第二层甲板上，士兵们迅速把火药和炮弹塞进大炮，向敌人发起猛攻。在敌方的炮火中，这项本就困难的任务变得更为艰辛。虽然他们距离荷兰舰只仅有一百米，却一直没能击中目标。战斗就这样持续了三个小时。

"复仇号"上，罗切斯特和战友们遭到了来自挪威要塞和荷兰军舰的猛烈炮击。尽管他们很卖力，但"城堡没有被（击）垮"，得益于坚固石墙的防护，它几乎毫发无伤。罗切斯特的朋友温德姆开始颤抖。他抖得越来越厉害，蒙塔古冲过去帮他，搂住这个仅十几岁的少年，让他站直。炮火在他们周遭接连不断。罗切斯特听到一声爆炸，一颗炮弹击中了这两个人，温德姆当场死亡，蒙塔古的腹部被撕裂。英国人割断锚索，任战舰随海浪漂流。仅三个小时，英方就死了五百人，六名舰长阵亡。蒙塔古过了六个小时才死去，过程缓慢而痛苦。据说，他全程精神状态良好。那天，大部分阵亡的人都沉入水中，将尸身祭献于无止无尽的北海，但蒙塔古和温德姆除外。他们血迹斑斑的尸体被存放在空的炮管里，准备被带回英国埋葬。泰德曼的小舰队土崩瓦解，随后便撤退了。罗切斯特在第二天写给母亲的信中说："我们把整个镇子打得稀巴烂，没有损失一艘舰。"

在海上航行数周后，这次损失极其惨重。糟糕的计划，不可靠的情报，舰员忍饥挨饿、报酬微薄，许多人丧命。罗切斯特尽其余生，也没等到温德姆和蒙塔古的灵魂回来告诉他，是否还有另一个世界。

英　国

卑尔根战役的余波对桑威奇伯爵来说是毁灭性的，但其影响并非立竿见影。英国人以为会赢得这场战争。在他们看来，他们有更好的战舰、更好的指挥官以及最近一次在海上击败荷兰的战绩，所以克利福德带回的战败消息使人们产生了巨大的心理阴影。事实上，他们处于巨大的劣势。首先，英国没有用于战争的长期资金——他们以为军事费用可由击败荷兰的战利品来抵扣——而且，与敌人不同的是，英国人在打造新军舰上投资很少。卑尔根战役的失败严重挫伤了士气，约克公爵的秘书威廉·考文垂在给阿灵顿的一封信中写道，对他来说，这次不幸的任务最严重的"后果"是，"剩余舰队的信心被击垮了，特别是他们大多数都未参战"。[48]在荷兰共和国，人们铸造硬币以庆祝胜利。这次行动也将丹麦人和荷兰人绑在了一起。

精明的桑威奇很快意识到，自己的地位岌岌可危，于是他利用夏天剩余的时间来挽救这场灾难。8月下旬，他招募了两百五十名新兵，并充实了舰队的补给。[49]9月初，他捕获了两艘在风暴中脱离船队的荷兰东印度公司的船只。几天后，他又俘获了八艘荷兰商船和四艘军舰。这是一个巨大的转机。依然留在舰队的罗切斯特——表现得"勇敢"而"勤勉"[50]——被派去向国王汇报成果。在战役开始时，英方希望用缴获的荷兰商船来"支付十二个月战争的火药和子弹费用"[51]，预计收益将达到20万英镑，有助于缓解财政压力。[52]佩皮斯在日记中写道：

> 舰队屈辱地返程，并要求一大笔钱（这钱是拿不到的）来遣散许多染上瘟疫的人，或填补舰上更大的开销。就他们目前的所作所为来看，议会肯定不会给钱，国家也拿不出钱来。如果给了钱，在瘟疫时期，状况如此糟

糕，整个国家一定会毁灭……"[53]

事实上，对于普通海员来说，海军干瘪的钱包已经使他们陷入绝境。上岸后，海员们用本就可怜的工资来抵债，他们身无分文，健康状况堪忧。在海滨城市朴次茅斯，许多领不到工资的海员"被房东扫地出门"，"像狗一样地"死去。海军收容了许多人，但也没钱发给他们。托马斯·米德尔顿（Thomas Middleton）在朴次茅斯给塞缪尔·佩皮斯写了一封慷慨激昂的信，信中写道："只要付这些可怜的人伙食费，两百人就可以干原先三百人的活。"[54]至于那些以票代薪的人，他们可以选择在酒馆或放债人那里以极低的价格兑换。[55]桑威奇自己的部队成员从卑尔根返回时就已经营养不良了。[56]除此之外，英国还需要为数千名受伤的海员提供食宿，并给数百名荷兰俘房腾出地方，"其中一些病得很重"。9月中旬，伊夫林告诉乔治·蒙克，"除非我们立即拿到1万英镑"，否则那些他管辖的战俘"都会饿死"。[57]同年又过了些时候，佩皮斯记录了一起可怕的事件，有人袭击了格林尼治的海军委员会："一百名海员在那里待了一下午，在下面骂骂咧咧……他们打碎玻璃窗，发誓说下周二要拆了这所房子。"[58]

由于瘟疫影响到全国许多地区，临时岗位变得稀少，贸易也无法正常进行。正如彼得伯勒伯爵（the Earl of Peterborough）所说，"瘟疫无限期干扰了整个国家的贸易"。国家急需用钱。

在给桑威奇的信中，考文垂和蒙克都敦促他保管好赢得的珍贵货物，以免遭到抢劫和盗用。蒙克已经与东印度公司达成协议，答应借给海军财政部5000英镑，作为预期战利品的一部分。然而，蒙克和考文垂很快就发现，在那些货物被依法定为战利品之前，桑威奇手下的许多军官已经拿走了一部分。桑威奇对此睁一只眼闭一只眼，主要是为了笼络他的海军将领们。战利品一被公开，这些人可能就分不到多少了，许多人认为那是他们应得的奖赏。并且，只有拉拢他们，桑威奇才更有可能获得1666年军事行动的指挥权。然而这是一个灾难性的判断失误，而且，作为最资深（约克公爵除外）、最可靠的海军成员，桑威奇完全有罪。他收到了查理国王签署有较早日期的委任书，但这不足以堵住政治火山的爆发。许多与他一起参与此次行动的军官都拒绝分取战利品，而约克公爵的秘书威廉·考文垂嗅到了血腥味，便精心策划让桑威奇垮台。

他认为，在那些货物正式成为战利品之前就私自拿走，应被定为重罪，并且，他极力主张对桑威奇进行弹劾。这种敌意还包含了另外一个层面：桑威奇是国王的人，考文垂对他的不满中还夹杂着他的主人约克公爵的怨恨，在洛斯托夫特战役后，约克公爵被解除了海军现役职责。有迹象表明，热爱大海的查理国王曾嫉妒他的弟弟积极领导国家防务的能力。对许多人来说，公爵被解除现役的原因并不使人信服。国王最信任的顾问、大法官克拉伦登伯爵认为，很明显，朝臣们千方百计地让詹姆斯确信，自己受到了不公平的待遇。

这对王室兄弟有许多共同的经历，但他们的性格却截然不同。查理思维敏捷，情商高，是个彻头彻尾的实用主义者。他有一种不可思议的识人能力，知道如何取悦他人，把握恰当的时机，给人留下深刻的印象。但这种令人愉悦的魅力掩盖了他天生狡猾的性格；而詹姆斯并不像他的兄长那样智力超群、世故老练，他的心思和原则全都写在脸上，常常意气用事。他遗传了他父亲的固执，而这一特点会在他今后的生活中造成毁灭性的后果。抛开这些差异，他们对于继续对荷兰的战争有着同样坚定的决心，即使这样会削弱国家的财政。

国王的钱袋空空如也，召集议会就成了头等大事。9月初，宫廷从索尔兹伯里迁到了牛津。牛津是保皇派聚集的城市，在17世纪40年代的内战中充当了保皇党的大本营，城内的建筑奢侈浮华，足以供王室居住。9月底和10月初，国会议员和贵族们从全国各地来到牛津。詹姆斯把妻子留在了约克，陪伴她的是御马官亨利·西德尼爵士（Sir Henry Sidney）——"他那个时代最英俊的年轻人"[59]——詹姆斯命令他务必好好照看她，就像自己在的时候一样（西德尼和公爵夫人有点过于认真地遵循了公爵的指示）。

公爵到达牛津后，王室兄弟之间的竞争加剧了，但这与国家事务没有多大关系。弗朗西丝·斯图尔特（Frances Stewart）于1662年来宫廷，担任布拉干萨的凯瑟琳的侍女，查理立刻就迷上了她。弗朗西丝美丽、天真而轻佻。查理的妹妹说她是"世上最漂亮的女孩，最适合装点宫廷的门面"。塞缪尔·佩皮斯认为她是"我一生中见过的最美的女人"。[60]但她却在这复辟王朝中保有最稀奇的东西：贞洁。1663年王后病重，人们在悄声谈论国王的下一任妻子时，都把目光投向了这个天真无邪的少女。或许她觉得步卡斯梅恩夫人的后尘没什么好处，或许她对王后太忠诚了，又或许她只是不喜欢国王。不管是什么原因，弗朗西丝不愿成为国王的情妇。查理感受到了单恋的痛苦（也可能只是未能满足的情欲）。他写了一首关于她的诗，开头是：

> 我在一片荫翳的古老树林中度过所有的时光，
> 但见不到我的爱人，我每日如行尸走肉，
> 我望向每一条路径，我的菲利斯已远逝，
> 想起我们独处的日子，我叹息：
> 哦，那时，只在那时，我想地狱
> 就犹如爱情，爱得过深便入地狱。[61]

相思成疾的国王每天在吃早餐前都会去她的房间——也会去怀孕的情妇卡斯梅恩夫人那里。公爵自然也注意到了弗朗西丝的美貌，他也成了这名年轻女子的爱慕者。威廉·考文垂向塞缪尔·佩皮斯透露了一个"惊天秘密"，说："国王和公爵之间的矛盾很深，宫廷上下对他们的滥情一片哗然。约克公爵深深地爱着斯图尔特夫人。"[62]至于弗朗西丝，她似

乎对公爵更不感兴趣。

王室的风流韵事逐渐发酵之时，议会于10月9日在牛津的基督教堂学院大厅举行。会议由查理主持，克拉伦登负责传达细节。其间国王请求议会给予战争更多的资金，承认这场战争"确实比我预想的更费钱"，并向他的臣民保证，"他们（荷兰人）根本没有优势，除了瘟疫的持续蔓延"。他还警告说，"希望这援助不仅可以继续这场战争，并且能让你我可以与更强大的邻国（法国）抗衡，如果法国更乐意与荷兰结交的话"。[63]

为了煽动反荷兰情绪，克拉伦登对议会说，荷兰人的"方言太粗鲁了，只有他们的语言里才会有，只有荷兰人才会说，是时候去改造他们了"，接着又说，"我国那些声名狼藉的变节者"已加入了荷兰人的行列，"放肆地踏上敌人的舰船"。[64]自战争爆发以来，确实有一些英国臣民投靠了荷兰。少数人是出于意识形态的原因，多数人则为金钱所驱使。简而言之就是，荷兰人付了钱。议会投票决定，再拨出125万英镑用于战争。议会议长宣称："正如河流自然会注入大海，我们希望国家的金银财富都汇入这片海洋，以维护国王陛下在四海之内的正当主权。"

此时桑威奇伯爵已从海上归来，到了牛津。那个月初，他离开了船队前往牛津，试图平息宫中对他日益增长的厌恶感。然而对他而言，不凑巧的是，荷兰共和国的政治领袖大议长约翰·德·威特（Johan de Witt）决定让他的舰队准备进攻，舰只停靠在东南海岸。荷兰人发现英国舰队的状态如此糟糕，便撤回了。不过，趁桑威奇不在，乔治·蒙克正好抓住这次机会大肆调动舰队，以彰显自己的权威。如此，蒙克领导1666年战役的概率就变大了。

动荡持续着。与此同时，蒙塔古的遗体被运回了北安普敦郡的家，埋葬在当地的教堂。他的死讯在惨败发生几周后传到了宫廷，并在《情报者》上公布。讣告中写道："在死难者中，爱德华·蒙塔古先生是一位勇敢可敬的绅士，他和温德姆先生一同为君主和国家光荣牺牲。"[65]然而，他很少被人哀悼。的确如此，彼得伯勒伯爵回忆说："在我的一生中，我从没见过死亡对谁如此有用。"[66]

在英吉利海峡的另一边，法国的威胁日益增长。这一年里，英法关系急剧恶化。严格说来，1662年的一项条约规定，如果英荷之间爆发战争，法国有义务援助荷兰共和国，但国王路易十四一直都不愿遵守该条款，直到1665年秋天。虽然对法国人的仇恨在英国人心中根深蒂固，但路易的宫廷中有许多人（尤其是他弟弟的妻子亨利埃塔）基于原则，反对与英国开战。英国由一个看似优柔寡断的君主统治，而荷兰共和国却是——如名所示——一个共和国。另外，法国海军其实尚处于初建阶段，尽管正飞速扩充和壮大，但仍然不是英国的对手。

西班牙国王菲利普四世于9月去世，奇怪的是，这倒把法国拉了进来。菲利普四世的继承人只有四岁，身体虚弱、畸形，是近亲婚配所生。因此，谁来继承西班牙王位对路易十四来说至关重要。路易希望荷兰默许他扩张到西属尼德兰的计划，而他清楚，只要履行条约就可以达成。随着西班牙势力的削弱，英国的中立就不再必要。此外，越来越明显的是，英国对欧洲的现状构成了威胁。如果查理成功推翻荷兰议会，那么奥兰治家族——有年轻有为的威廉王子在——将掌握权力的平衡，有效地将荷兰共和国变成英国的受保护国。这样就讨好了德国王子们；瑞典被诱以金钱；丹麦则面临压力。

英国人已经俘获了几艘载有荷兰货物的法国商船，并坚持要求外国船只沿英吉利海峡航行时向其致敬。对此，路易命令在地中海航行的所有船舶向法国船只致礼，承认法国对这片海域的掌控权。这导致了英法之间的一系列冲突。路易的海军上将波弗特公爵（the Duke of Beaufort）俘获了两艘英国船只，把它们带到土伦。到12月，法国即将对英宣战这件事已尽人皆知。

迫在眉睫的战争的威胁并没有阻止宫廷的奢靡生活。罗伯特·哈利爵士（Sir Robert Harley）的法国仆人丹尼斯·德·雷帕斯（Denis de Repas）当时随王室去了牛津，他描述宫廷整日欢宴纵乐、奢侈无度时写道："这里没有瘟疫，只有欢爱的肆虐；不谈别的，只论芭蕾、舞蹈和华丽服饰；竞争也只是关于谁的外貌更胜一筹……人们只为'我是你的'而斗嘴……"他甚至听到一个传言，说要发布一个公告，谁不高兴就要受罚，戴上木枷示众。[67]对于久居牛津的居民来说，宫廷里的人"无礼、粗鄙、荒淫"。[68]错综复杂的钩心斗角、风流韵事、暗箭伤人、酗酒豪饮、政治勾当，凡此种种让牛津居民能给予这些上层人士的一点点尊重也消耗殆尽了。据吉尔伯特·伯内特（Gilbert Burnet）说，罗切斯特伯爵从海上归来后，"（陷）入了那帮荒淫无度的人群中"，释放了他性格中"放纵"的一面。这"群"人里可能也有像白金汉公爵和巴克赫斯特勋爵这样天性活泼又有点滑稽的人。当时的学者安东尼·伍德（Anthony Wood）对牛津宫廷的种种行为和陋习提出了一个有趣的见解：

> 职位高的朝臣高高在上，傲慢无礼，视学者如书呆子或教书匠……他们衣冠楚楚，但实际上非常恶毒、残忍，临走前，把自己的排泄物弄得到处都是，烟囱里，书房里，煤房里，地窖里。[69]

凯瑟琳王后和宫廷侍女们一直待在大学城里，侍女中有国王的情妇卡斯梅恩夫人。当时城里散发着大量言辞恶毒的传单，她成了焦点人物。这些传单似乎是大学学者们搞的，最让人热衷的是一张用英文和拉丁文书写的字条，这张字条就钉在卡斯梅恩夫人的房门上，上面写着："她之所以没被浸水里/是因为上她的人是恺撒。"[70]（这不是卡斯梅恩夫人第一次被比作妓女，当然也不是最后一次。）

即使在远离宫廷的地方，达官贵人也一直丑闻缠身。这对王室兄弟似乎很擅长把年轻英俊的男子送到自己的妻子面前。爱德华·蒙塔古死后，凯瑟琳王后让他的弟弟拉尔夫（Ralph）继任御马官，他是个"自尊自爱"的人。显然，这位虔诚的王后是不会背叛婚姻的，但有报道却确凿无疑，"（约克）公爵夫人自己……爱上了她的新任御马官，一个叫哈里·西德尼（Harry Sidney）的人"。西德尼同时也是约克公爵的内廷侍臣，传说他"非常爱她"，所以"公爵好几天都没有和公爵夫人说话"。直到1月中旬，西德尼被逐出宫廷，两人之间的嫌隙才得以消除。[71]

当然，这些都不太为人所知。当宫廷迁至牛津时，官方新闻通过新的喉舌《牛津公报》发布。公报由亨利·麦迪曼（Henry Muddiman）创办，取代了《情报者》成为英国官方报纸（尽管直到1670年才真正使用"报纸"一词）。那时，新闻期刊是社会上相对较新的东西，在17世纪初起源于斯特拉斯堡，随后的几十年中逐渐在欧洲流行，阿姆斯特丹、巴塞尔、巴黎和安特卫普均有此类出版物。英国最早的定期刊行的报纸始于1621年，是一份荷兰报纸的翻译版。这份早期的报纸为读者提供关于国外事件的信息，但里面没有英国国内的新闻。

英国新闻消费在内战期间实现了突破，当时对信息的需求有了新的迫切性。政府的垮台催生了出版自由，反对派创办出版物以集结力量，并迅速传递消息。在克伦威尔统治期间，管制又严格起来，但人们对国内新闻的胃口已经被吊了起来，不会消失。《牛津公报》每周一和周四印发，里面的信息来源于麦迪曼和他的线人网络收集的情报，最著名的线人是国务大臣办公室的约瑟夫·威廉姆森。人们既可以订阅，也可以当日购买。它看上去就是一张纸，双面印刷，报纸样式的排版，里面有来自不列颠群岛不同地区的事件，以及驻外大使和记者的报道。第一版发行于1665年11月7日，佩皮斯认为它"非常漂亮，新闻充实，没有愚蠢的花边新闻"。[72]

随着1666年日益临近，其他地区出现了变化的迹象。皇家学会自成立以来，就一直利用整个欧洲大陆的知识网络，并由学会秘书亨利·奥尔登堡整理和传播。瘟疫肆虐期间，学会一直很忙碌：做实验来改进船只，并与科学家和思想家们定期通信。1665年12月8日，奥尔登堡给在阿姆斯特丹的犹太哲学家斯宾诺莎写了一封信，好奇地询问在英国熟人中流传的一则传言：

> 这里的每个人都在谈论一则报道，说犹太人在离散了两千多年之后，即将返回他们的国家。虽然很少有人相信，但许多人希望这是真的。请告诉我你听到的消息，以及对此的看法。于我而言，除非这消息被君士坦丁堡可靠的来源证实，因为那是直接相关的地方，否则我是不会相信的。我很想知道阿姆斯特丹的犹太人对此的说

法，以及这种重要消息对他们产生的影响。如果消息是真的，这无疑会预示着世界末日的来临。

相信我是
你最热忱的，
亨利·奥尔登堡[73]

第二部分　1666

4
决定命运的一年

> 醉酒的人依然醉着,肮脏的人依然肮脏;那些不义和贪婪的人,依然执迷于他们的恶行;哄骗、说谎、谩骂、诅咒、违反安息日戒律、傲慢、嫉妒、沉溺肉欲,这些惹怒上帝、挑衅上帝的罪过……在伦敦屡见不鲜……
>
> ——托马斯·文森特《城市中上帝的可怕之音》[1]

像一条被践踏的蠕虫,伦敦和它的人民挣扎着恢复了生机。瘟疫改变了他们,但他们活了下来,走动着,交谈着,交配着,到1666年1月,一切似乎恢复常态。城市的上上下下回响着婚礼和洗礼的钟声。沃尔特·史密斯(Walter Smith)和伊丽莎白·莫尔(Elizabeth More)、乔纳森·佩里(Jonathan Perry)和玛丽·斯坦福(Mary Stanford)、约翰·帕吉特(John Pagitt)和玛丽·约翰逊(Mary Johnson)在阿尔德门圣博托尔夫堂举行了婚礼。[2]约翰和玛格丽特的女儿萨拉·基佩

(Sarah Keepe)、查尔斯和玛拉的女儿安妮·博马尔（Anne Bomar），以及安妮的儿子约书亚·德夫特（Joshua Defft）在舰队街的圣布莱德教堂接受了洗礼。[3]自前一年的6月以来，1月2日，每周《死亡布告》公布的瘟疫死亡人数首次低于100。

德鲁里巷的药剂师威廉·博赫斯特在病毒暴发期间身处疫情最严重的地区之一，于他而言，目前疫情的缓解证实了他的理论。几个月来，他一直密切关注疫情的走向，为感染者提供治疗，并记录他们的症状。根据自己的经验和观察，他预测疫情将在1666年继续缓解。他在《疫病论》（*Loimographia*）中写道："瘟疫的尾巴很长……来来回回，增增减减，直到完全消失。"这本书在之后成为关于大瘟疫的重要著作。在前一年9月的高发期，伦敦每周死亡人数超过7000，但到今年1月，这个数据降到了90左右，人们很容易认为危险已经过去。

对于那些逃离伦敦的人，疫情好转的迹象无疑鼓舞着人心。一整个月，大批商人、牧师、医生和工匠陆续返回首都。伦敦的富人区，如考文特花园和威斯敏斯特，还依然空空如也——"没有宫廷人员，也没有贵族"——市中心的许多商店重新开张了，交易再次进行，"镇上又熙熙攘攘了起来"。[4]1月8日，伦敦市和威斯敏斯特的治安法官接到王室敕令，必须确保"……几个住过病患的屋子里的床上用品以及其他物品都在室外得到充分晾晒，所有房间重新粉刷，墓地要用两英尺厚的土覆盖起来"。[5]新市长托马斯·布鲁德沃思（Thomas Bludworth）于前一年10月上任，就职仪式仓促且简单，他下令对伦敦市进行烟熏消毒。

城市的清洁工作进行着，分散四处的英国各派势力已准备好返回首都。1月20日前，财政部已从避难时的无双宫搬回白厅；海军委员会从格林尼治回到了塞辛巷；到了月底，国王、约克公爵以及宫廷的大部分重要人物，都离开了他们在牛津的住所，动身前往汉普顿宫，打算尽快返回白厅。尽管像圣奥莱夫哈特街教堂仍有"这么（多）坟墓"，"高垒在瘟疫死难者的墓地上"，[6]国王还是执意要回到伦敦。他给在法国的妹妹亨利埃塔的信中说道：

> 我让妻子留在牛津，但希望两三个星期后能把她接回伦敦，其实伦敦的瘟疫已经几乎平息了。然而女人们害怕"瘟疫"二字，所以她们需要一些时间来设想一切疫情都消除了。[7]

对托马斯·文森特来说，这一切都来得太快、太容易了。这名清教徒牧师在疫情暴发期间留在首都，他的一些家人染病丧生。他认为，许多逃离的人没有利用这段时间进行深刻反思。在文森特看来，罪人皆未留意上帝的警告。他控诉道，有些人受贪婪驱使，"回到家中，继续忙着俗事，拼命工作以弥补这段时间的损失"；他们丝毫没有去"借着这次审判以及上帝神明的庇佑来提升（自己）"。更有甚者，正如文森特所见，"因前段时间没机会，也不方便实施罪恶行径，现在越发变本加厉地造孽"。[8]

其他人也表达了同样的忧虑。教区执事协会职员约翰·贝尔（John Bell）将1665年暴发的瘟疫与之前的瘟疫进行比较，他断言，"所有瘟疫"都是由"人的罪孽"导致的。[9]然而，与文森特不同，贝尔认为，当前瘟疫的根源来自最深重的罪孽——弑君。他在《伦敦的追忆》（*London's Remembrancer*）中问道："难道这个国家不该期待上帝对它的人民做出最大的审判吗？他们杀害了自己的合法君主。"[10]1666年初，一个名为"E.柯特"的印刷商收集了自前一年瘟疫暴发以来所有的《死亡布告》，将它们编辑成册，准备在他位于奥德斯门街的印刷厂作为死亡警示出售。柯特是托马斯·柯特（Thomas Cotes）的儿子，也许是侄子，托马斯·柯特一直负责印刷17世纪早期的舞台剧本（包括莎士比亚的《第二对开本》）。柯特只是个"印刷商，而非布道者"，但他呼吁读者感念上帝"对你我的仁慈，让我们依然存活，在恐惧和战栗中自我救赎"。他继续写道："啊，不要以为死去的人比我们这些幸存者罪孽更深！"并补充说，不悔改的话，"我们也会以同样的方式死去"。[11]柯特将这个册子命名为《伦敦之可怕显圣——本年度〈死亡布告〉全集》，并在其中敦促他的同胞：

……通过上帝仁慈的援助，找到自己心中和头脑中的障翳，净化自我，荡涤灵与肉的污秽；这样，上帝会用他无限的温柔与怜悯来回报这座罪恶的城市，使我们的家园重返安康。[12]

作为一名不信奉国教的牧师，这场瘟疫让托马斯·文森特可以自由地布道，谴责罪行、鼓吹忏悔，但随着官方牧师开始返回教堂，他的行动被遏制了。贵格会的集会经常遭到民兵的袭击；异议分子和反君主的文学作品受到压制；不奉国教者也时常被官员搜捕。就在这一年，17世纪晚期最著名的异教者约翰·班扬（John Bunyan）因参加非法宗教集会被关押进贝德福德的一所监狱。他利用在狱中的时间撰写并出版了一本回忆录，题为《罪人受恩记》（Grace Abounding to the Chief of Sinners），并开始编写一本内容丰富的宗教小册子，后来取名为《天路历程》（The Pilgrim's Progress）。托马斯·埃尔伍德描述了自己的一次被捕经历，让我们得以一窥宗教异见者的遭遇：

……我去参加一次贵格会集会，在奥德斯门附近的"公牛与大嘴"驿站。突然，一队士兵（属于城中训练有素的部队）叫嚣着冲了进来，领头的人叫罗斯威尔少校，是个药剂师（如果我没记错的话），顶着教皇党人的不良名号。他一走进房间，就让身后的一两队火枪手拿枪指着我们，我猜，他们是想吓唬人。

然后他宣布，非贵格会教徒可以离开……士兵们来得太早了，那时候我们的人还没聚齐。无关人士走后，偌大的屋子里就只剩我们几个为数不多的人，显得势单力孤，在他们眼前一览无遗，随意就可以把我们挑出来……[13]

文森特在哈克斯顿的住所离新教堂墓地很近，墓地如今十分拥挤，他饶有兴趣地观察，"许多人把时间浪费在……喂养和保存他们的身体上……完全没有时间去认真考虑如何拯救他们的灵魂"。在他看来，"一旦他们认为（瘟疫的）危险已经过去，就会比以往入睡更快；他们的行为仍然和以前一样，甚至更糟"。[14]但是他对人性非黑即白的看法并没有揭示出真正的悲剧，那些现在回到伦敦或当时留下来的人饱受创伤：他们的生活因亲人离世而支离破碎，他们别无选择，只能"拼命地工作"，在一片狼藉中创造新的生活。

年初，书商米切尔一家回到了他们在伍德街的家中，在威斯敏斯特大厅再次做起生意。他们在瘟疫中失去了大儿子，他曾被寄予厚望。意外的是，他们很快发现，大儿子的未婚妻贝蒂·豪利"实际上爱着"他们的小儿子迈克尔，"胜过他的兄长"。[15]二十二岁的迈克尔和二十岁的贝蒂于2月结婚，他们心心念念想要与生意邻伴豪利一家联姻，愿望终于达成。坎特伯雷大主教给他们颁发了结婚证书，允许这对夫妇在圣费斯教堂（圣保罗大教堂主体内的一个独立教区教堂），或者伦敦桥附近老鱼街的圣玛丽抹大拉教堂举行婚礼。[16] 这对新婚夫妇将搬到泰晤士街一带，距离双方原先的家都很近，步行即可到达。他们的新住所最初是给大儿子和贝蒂的，如今成了迈克尔开始做男装生意的地方。

泰晤士街是伦敦最热闹的街区。街道沿泰晤士河北岸延展，街边点缀着一个个码头，尽显伦敦市的特色。从伦敦塔丘经过伦敦大桥一直到贝纳德城堡，这条街上住着形形色色的人物，开着林林总总的商店——有寡居的鱼贩玛丽·贝拉米（Mary Bellamy）、牛油蜡烛商托马斯·罗斯（Thomas Rosse），还有理查德·斯皮尔（Richard Spyre），他做男装生意，也是金胡普酒馆的房东，酒馆用"加纳利群岛产的白葡萄酒"和英镑支付房租。伦敦大桥附近还有不少救济院，为至少三十个贫困居民提供住所。遥远的西边有许多印刷厂，紧挨着贝纳德城堡。街道空间狭窄，总是挤满了人和推车。偶尔，某个莽撞的马车夫想在街上穿行，他很可能卡在人流里，被"街头小混混"戏弄一番。尽管迈克尔和贝蒂的生活因迈克尔兄长之死蒙上了阴影，但他们有了新家，并开始在这个繁华的商业枢纽做生意，未来似乎充满了希望。

他们未来的邻居安妮·马克斯韦尔（Anne Maxwell）最近也遭遇了亲人的离世，正整合资金开始新的生活。她住在一栋有九个壁炉的大房子里，离贝纳德城堡不远，[17]丈夫是受人尊敬的印刷商大卫·马克斯韦尔（David Maxwell）。然而，他们的婚姻只持续了七八年，1665年，她成了寡妇。面对悲剧，像当时的许多遗孀一样,她继续着家里的生意。印刷是一项艰苦的工作:文本需要由单个字符排版组成,然后将墨水涂在软皮垫上,再拍到排好的文本上,最后放入印刷机,印刷过程中需要拉一根坚硬的木杆,以确保油墨充分接触到纸张。自15世纪30年代约翰内斯·古腾堡(Johannes Gutenberg)发明印刷机以来,几乎一直这样操作。安妮·马克斯韦尔没有学徒,但她拥有两台印刷机,而且似乎也不用那么费力地找活干。事实上,这一年的某个时候,她从一个重要客户那里收到两份待出版的手稿,这个客户就是纽卡斯尔公爵夫人玛格丽特·卡文迪什。第一部作品题为《实验哲学观察》(*Observations upon Experimental Philosophy*),以她现有的许多关于世界自然秩序的理论为基础,探索了有生命物质和无生命物质的内部运作(以及它们之间的关系)。书中对光学和显微成像揭示物体"真相"的能力提出质疑,并认为,任何依赖于感官的实验都存有缺陷,因为感知在不断变化。第二部作品是卡文迪什的冒险故事《燃烧的世界》(*The Blazing World*),该作品此后被视为最早的科幻小说。在写给读者的话中,卡文迪什声称自己"……和其他任何一名女性一样充满野心",她继续说道:

>……虽然我不能成为亨利五世或者查理二世,但我会努力成为玛格丽特一世。虽然我没有力量、时间和契机像亚历山大和恺撒那样征服世界,我也不想成为他们

某一个的情妇，命运并没有给我这样的机会，但我已经创造了一个属于我自己的世界：我希望，没有人会因此责备我，因为每个人都有能力这样做。[18]

从泰晤士街东边步行五分钟，稍微深入市区，就是一条繁忙的街道。街上行人熙熙攘攘，有鱼贩、屠夫、箍桶匠、卖葡萄酒的、做"钩眼扣"的。街上住着另一个受前一年瘟疫影响的家庭。根据作家及历史学家约翰·斯特里普（John Strype）的说法，他们所住的巷子原先叫"红玫瑰巷"，但长期以来，屠夫们把烫煮工序进行的地点设在那里，"用动物的下水（内脏）做布丁"，这个地方后来就改叫"布丁巷"了。如果要找一条典型的17世纪的伦敦街道，这条巷子再合适不过了。这里挂满生意招牌——有"玫瑰""鱼""蓝锚""金色干草包"和"泥水匠之手"——木结构房屋高耸在上方，许多商店兼作住宅。这里充斥着刺鼻的气味，浓烟滚滚，人们辛苦劳作。沿小巷有一片有围墙的房屋，被称为"鱼场"，中年丧偶的托马斯·法里纳（Thomas Farriner）和女儿汉娜住在那里，房子里有五个壁炉、一个炉灶。[19]

法里纳是一名面包师。1665年，他失去了相伴二十八年的妻子汉娜，[20]然而，她的死因尚不明确。据记载，一个名为"哈娜·法默"的人死于瘟疫，于1665年9月4日在白教堂区的圣玛丽教堂下葬，距离布丁巷1英里。汉娜未出嫁时的姓氏是马修斯，所以这个"哈娜·法默"和朱迪思·马修斯

（Judith Mathews）和约翰·马修斯（John Mathews）在同一天下葬令人心生疑惑，[21]但我们不能确定她就是法里纳的妻子。我们所了解的是，在失去妻子之后，法里纳似乎运气不错：随着军粮供应商再次回到首都，他接到任务，为海军提供"船用饼干"。

海军的军粮办事处设在东史密斯菲尔德，在伦敦塔的东北方向，离布丁巷只需步行十五分钟。库存由不同级别的军粮供应官员、供货商和办事员监管，受军粮总管丹尼斯·高登（Denis Gauden）领导。塞缪尔·佩皮斯作为军粮监管长官，最近建议对舰上的"出纳"制度进行改革，即每艘海军舰艇上都设专人，负责舰上的财务和粮食订购。在持续的压力下，佩皮斯在瘟疫期间一直留在伦敦市，只是在海军委员会出于安全考虑转移时，才跟着去了格林尼治，即便是撤离后，他还是经常返回城里。与国王、约克公爵和他在汉普顿宫廷的许多上级一样，他渴望重新融入政治生活。1月28日星期天，他穿上几天前从主祷文巷买的天鹅绒外套，准备前往汉普顿宫。他带上所有文件，乘坐出租马车穿过城镇，与即将同行的布朗克勋爵会面。

布朗克出身于爱尔兰贵族。后人主要以皇家学会第一任主席的身份记住他，但在佩皮斯和其他同代人眼里，他既是一位受人尊敬的数学家，同时也算是一个带有丑闻性质的公众人物，他与一个名叫阿比盖尔·威廉姆斯（Abigail Williams）的女演员陷入了情感纠葛。这天，布朗克在其伦敦以西的住所等待佩皮斯的到来，然后两人一同乘坐他的四匹马拉的马车。这个月上旬，佩皮斯描述了以如此方式穿过小镇的兴奋之情："人们看到贵族的马车来到小镇，都盯着看。各处提行李的都向我们鞠躬。乞丐竟上来乞讨！"[22]这一天，马车突然在布雷恩福德停下。如果当时行李员和乞丐在附近的话，他们肯定有一出好戏可看了。佩皮斯解释道：

> 因为需要如厕……我走进一家开着门的旅店，找到办公的地方（厕所），就用了起来。周围没有人，只是在我进去之后听到一声狗吠，我很担心，想着我要如何安全地回去，于是从腰带上解下剑和鞘，拿在手里，但我后来并没有用到它们，我安全地回到了马车上，但在这期间，我丢失了腰带，在来汉普顿宫之前我从来没弄丢过它。

在汉普顿宫，佩皮斯等了一段时间，会议结束后，国王和约克公爵走了出来。佩皮斯逐个亲吻他们的手，国王也"非常亲切地握了握"他的手。过了一会儿，佩皮斯又看到国王和公爵，国王走到他面前，对他说："佩皮斯先生……非常感谢你这一年来的工作，你放心，我对此非常清楚。"公爵也对他十分满意，说他看了佩皮斯关于出纳管理的建议，并表示"会这样下达命令"。不到一年以前，国王对佩皮斯还不很面熟，而现在，佩皮斯已经受邀与王室成员同行，进行私下的交谈,"远离宫廷,进入田野",然后才返回王宫。[23]

次日,约翰·伊夫林来到王宫,王室兄弟俩以同样的方式表达了感激之情。伊夫林在描述他与国王的会面时写道:

……国王陛下跑向我,以最亲切的方式向我伸出手,让我亲吻,不断感谢我对他的忠诚和关心,特别是在如此危险的时刻,众人皆纷纷逃离岗位。他说他对我充满谢意,并曾几度担忧我能否度过危险,也非常认可我的工作。

随后,他们私下里谈起关于伊夫林职责的话题。伊夫林也表达了类似的感激之情,他记录道:"公爵走到我面前,非常亲切地拥抱我,说如果他知道我会面临如此险境,就不会让陛下将我派到那个位置上。"[24]

像伊夫林、佩皮斯、布朗克以及他们在路上遇到的两名绅士一样,许多人蜂拥到汉普顿宫去拜见国王和公爵。威廉·佩恩爵士、威廉·考文垂爵士、曼德维尔勋爵(Lord Mandeville)、乔治·卡特雷爵士(Sir George Carteret)、约翰·门尼斯爵士(Sir John Mennes)、威廉·巴顿爵士,以及阿尔伯马尔公爵乔治·蒙克都去了,还有遇上麻烦的桑威奇伯爵。据佩皮斯描述,桑威奇"愁云满面……上嘴唇上的胡须比平时长"。1665年的军事行动惨败后,桑威奇在宫廷里就失势了,此时他很明白,佩皮斯最好不要和他一起出现在公共场合。曾经对双方都有益处的导师/门徒关系已日渐紧张，几近崩溃。第二天，约克公爵和阿尔伯马尔公爵主持了一场关于海军事务的会议。会议期间，桑威奇迟到了，看起来"心绪不佳……几乎一言不发"。没人为他腾位置，于是佩皮斯把自己的凳子让给了他，然后坐到"另一个给他让出来"的位置上。桑威奇不久将以大使的新身份前往西班牙，佩皮斯非常清楚，他必须结交新的盟友，与曾抨击过他以前导师的人成为朋友，如威廉·考文垂爵士。

会议结束后，两名伟大的日记作者乘坐布朗克勋爵的马车返回伦敦。伊夫林的日记中没有提到这次旅程，只是说他因为"身体不太好"回家了。然而，佩皮斯却回忆了他们"绝妙的对话"，说他认为伊夫林"非常可敬"。[25]许多年后，佩皮斯去世时，伊夫林称他是"一个非常可敬的人，勤勉而好学"，并说"近四十年来，他一直是我特别的朋友"。[26]他们的关系是在第二次英荷战争期间建立的，这不免让人设想，也许这次归家的旅途已播下他们长久友谊的种子。一路上，他们表达了对"宫廷的虚荣和恶习"共同的蔑视，正如佩皮斯所说，"这种现象极其可鄙"。[27]他们有太多话题要讨论了。瘟疫中的逃亡并没有对宫廷中日益沦丧的道德起到约束作用，那些言行失检和婚外韵事已广为流传。然而，最紧迫的问题还是与荷法两国的战事进展。

不出所料，路易十四在1月正式向英国宣战。这一决定并非没有问题——在法国，法国国王在自己的圈子里就遇到了切实的阻力，人们不支持对君主制国家发动战争。法国海军尚未成熟，但正在发展壮大，其主要港口位于法国南部的土伦。在英国，对夏季战事的准备工作正稳步进行。早在1月，全国各地都发布了公告，命令所有海员在2月20日之前回到舰上，并承诺会付薪资，即使是之前没请假就离开的人也可以领。任何未能返回的人都将被逮捕，面临军事法庭的判决。英国的目标是拥有一支由"一百艘坚固舰只"组成的舰队。由于许多舰只在前一年的战争中被损坏，造船厂正忙于准备和修理。资金非常紧张，但议会拨款的新资助正好派上了用场。

随着桑威奇大人的倒台，乔治·蒙克和鲁珀特亲王受命联合指挥1666年的战事。作为瘟疫蔓延期间留在伦敦的少数指挥官之一，蒙克最初拒绝了这一要求，他坚称，留在首都应对鼠疫才是他为国效力的最佳方式。然而，他只犹豫了很短的时间。2月，鲁珀特和蒙克正式被提拔为海军总司令。约克公爵在给两人的信中宣布：

> 我在此任命我最亲爱、最挚爱的堂弟鲁珀特亲王，以及阿尔伯马尔公爵乔治（蒙克）为联合海军上将和皇家舰队总司令，我意愿授权并要求你们担负起指挥皇家舰队的职责，同时进行管理与调配，并执行我的兄长国王陛下和我下达的所有命令和指示……[28]

4　决定命运的一年

他们将以"皇家查理号"为旗舰。2月13日，几名曾在鲁珀特亲王手下服役的海军指挥官为他举行了晚宴，他们向他宣誓效忠，并在一片欢呼声中表明了追击荷兰人的决心。[29] 2月19日，佩皮斯向蒙克、财政大臣威廉·佩恩爵士和约翰·门尼斯爵士汇报了海军账目状况。海军欠债"230万英镑"（这还不包括军械开支、照顾伤病员的费用，或者从1665年8月1日至12月31日的工资），但现在只有"150万英镑可供支付"。

与此同时，经由秘密外交渠道，国务大臣阿灵顿勋爵（他颇不寻常，和查理第一个私生子的母亲生了一个孩子）通过加布里埃尔·西尔维乌斯爵士（Sir Gabriel Sylvius）斡旋，与荷兰谈判和平协议。西尔维乌斯爵士是查理二世宫中的贵族，与奥兰治家族有着密切联系。2月，谈判的信件由一名叫亨利·布阿特（Henri Buat）的法国信使送到了荷兰共和国。为了达成和平，英国向荷兰索要20万英镑作为保险金，并要求让奥兰治家族年轻的威廉王子（查理妹妹的儿子，查理的外甥）担任重要职位。布阿特将和平协议夹在一堆信件里，其中有一封信指示他在协议被拒时该如何行动。信中示意发动一场政变，推翻约翰·德·威特和他的拥护者，恢复奥兰治家族的执政地位。德·威特原本是否会同意和平协议不得而知，因为布阿特不仅递交了有关和平协议的信件，一不留神把整批信件都给了他。意识到自己的错误后，布阿特要求归还信件，但为时已晚。那份预谋奥兰治政变的秘密文件已

117

经被看到了。这一失误要了布阿特的命,他后来被荷兰人当作叛徒处决了。这也坚定了德·威特的决心,反对与英国达成任何和平协议。

2月初,伦敦的瘟疫死亡人数降到了56人。《公报》——现在是唯一的官方报纸——正式从牛津搬到了伦敦。穆迪曼在牛津的任期即将结束,他对《公报》的控制权似乎基本上被阿灵顿勋爵的秘书约瑟夫·威廉姆森夺走了,那时威廉姆森开始担任编辑的工作。《公报》被重新命名为《伦敦公报》,承印者叫托马斯·纽科姆(Thomas Newcomb),他直接在泰晤士街的"国王学院大楼门房值班室"[30]里进行印刷。纽科姆是个精明的家伙,1648年,他娶了印刷商约翰·拉沃斯(John Raworth)的遗孀露丝(Ruth)为妻,从此进入泰晤士街的印刷行业。1653年,露丝生下双胞胎后就去世了。但在第一次英荷战争期间,纽科姆的生意并没有停止。其间,他印刷了官方战事报道,以及政府新闻期刊《政治信使》(*Mercurius Politicus*)和《大众情报者》(*Public Intelligencer*)。纽科姆似乎已经不单纯是一个印刷商,而更接近于出版商和管理者。17世纪70年代的记录显示,他负责监管该报的大部分生产:不仅给作者和出版社的调查员支付薪水,还付稿酬给法语翻译。[31]

威廉姆森从欧洲大陆和英国各地的一系列线人那里获得消息,而邮政总局的詹姆斯·希克斯会定期拆开私人信件来收集材料。这不是什么秘密,事实上,1666年3月,一个名叫乔·卡莱尔（Jo Carlisle）的线人写信给威廉姆森说："我觉得上次寄给您的信被截获了，因为我在穆迪曼先生的《公报》上看到了同样的话。"7月，一个心怀不满的线人请求希克斯不要让前一封信中的信息在"任何报纸"上出现。[32]并非所有人都对《公报》上的内容感到满意。约翰·伊夫林于2月2日致函威廉姆森时写道，被送上岸的病人数量应该登报，[33]但威廉姆森没有照做。

这期以"伦敦公报"的名称面世的首刊上，有一篇关于2月1日国王和宫廷人员返回白厅的报道。2月6日出版时，上面写道："这一天，国王陛下和公爵殿下从汉普顿宫回到白厅，健康状况良好，全城欢腾。"文章接着描述道，城市里人们敲响"钟声，燃放烟花，以及开展其他公开的欢庆活动……大家翘首以盼的福祉终于回归"。[34]国王的归来让人们满怀期待地在白厅"忙前忙后"。[35]

一般来说，人们在回忆以往的生活时，总是更关心成人世界的战争、政治和浪漫情事。若非在过往事件既定的叙述中十分重要，孩子常被遗漏。然而，查理二世的宫廷里充满了新生命的气息。直至1666年，正如佩皮斯所详细描述的，查理"有许多广为人知并得到承认的私生子"：除了他最年长的孩子十六岁的蒙茅斯公爵，还有九岁的查尔斯·菲茨查尔斯（Charles Fitzcharles），他的母亲是女演员凯瑟琳·佩吉（Catherine Pegge）；他还和长期交往的情妇卡斯梅恩夫人生有三岁的查尔斯·菲茨罗伊（Charles Fitzroy）、两岁的亨利·菲茨罗伊（Henry Fitzroy）、一岁的夏洛特·菲茨罗伊（Charlotte Fitzroy），以及圣诞节后刚在牛津默顿学院出生的乔治·菲茨罗伊（George Fitzroy）。

公爵和公爵夫人有许多合法的孩子。年纪最大的是三岁的女儿玛丽，她很健康，然后是两岁的剑桥公爵詹姆斯，之后是即将迎来自己第一个生日的安妮。1666年初，公爵夫人怀上了第四个孩子（无疑是去英国北部的旅途中怀上的）。除了王室兄弟以外，桑威奇伯爵也有一群孩子，从蹒跚学步的幼儿到十几岁的青少年；鲁珀特亲王的情妇弗朗西丝·巴德（Frances Bard）怀上了他的第一个儿子。

在这个生育力旺盛的宫廷，有一个人比任何人都更需要孩子，那就是王后本人。1666年初，凯瑟琳确实怀孕了。查理大张旗鼓地班师回伦敦的四天后，2月5日，王室医生威廉·夸特雷曼（Dr William Quatremaine）写信给国务大臣约瑟夫·威廉姆森。信中，他为交流上的延迟而道歉，并解释说："如果我知道该说什么，我早就写信给您了。我希望能有更好的消息告诉您，但目前只有王后流产的消息。"他向威廉姆森保证，"这证明王后有生育能力，应该能缓解些失落的苦闷"。他继续说，"既然土壤是肥沃的，那么毫无疑问，只要精心栽培，今后定会结出成熟的果实"。[36] 这是比较乐观的想法，其实凯瑟琳已经有过好几次流产了。这次流产当天负责照料的是克莱克医生，两三周后他告诉佩皮斯："他的手上有王后排出的胎膜和其他血管，和其他能生育的女性的一样完美。"[37]

2月16日，凯瑟琳和侍女们回到了白厅。佩皮斯2月19日见到她，说她看起来"很漂亮，在我看来比以往更有活力"。[38]无论对牺牲的御马官以及刚刚失去的孩子感到多么悲伤，她都藏了起来。这对王后个人来说无疑是一种伤痛，但此时此刻，她的生育问题对国家算不上多么重要。查理有很多合法继承人：他的兄弟詹姆斯诚然是下一任君王的人选，但由于两人岁数相差无几，人们的目光自然而然地转向了下一代，不少身体康健的候选人正等候着——尤其是查理的侄子，两岁的剑桥公爵詹姆斯。

冬去春来，又有一件事在伦敦的大街小巷引起骚动：关于犹太人的弥赛亚的传言。就算皇家学会秘书亨利·奥尔登堡收到了荷兰哲学家斯宾诺莎的回信，这封信也没能被保存下来。然而我们了解的是，疫情后，皇家学会刚搬回到伦敦不久，就对犹太人的迁徙产生了兴趣，特别关注一个在朱迪亚地区出现的弥赛亚似的人物——学会同时还讨论了佛罗伦萨的一项能摧毁船舰的新发明，拟定了研究瘟疫的决议，并送给桑威奇伯爵一架望远镜，让他带去西班牙。3月13日，奥尔登堡写道："据说这个伪国王……并不打算表现弥赛亚的尊严或权威，而只是想将人们的注意力引向他。"[39]

在圣保罗教堂的墓地，书商约书亚·柯顿（Joshua Kirton）开始出售弗朗西斯·波特（Francis Potter）的《对于数字666的解读》（*An Interpretation of the Number 666*），这本

书再度受到追捧。它首次出版于1642年，剖析了《圣经》中的兽名数目，以及这个数字与世界末日和1666年之间的联系。佩皮斯2月份买了这本书，第二天又回到书商的店里，在那里听到了一个传言，这个传言他其实已经听到过两次了：

> 传言说，镇上的一个犹太人扬言，任何人只要有相关消息，就给10英镑，打探有关某个目前在士麦那的人，他在近两年内臣属于东方的君主们，特别是那个号称世界之王的伟大君王，就像我们臣属于英格兰国王一样，有这个人的消息就能得到100英镑的回馈。这个人就是真正的弥赛亚。

那天，他在日记结尾处沉思道："……1666年定有大事发生，但会有怎样的后果呢，天知道！"[40]

在荷兰，类似的故事也上演着。有报道称，"犹太人匆匆离开阿姆斯特丹，奔向他们的兄弟会，对新的弥赛亚充满期待……一个平淡无奇的傻家伙，面包师的儿子"。[41]英国的一个千禧年信徒纳撒尼尔·霍姆斯（Nathaniel Holmes）写道："人们的口袋里装满了信件，手里拿着《公报》，耳朵里充满了报告和消息，眼睛清楚地看到犹太人停下了生意，收拾行装，踏上征程。"[42]人们对于犹太人的运动和沙巴太·泽维（Sabbathai Zevi）在波斯的活动极感兴趣，其根源还是因为基督教教义中有关弥赛亚第二次降临与回归的说法。人们对此感到忧惧：2月份，乔治·卡特雷爵士好几天都闭门谢客，他陷入忧虑，担心"灾祸会降临整个王国"，认为"一切都会落空"。[43]那些具有忧患意识的人如果重读一下著名占星家威廉·利里（William Lilly）1651年写的小册子《君主制或非君主制》(*Monarchy or no Monarchy*)，可能又会平添新愁。利里的小册子里有详尽的插图，预言英国将会有一段接受审判的时期，届时将战火纷飞、疾病肆虐。

安妮·马克斯韦尔在泰晤士街的印刷厂里出版了一部短篇作品，名为《一封新的关于犹太人的信》。这本小书由荷兰的彼得鲁斯·塞拉留斯（Petrus Serrarius）创作，他是一个千禧年信徒，也是欧洲文学中许多犹太故事的创始人。连同这本书，1666年初出版了至少六部关于犹太人活动的著作。这些作品——诸如《基督教世界的奇迹》《伟大的奇迹——由犹太人的先知、著名的内森创造》和《上帝对以色列子民的爱》——通常关注这个弥赛亚人物，以及新"犹太之王"沙巴太·泽维，书中讲述了他前往君士坦丁堡并夺取土耳其王位的计划。塞拉留斯的作品通过基督徒的视角来看待这些消息，他认为：

> ……他们现在来到先知圣扎迦利的墓前，为自己对他犯下的罪过哀叹；同样，他们将来也会去耶稣基督的坟前，他们的祖先曾将他钉上十字架。那时，荣耀之王将会出现，这个犹太王沙巴太·泽维，以及所有其他的

王，都将臣服于他。[44]

人们对于这个沙巴太的真实性有诸多疑惑：他是真正的弥赛亚吗？是先知吗，还是魔鬼的走狗，或者只是个骗子？他们生活在世界末日吗？显而易见的是，从英国皇家学会和圣保罗大教堂的教长，到世界各地的千禧年信徒以及读者大众，人们对波斯和耶路撒冷发生的事件充满兴趣，从未停止。

3月21日，一个年轻人被授予国王内廷侍臣的职位，他开始对自己的基督教信仰产生怀疑。虽然还有一年才能正式就职，但这个颇为显赫的身份（还有其他几个人享有同样的职位）可以让罗切斯特伯爵和国王有时间单独相处。可能是在1666年的春天，伯爵加入了后来被称为"快乐帮"或是宫廷智囊团的行列。尽管没有确凿的证据，剧作家乔治·埃瑟里奇（George Etherege）很可能这段时间也在宫廷里，他对伯爵的影响很大。他还沉浸在他1664年的剧作《浴盆之恋》（*Love in a Tub*）的成功之中，该剧于当年2月在汉普顿宫的斗鸡场剧厅上演。

妮尔·格温也可能是这个小圈子的一员。瘟疫暴发那年，她行踪不明，但后来约翰·伊夫林1666年的日记中提到，那年，国王开始与一名女演员交往。伊夫林很不认可贵族阶层将女演员作为情妇的做法，他写道：

……（我）现在很少去公共剧院，原因有很多……

现在（之前从来没有，直到现在）污秽下流的女人被允许出现在公众视野里进行表演，招惹一些年轻的贵族和花花公子，做他们的情妇，甚至成为某些人的妻子。

他继续写道："目睹了牛津伯爵、R.霍华德爵士、鲁珀特亲王、多塞特伯爵，以及一名更为显耀的人物落入她们的圈套，使他们高贵的家族蒙羞，摧残身心。"[45]甚至连佩皮斯都一面谴责布朗克与阿比盖尔·威廉姆斯有染，一面在1666年初也享受着女演员伊丽莎白·克内普（Elizabeth Knepp）的陪伴。有一次，佩皮斯演奏六孔竖笛，让她唱了一首他自己写的歌来助兴。

不知是有意还是无意，作为一个国王，查理二世很不严肃。他每天步行穿过圣詹姆斯公园，对他个人的批评也十分宽容，不加惩罚。他的滥交行为已广为人知，因而君主的神秘性以及君主为神之代言人的理念在人们心中进一步瓦解了。马尔格雷夫伯爵（the Earl of Mulgrave，1666年时他只有十几岁，是"绅士志愿军"的一员）1685年回顾查理的统治时说道："他不能按预先的设想扮演好国王的角色，哪怕一刻也不行，无论是在国会上还是在会议上，无论是言语上还是姿态上，这就让他走向了另一个极端……他将所有荣誉和礼节视作无用和矫饰，任其沦丧。"[46]或者，正如乔治·埃瑟里奇后来在他的戏剧《风尚先生》（*The Man of Mode*）中所写："形式和仪式，这些原本用以维系品质和荣耀之所在，如今竟被弃如敝屣、置若罔闻，实在有失体面。"[47]

越来越明显的是，查理似乎成了公开支持通奸的君主。宫廷里的人带着情妇四处招摇，其中一些实在出身低贱。当然，以往宫廷里也有恶习；但现在不同的是，这些行为广为人知，作恶的人也毫不避讳，根本没打算维持体面。查理执政的蜜月期在1666年结束，他开始被视作满脑子淫欲、贪图享乐的人。罗切斯特伯爵在后来的一篇讽刺文章中总结了当时的氛围，他描述道："他的权杖和他的阴茎一样长；她能晃动这根，就能玩弄那根。"[48]当时，桑威奇伯爵习惯性地把约克公爵夫人称为"彻头彻尾的荡妇和干脏活的"，[49]卡斯梅恩夫人无数次被叫作妓女，宫廷上下几乎没有谁能免遭谴责。

宫廷里纠缠不清的关系经常导致性病，这一点也不奇怪。早在1664年，就有传言称这种疾病由鲁珀特亲王传遍宫中。佩皮斯在日记中记录了亲王接受一种穿孔手术，以缓解头部疼痛。实际上，鲁珀特头上的伤更可能是造船厂的一次事故造成的，当时，一件器械砸中了他。但人们更愿意相信另一个版本。性病患者在一些店里接受水银治疗，如皮革巷的弗克兹夫人那里。他们会戴上熏蒸面罩，呼吸汞蒸汽并排汗。几年后，即1678年7月，亨利·萨维尔（Henry Savile，后来的多塞特伯爵）描述了他在著名的熏蒸馆的经历：

我承认，我非常诧异，自己居然在七个月内从喉咙里灌下这么多的水银，但比起罗伯茨夫人（她是好几个宫廷人物的小情妇），这也不算什么……她所忍受的甚至让被诅咒的灵魂对自己的痛苦一笑而过，这至今无法描述，让人难以置信。[50]

然后，他又写到了范肖先生——可能就是《佩皮斯日记》中提到的那个"狡猾无赖、身无分文的家伙"[51]——他当时也在熏蒸馆里：

> 他身上的疱疹比我们都要严重，碍于面子，他向他的夫人假称得了坏血病。这个下流污秽的流氓居然在高丝佩尔治好了病……他是这世上最无可救药的禽兽。[52]

3月底，宫廷被迫进行沉痛哀悼，葡萄牙传来消息说王后的母亲路易莎·德·古斯曼（Luisa de Guzmán）已于2月27日去世。路易莎是她女儿婚事的强力推手，她们母女之间的联系尤其紧密——凯瑟琳出嫁不久后，路易莎写了很多信给她，其中一封写道："我必须告诉你，我爱你，你走后我很孤独，这于我而言是莫大的折磨。"圣詹姆斯宫的王后礼拜堂里贴着告示，邀请所有"虔诚的"天主教徒为王后死去的母亲祈祷。凯瑟琳得到消息后，开始和侍女们一起正式服丧。她们穿着黑色衣服，"头发不经装点，十分朴素"。佩皮斯认为，卸下装扮的卡斯梅恩夫人看起来"比我想象的要普通得多"，[53]这与彼得·莱利在考文特花园画室里描绘的神女般的宫廷女性形象大相径庭。

至少从3月开始，这位在荷兰学艺的艺术家就来到伦敦，创作两个系列的画作。第一个系列作品他已经画了好几年，是对宫廷贵妇的浪漫演绎。按照约克公爵夫人的指示，这一系列画作名为《温莎美人》(Windsor Beauties)，描绘当时的一些显贵女性：公爵夫人本人、卡斯梅恩夫人、弗朗西丝·斯图尔特、格拉蒙特伯爵夫人，以及其他八个人。每个女性都以一个古典神话人物为原型，比如弗朗西丝·斯图尔特的形象参照了贞洁的狄安娜女神。虽然不同的人物赋予了每个人独特的形象，但她们的面部特征却大同小异：厚眼皮、长鼻子、嘟嘴。

第二个系列是十三幅洛斯托夫特战役指挥官的宏伟画像，由约克公爵委托制作，他要把画作挂在自己的房间里。这个系列名为《洛斯托夫特的旗手》(Flagmen of Lowestoft)，画像包括约克公爵、鲁珀特亲王、乔治·蒙克、托马斯·阿林爵士、乔治·艾斯丘爵士（Sir George Ayscue）、威廉·伯克利爵士（Sir William Berkeley）、约翰·哈曼舰长、约瑟夫·乔丹爵士（Sir Joseph Jordan）、约翰·劳森爵士、克里斯托弗·明斯爵士（Sir Christopher Myngs）、威廉·佩恩爵士、桑威奇伯爵、杰里迈亚·史密斯爵士（Sir Jeremiah Smith）和托马斯·泰德曼爵士。与《温莎美人》不同，海军将领们的画像十分写实，每张脸都显得独一无二、充满个性。在莱利的画笔下，乔治·蒙克体态圆润，目光可畏，发型自然；约克公爵身材精干瘦长，戴着浓密的假发；克里斯托弗·明斯爵士面色红润，留着浅棕色短发。创作这些画作是为了庆祝英国大败荷兰，彰显英国海军的威力。然而，莱利非常忙碌，到了4月，鲁珀特亲王和乔治·蒙克已经在为出征进行最后的准备，他还只是"画好了一些人的头部，而有些才刚刚开始"。[54]

在皇家铸币厂，另一名在荷兰学艺的工匠在为鼓舞英国的爱国主义精神而工作。约翰·罗蒂埃是一名荷兰金匠的儿子，由于在"石头雕刻和切割"上的高超技艺，他和他的兄弟一同受邀来到英国。[55]事实上，整个罗蒂埃家族都技艺精湛、受人尊重。该世纪后半叶，其家族成员皆在西班牙、法国和低地国家的造币厂担任职务。伊夫林称赞约翰·罗蒂埃的作品"可与古人的石刻和金属雕刻作品媲美"。佩皮斯参观了他在铸币厂的工作坊，写道："这是我一生中见过的最精美的浮雕作品，上面的图案如此细微而精致。"[56]洛斯托夫特战役后，他受命打造一枚战斗纪念章。在淡出了1500年之后，征服海浪的不列颠尼亚女神将作为勋章的装饰图像——女神要以谁的样貌来刻画呢？宫廷里最美的女人弗朗西丝·斯图尔特再合适不过了。几个月后，作品完成了，佩皮斯见后评价说：

在金匠那里，我看到了国王的新勋章，上面是斯图尔特夫人面庞的微缩图像，这大概是我见过的制作最精美的东西。最妙的就是，他竟然选择她的脸来代表不列颠尼亚女神。[57]

不列颠尼亚女神端坐于海浪之上，这一形象至今仍保留在英国的钱币上。到了4月，保卫英国海域的准备工作已全面展开。4月5日，举行了一天的斋戒，埃塞克斯教区牧师拉尔夫·乔塞林（Ralph Josselin）在他的日记中写道："为了我们海军的胜利。"[58]伊夫林在日记中也提到了斋戒日，他推测这场"恶战""无疑会在法国人的秘密煽动下开始，目的是削弱各国和新教的利益"。[59]宫廷之外，四十三岁的汉娜·伍利（Hannah Woolley）于4月16日在威斯敏斯特的圣玛格丽特教堂举行了婚礼。她是一名女性礼仪书籍作家，这是她的第二次婚姻。她的新任丈夫比她大一两岁，也失去了配偶。婚礼期间传来一个消息，国王的私物存储间管理员——或王室皮条客——托马斯·奇芬奇（Thomas Chiffinch）突然死亡。报道称他"前一天晚上还好好的……今天早上六点的时候病得也不重，但没到七点就死了"。随着瘟疫再度蔓延，人们谣传他可能感染疫病，但他身边的人认为他丧命于"胸口的一个脓包"，估计是个囊肿或脓疮。[60]

4月22日，有消息称，英国以前的重要盟友德国的蒙斯特主教已被法国人说服，投靠了荷兰。[61]英国仍然只能发代薪券给海军，所以很难招募到自愿入伍的海员。伊普斯威奇和雅茅斯的长官选派了些"恶棍和不良少年，完全不适合参

1666年春，当塞缪尔·佩皮斯为这幅肖像端坐在那里时，他抱怨道："为他［艺术家约翰·海尔斯（John Hayls）］摆这个姿势，我要把脸转向肩膀，脖子都快断了。"

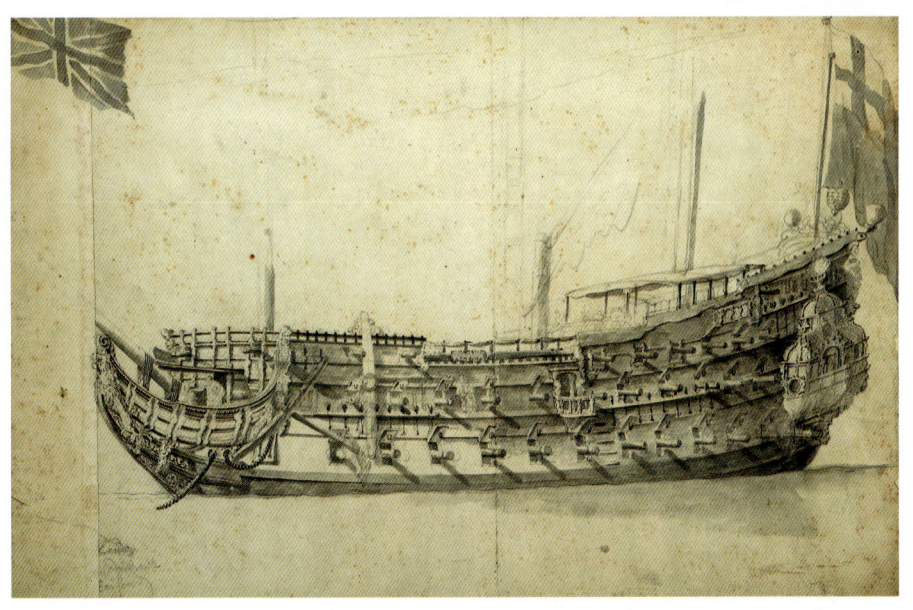

1656年，威廉·凡·德·维尔德（Willem van de Velde）的插画"伦敦号"战舰，当时该舰船刚出现于公众视野。

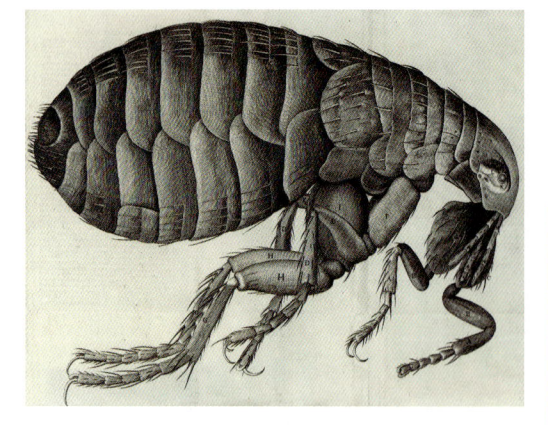

罗伯特·胡克的跳蚤插图，选自出版于1665年的《显微图谱》。

当时的一幅雕刻画，描绘医师解剖一具死于鼠疫的尸体。图片选自1666年乔治·汤姆森（George Thomson）的《病虫之解剖》（*The pest anatomized*）。

约翰·邓斯特尔（John Dunstall）描绘的1665年瘟疫景象。插图表现人们逃离伦敦以及掩埋万人坑的恐怖场景。

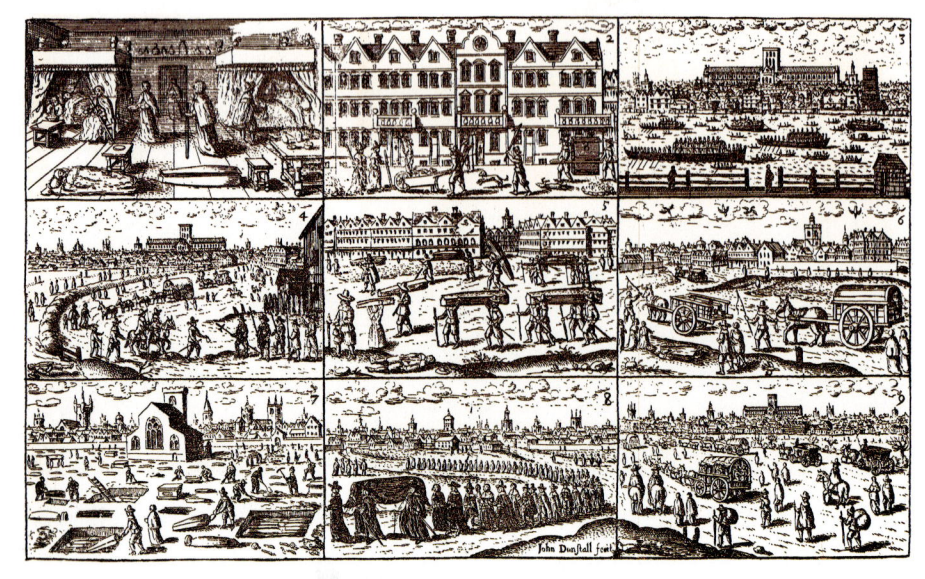

埃莉诺·妮尔·格温：卖橘子的小贩、女演员、王室情妇。

英格兰、苏格兰及爱尔兰国王查理二世。罗切斯特伯爵很精彩地描述他为"快活君王，下流又卑劣"。

彼得·莱利绘制的约克公爵和公爵夫人画像。这幅肖像完成几年后，公爵夫人因乳腺癌芳年早逝。

"人与人的差异远远超过人与兽的不同。"17世纪60年代末期，第二代罗切斯特伯爵约翰·威尔莫特在画中手拿桂冠，将它置于他的宠物猴的头顶上方。

第一代桑威奇伯爵爱德华·蒙塔古，出自莱利的《洛斯托夫特的旗手》系列。

1665年卑尔根战役的军事行动

1666 年之后的几年中,戈弗雷·内勒(Godfrey Kneller)绘制的艾萨克·牛顿的肖像。

玛格丽特·卡文迪什坐在右侧,正在主持一次会议,有男人也有女人。这幅雕刻画是她的著作《想象铅笔画自然图集》(*Natures Pictures drawn by Fancies pencil to the life*)的卷头插画,1656 年。

约翰·弥尔顿的肖像,出自 1675 年《失乐园》第二版。

阿芙拉·贝恩（Aphra Behn）肖像，彼得·莱利绘于大约1670年。1686年，她宣称："我如此渴望声名，正如我生来便是英雄。"她终其一生确实成就了这一点。

画作《四日海战》（The Four Day's Fight），由亚伯拉罕·斯托克（Abraham Storck）绘制。乔治·艾斯丘的"皇太子号"在右侧搁浅，米希尔·德·鲁伊特的舰船"七省号"在左侧。

从伦敦的某个城门看伦敦大火,背景是着火的圣保罗大教堂。

从城市东边的伦敦塔码头观察大火,可看见前方的伦敦大桥。

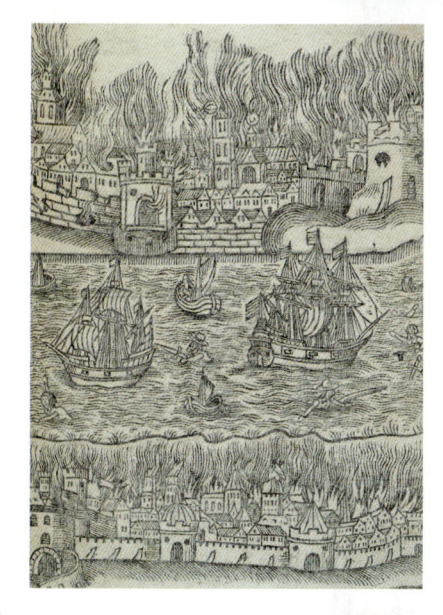

雕刻画插图,画面上是燃烧的城市,出自威廉·利里的《君主制或非君主制》。书中有几个预言英国未来的景象,这是其中之一。其他景象包括海战、啮齿类动物的感染、大规模掩埋尸体、溺水,以及河流被鲜血染红的景象。

玛丽·戈德弗里（Mary Godfree）的墓碑在2014年新教堂墓地遗址的考古发掘中出土，这是横贯铁路公司在伦敦利物浦街站的挖掘项目。1665年，成千上万人死于瘟疫，玛丽是其中之一。

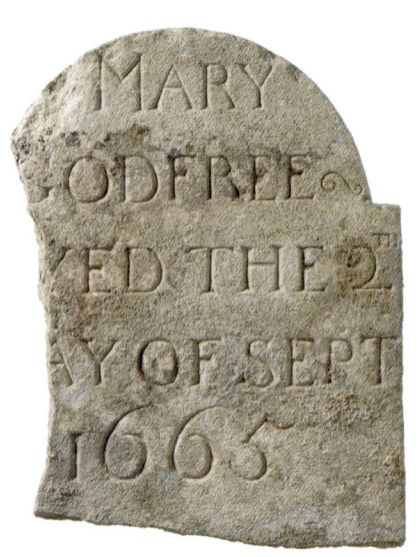

横贯铁路公司在利物浦街站的挖掘中出土的头骨。

"伦敦号"水下残骸上取回的一只系鞋带的皮鞋，考古发掘由英格兰历史遗产保护局主持，仍在进行中。

军"，因此受到训斥。每个郡都有待完成的指标，但很多人为了逃避服役藏了起来。有一次，骑兵队被派去追捕埃塞克斯森林里的逃兵。即使舰员已经上了舰，他们还是可能会逃走——托马斯·莱恩（Thomas Lane）在威廉·伯克利爵士的"迅捷号"上服役，因"当逃兵"受到指控；还有一些蓄意破坏的行为，一个叫威廉·提勒（William Tiler）的人在舰船的炮手舱里纵火。[62]

尽管如此，在4月23日圣乔治日，鲁珀特亲王和乔治·蒙克在白厅亲吻了国王和公爵的手，全城都在燃放烟花，他们作为1666年战事的指挥官，正式启程前往舰队。和他们一同出征的是一群经验丰富的海军将领，其中许多人参加过洛斯托夫特战役。当然，桑威奇伯爵（当时他在数千英里之外的西班牙）和约翰·劳森爵士（十个月前去世了）不在其中。

一整个月，国家的通信内容都以海军事务为主，新募的海员都前往诺尔河的集合点。其中一人是巴尔萨泽·圣米歇尔（Balthasar St Michel）——他的姐夫塞缪尔·佩皮斯称他为"巴尔蒂"。他将加入约翰·哈曼舰长的"亨利号"，担任点名官。在日记中，佩皮斯（他从未高看过巴尔蒂）表示，能有关系如此亲近的亲戚执行海军现役任务，他感到既焦虑又自豪。大量额外供给的需求涌向军粮办事处：牛肉、装水和啤酒的铁皮桶、运送铁皮桶的帆船，以及用于区分不同中队的"旗帜和饰带"。[63]最不寻常的是，"皇家查理号"向查塔姆造船厂的彼得·佩特（Peter Pett）发去消息，命令他"派一名砖匠,带上四百块砖和灰泥,要足够覆盖'皇家查理号'上厨房的空间"。[64]

舰队正在伦敦集结,纳撒尼尔·霍奇斯却想着其他事情。瘟疫期间,内科医师学会的大部分人都逃走了,霍奇斯却留了下来。在他位于沃尔布鲁克区沃特灵大街的住所,他作为伦敦市的医疗顾问仍坚持工作,监督着一小队医生,其中不少人都献出了生命。最近议会已经休会,以防止在一个地方聚众"可能带来的危险后果及风险",但是人们都认为,伦敦的瘟疫"因上帝的仁慈,已经基本平息了"。[65]现在,瘟疫已蔓延到周边地区,伊普斯威奇、科尔切斯特、雅茅斯、诺里奇和格雷夫森德受灾尤其严重。在这种形势下,霍奇斯给一个熟人写了一封长信,信中表达了他在这个时期作为一名医学专家的精彩洞见。根据自己治疗瘟疫的经验,他阐述了"疫病的初发和恶化,以及疫病的症状和疗愈",并详细描述了他亲眼所见的疾病的复杂性。其中很多内容都收录在六年后出版的《恶魔之症》(*Loimologia*)里,他对伦敦瘟疫之年的这本记录对后世影响深远。在这封信的末尾,他提到了在抗击瘟疫中失去的同行,令人动容:

> ……在这个备受尊崇的学会中,如此多的成员冒着生命危险投身于这场水深火热的战役。那些因公殉职的人无疑将被人们缅怀,永垂不朽;而那些在上帝的眷顾下逃离死神的人,将名声远扬,流芳百世。[66]

他另外花时间撰写了《医学和药剂学的辩护：向医学行业和医学专家致歉》（*Vindiciae medicinae et medicorum: an Apology for the Profession and Professors of Physic*）一书，于1666年出版。该书驳斥那些"伪药剂师……（以及）无知的庸医"——[67]这些人欺骗患者——使用假的化学疗法，同时也警告同行们，不该死守着错误的迦林古法医疗术。他认为，真正的医生应该介于两者之间。

如果疫情在舰队舰员间暴发，再多的药物也无法避免灾难性的后果。瘟疫在"公主号"上小规模暴发，人们说这是"由女人带来的"。[68]于是，在夏季战役初期就有了一个当务之急，即清除船上的女人。海军上将约翰·门尼斯曾写信给佩皮斯，抱怨舰上"全是女人，纷纷扰扰"，"女人的衬裙和男人的马裤一样多"。鲁珀特和蒙克在诺尔河执掌舰队后，向外寄了一些信，其中一封要求托马斯·阿林"遵守后续指示，把所有的女人都送到岸上，不要让她们再上舰"。[69]

5月8日，伊夫林动身前往谢佩岛的昆伯勒小镇，登上"里士满号"护卫舰驶向诺尔河，与鲁珀特亲王和蒙克将军商讨军务。在那里，他看到了"世上最恢宏的舰队……正为迎击荷兰人蓄势待发"。[70]

5

红　海

> 舰队分散开，大批荷兰人突然出现了，
> 一位赫赫有名的指挥官，英勇无畏：
> 他们的海军很难通过狭窄的海域，
> 士兵也不足以抵挡蜂拥的舰船。
>
> 公爵一方势单力孤，却胆略过人，
> 乘着海风，飞速迎战蝇虫般的敌人：
> 枪炮发出致命的轰鸣，扫荡一切，
> 猩红的十字在旗杆上高高飘扬。
>
> ——约翰·德莱顿《奇迹之年》[1]

5月31日星期四，拉尔夫·费尔（Ralph Fell）从佛兰芒的奥斯坦德港口乘船出发。这名水手来自纽卡斯尔——很可能是个商人——在欧洲大陆待了一段时间后准备回英国。驶过英吉利海峡时,他看到了7里格①以外的荷兰船队。他继续在波涛汹涌的海上航行,又看到一支舰队,距肯特海岸附近的北福兰角约5里格:那是英国舰队。鉴于两军之间距离如此之近,拉尔夫·费尔"判断他们会在那天交战"。[2]他估计早了一天。

次日早晨,英方旗舰"皇家查理号"上,乔治·蒙克面临着艰难的抉择。几天前,他在白厅从阿灵顿勋爵那里得到消息,称"荷兰舰队会突然出动"。虽然没有获悉"确切的时间",他仍然受命让舰队备战,严阵以待。[3]在此期间,他派出大型四级护卫舰"布里斯托尔号"在主舰前方进行侦察;早上六点,护卫舰在前方4里格处"发出信号,称发现敌舰"。"皇家查理号"上,只休息了个把小时的水手们循着梯绳爬上桅杆,顶着狂暴的西南风,观察到"八艘或十艘帆船",他们判断那是荷兰的侦察船。[4]战前的准备工作长达数月,开战的日子越发临近。英国舰队由一级、二级、三级、四级和五级护卫舰组成,配有经验丰富的舰长和身经百战的水手,也有新募的船员、勉勉强强"被迫入伍"的士兵和军事人员。船上满载着火药和大炮。舰队已然准备就绪。

作为海军的联合指挥官,蒙克的军事生涯错综复杂、经历独特:他在1637年的布雷达包围战中,为奥兰治家族而战;内战期间,他拥护查理一世;在克伦威尔执政时,他担

---

① 里格,测量单位。1里格通常约等于3英里。

任苏格兰总司令；他在第一次英荷战争中担任海军将军（这个议会制度的头衔相当于海军上将）。尽管已有五十七岁，他对自己指挥战斗的能力依然信心十足。舰队分为三个强劲的中队——红、白、蓝三队——由经验丰富的海军指挥官领导，他们统率着世界上最好的军舰。然而，还有一个问题。

蒙克手下的战舰不到60艘，舰队并不完整。5月14日有秘密情报称，在布列塔尼以南的贝勒岛发现法国舰只。舰只数量估计会增加，舰队由法国波弗特公爵指挥。[5]英方决定将军队一分为二，以保护海峡两岸。蒙克掌管的大部分军舰驻守东侧；另一名指挥官鲁珀特亲王则集结20艘"坚固的"战舰和5艘"火攻船"，组成特遣舰队，前往西侧的普利茅斯，"与一个由30艘舰船组成的中队会合"。鲁珀特坐镇一级护卫舰"皇家詹姆斯号"，与托马斯·阿林爵士、爱德华·斯普拉格爵士（Sir Edward Spragge）以及克里斯托弗·明斯爵士会和——明斯爵士指挥"费尔法克斯号"，舰上的船员尤为忠诚。前一年的洛斯托夫特战役后，阿林、斯普拉格和明斯都被授予骑士称号，他们皆是才能卓著的海军将领。尤其是明斯声名在外，他擅长激发舰员的"勇气、鼓舞士气"，这项技能无疑是他在多年的海盗生涯中磨砺而成的：他在加勒比海地区领导了一连串几乎非法的海盗抢掠，极端暴力。在西班牙人看来，他的海盗行为与本世纪初的弗朗西斯·德雷克爵士（Sir Francis Drake）一样臭名昭著。6月1日前，鲁珀特的中队已接近怀特岛，至少还要一天半才能与蒙克会合。

5 红 海

遗憾的是，英国人大胆的预防措施其实没有必要。蒙克和鲁珀特的舰队之间渐行渐远，法国的舰队停靠在里斯本附近。即使法国想要援助荷兰（在这个节点上，他们显然不会），波弗特公爵的舰队到达英吉利海峡至少需要一周甚至更长的时间。6月初，威尼斯大使阿尔维斯·萨格雷多从巴黎写信，揭穿了法国人的如意算盘："法国和荷兰在这几周达成一致，想让英国人变得理智，最有把握的是通过时间而非武力，使其精疲力竭是最终征服的上策。"[6]大使推测，正是出于这种思路，波弗特公爵的舰队一直在拖延。也很可能是路易十四想坐观1666年的首次交战，以便评估两国的实力，更重要的是为了保存自己的舰队。还有一种可能是，英荷交锋时，法国人可以利用公海来抢占英荷的海上贸易和商业网络，尤其是在美洲地区。[7]就像在卑尔根的挫败一样，糟糕的情报工作给英国人带来了不必要的麻烦。

早上七点，蒙克召集各舰的指挥官，在"皇家查理号"上召开军事会议。虽然荷兰舰队的规模尚未知晓，但很可能会在数量上超过英国。就在几天前，蒙克计算出他需要79艘舰，实在迫不得已的话也要70艘舰，才能与敌人抗衡。[8]令人沮丧的是，用来替代"伦敦号"的许多战舰，如"忠诚伦敦号"，还在各个造船厂没建好，不足以迎战。也就是说，蒙克总共拥有54艘舰——其中一小部分是缴获后改装的荷兰船只，没什么用处——还有4艘火攻船。蒙克还认为，鲁珀特亲王把舰队里最好的舰都挑走了，去执行他对付法国的秘密

137

任务，留下的都是"非常笨重的舰只，许多还是商船，还有就是一些人员以及从荷兰缴获的战利品"。[9]

"皇家查理号"华丽的议事舱里，蒙克的将官们或公然，或私下里权衡着各种利弊。据后来的报道，当天会议上"三分之二的将领"都暗自反对与荷兰交战，但却"不敢提出异议……怕被当成懦夫"。[10]"亨利号"舰长约翰·哈曼确实认为"开战很不理智"，因为"风向如此，我们就算顶着风上"，汹涌的海水也会使下层的炮台甲板失去作用。[11]然而，蒙克实在太令人敬畏了：他是促成复辟的人；他先于查理二世返回伦敦，人们鸣放烟花、敲响钟声迎接他的归来；瘟疫肆虐时，众人逃离，他却留守在首都；最重要的是，他曾在"处于极大劣势的情况下"，在海上击败荷兰人。[12]蒙克踌躇满志，心中虽略有疑虑，但觉得绝无退却之理，他的将官们也一致同意他的意见。他们将与敌人交战。

"皇家查理号"上，战争大臣威廉·克拉克爵士（Sir William Clarke）写信给白厅以传达目前的形势。他说，他们认为，在靠近敦刻尔克的佛兰德斯海岸有"二三十艘舰，有人说是四十艘"。上午十一点，克拉克在信中附言道："现在能看到75艘舰。"[13]当这封信被盖上蜡戳并由一艘邮船送回伦敦时，舰队收到了"列阵迎战"的信号。[14]蒙克决定趁荷兰人停泊时进行伏击。由于主要的指挥官被临时派去鲁珀特那里了，海军将官们便重新接受了调配。有几个获得破格提拔，其中就有罗伯特·霍姆斯。他曾短暂离职，后重返舰队，成为乔治·蒙克手下"红色中队"的海军少将。[15]对霍姆斯来说，晋升为"挑战号"的指挥官是早该发生的事。他之前征服西非海岸的荷兰要塞，功不可没，但却在洛斯托夫特战役中被忽视了，当时获得提拔的是约翰·哈曼舰长。

舰队顺着风驶过英吉利海峡。天空一片淡蓝，海鸥尾随着舰只，在水面上俯冲、鸣叫、撕咬。[16]每艘舰的桅杆上，绘有猩红十字的白色英国旗帜以及英格兰与苏格兰的联合旗帜，在阵阵海风中猎猎飘荡。船上，数千名战士严阵以待。火药从弹药房运出，炮手们将之装载入炮，医生和牧师准备就绪，随时要去治愈创伤、慰藉灵魂。不到一个小时，蒙克的舰队离荷兰人只有1.5里格了，他们停泊在离奥斯坦德7里格的地方。从"亨利号"的后甲板上塞缪尔·佩皮斯的内弟巴尔蒂（Balty）所在的位置应该可以看见驶入视线的荷兰军舰。荷兰的舰队共有84艘舰，来自荷兰共和国的荷兰、泽兰、弗里斯兰、格罗宁根以及其他一些主要的沿海省份，由海军上将米希尔·德·鲁伊特统领。[17]

一看到英国人，荷兰人就切断船锚，各就各位，准备战斗。由于明显敌众我寡，蒙克计划趁敌军还来不及反应时，率先集中火力攻击中将科尼利厄斯·特龙普（Cornelis Tromp）指挥的后方中队。下午一点半，战鼓擂响，英国舰队的舰长们鼓舞船员的士气，准备战斗。根据敌方的报告，英国人骨子里"自大、一贯傲慢"，向荷兰人放了几个空炮，"以示轻蔑和侮辱"，随后唱起赞美诗和欢快的歌曲，如《赞美颂》，

"声音洪亮"。[18]英国人称,荷兰人"看到敌人以这种奇怪的方式藐视自己,怒火中烧",便率先开火了,他们的一门大炮击中了英国的三级护卫舰"丁香树号"。英军向特龙普的后方中队回以猛烈的攻击。枪炮连绵,硝烟弥漫,双方均伤亡、损失惨重。英国最大舰只的最低处炮台甲板距离吃水线只有几英尺,再加上狂风掀起巨浪,炮口只得关闭,派不上用场。[19]另外,他们所处的水域很浅,大概只有15英寻深,必须要改变航向。[20]然而,英国人的突袭让特龙普大吃一惊,他的舰队被迫驶过浅滩撤退。

英国主力舰队转向西北迎战其余的荷兰舰船,海军中将威廉·伯克利爵士从主力脱离,发现特龙普的旗舰撞上了另一艘荷兰舰只。伯克利趁着敌人处于劣势,驾驶着装有66门火炮的"迅捷号"猛扑过去。不幸的是,其他两艘荷兰舰只的舰长看穿了伯克利的企图,便前去营救特龙普。随后是一阵猛烈的炮击,其间"七橡树号"和"忠诚乔治号"加入战斗,声援伯克利。一枚荷兰链弹击中了"迅捷号",将舰上的索具全部炸毁。亨利·阿德里安森(Henry Adrianson)指挥着荷兰舰船"苍鹭号",舰上的舰员趁敌船受损,登上了"迅捷号"。[21]伯克利拒不投降,大喊:"你们这些狗东西!"话音刚落,一颗火枪子弹射入他的喉咙,将其击毙。在舰上的火药舱深处,伯克利舰上的警卫试图将舰炸毁,以防舰落入荷兰人手中,成为他们的战利品,但他还没行动就被自己人割了喉咙。"迅捷号""忠诚乔治号"和"七橡树号"均被特龙

5 红 海

普的人俘获。

与此同时，沿海峡的更远处，鲁珀特亲王的舰队遭遇到了强劲的西南风，于上午十点在怀特岛的圣海伦斯停泊。他们遇到两艘双桅帆船，其中一艘带来了"殿下的包裹"，让他们"回到唐斯锚泊地，与阿尔伯马尔公爵大人会合，因为荷兰舰队起航了"。[22]这些命令其实两天前就下达了，远远早于战争开始之前，但真正送到鲁珀特手上却晚了许多。即便约克公爵的秘书威廉·考文垂否认自己的失当，但这显然是他的过错。在王室决定召回鲁珀特后，考文垂赶去叫醒"当时还在床上的（约克）公爵，让他签字"，[23]之后竟以"普通邮件"的形式寄送如此重要且紧急的"包裹"，而没有派一个骑马的信使。[24]如果鲁珀特的舰队立即去与蒙克会合，那么考文垂的失误也许可以忽略不计；然而，令人费解的是，鲁珀特和他的舰队并没有即刻执行命令，而是在圣海伦斯一直等到下午四点才出发。[25]那时，英荷海军双方正兵刃相接。

在海军上将米希尔·德·鲁伊特和科雷里斯·艾维特森（Cornelis Evertsen）的指挥下，荷兰人组成了一条舷侧防线，随时准备战斗。蒙克也让自己的舰队舷侧排列，布阵迎敌，那时他一点也不知道伯克利被杀以及"迅捷号"被俘的事实。尽管他请求更多舰只的增援，但对召回鲁珀特的决定毫不知情。现在，决战的时候到了。一旦与敌人的全军正面对抗，英国人必定认识到他们的对手下了多少功夫。从洛斯托夫特战役开始，德·威特就下令进行彻底的重建。英国的新舰仍在建造中，荷兰则已经补充了一大批新战舰。英国人确实写了关于舷侧海战战略的书：将火炮集中在舰的一侧，把舰队排成一条长线，这样往往只有舰的一侧受创。这确实改变了战争的模式。但现在荷兰人也很擅长这种策略，而且这次风向对他们有利。

双方的近距离轰炸持续了好几个小时，场面残酷且惨烈。荷兰的几艘舰烧着了，[26]荷兰海军上将的一艘舰被"炸得只剩舰体"，"六七艘（荷兰舰只）几乎报废"。[27]约翰·哈特（John Hart）舰长的"彩虹号"载有310人，遭到12艘荷兰舰只的袭击，25名舰员伤亡。由于"桅杆和索具严重受损，无法跟上"其他船只，"彩虹号"只能慢慢尾随它们，退往奥斯坦德避难过夜。[28]"皇家查理号"和"挑战号"的旗杆都遭到火力攻击，断裂倒地。蒙克旗舰上的帆自然成了荷兰人的靶子，帆"被打得不成样子，他们不得不抛锚去换新的"。"皇家查理号"几乎没有任何喘息的机会，一枚炮弹直冲过来，击中威廉·克拉克爵士的腿；蒙克也同时被弹片擦伤，他的"马裤和外套被撕成碎片"。[29]英国的许多坚固战舰"在第一次交战后立即撤退，并没有注意到当时的情况"。[30]舰只受损后，他们便自行返回英国海岸进行修复，未经允许，也未发出警告。随着英国阵地的削弱，荷兰将他们的舷侧线弯曲成半月形，以便包围敌人。驻法大使生动地报告了这一场景：

双方都怒火中烧，满腔仇恨，硝烟和激愤冲昏了他

5 红 海

们的头脑，他们不再有人性，而是变成了野兽，相互攻击，无所不用其极，不顾一切，惨无人道。战役持续着，日日夜夜……枪炮连绵，舰船燃起大火，黑烟滚滚，天空一片污浊，桅杆轰然倒塌、噼啪断裂，可怜的士兵们在痛苦中嘶吼着、呻吟着。[31]

外科医生们深入舰船的内部，紧急进行着截肢手术，切除受伤的胳膊和腿，许多舰员刚"包扎好"，便回到甲板自己的岗位上。[32]威廉·克拉克爵士也在众多接受治疗的伤员中，医生拿着锋利的刀锯，以稳健的手法，将他的腿部分截肢。约翰·伊夫林在日记中真切描述了目睹截肢时的可怕感受，更不用提亲身经历了：

> 那天早上，我的外科医生切下了一个可怜家伙的腿，从膝盖下面一点的位置，首先用锋利的刀将坏疽以上未坏死的肉切开，接着迅速把骨头锯断；然后用火灼烧，并用东西塞住伤口，以止住喷涌的鲜血。伤员健壮又勇敢，他就这样忍着，其忍耐力令人难以置信，他并没有被绑在椅子上——通常，如此痛苦的手术中都要绑住病人——他也未曾面露难色或是发出叫喊：我连待在那里都没有勇气，也不能忍受再次旁观这样残忍的手术了。[33]

这个可怕的过程必定极其痛苦难熬，但克拉克却"勇敢

143

地撑了过来"。[34]

那天快结束时,英国还剩大约40艘船。晚上十点,敌军遭受重创,急需修复,开始撤退以度过夜晚。不幸的是,约翰·哈曼舰长装有72门大炮的旗舰"亨利号"撞进了敌人的防线。遇上"荷兰主力舰队"的哈曼试图寻找出路,但很快就被火攻船袭击了。与他一道的是佩皮斯的内弟巴尔蒂,"亨利号"竭力逃脱敌舰追袭时,巴尔蒂一直在后甲板上。三艘火攻船一艘接一艘地向他们袭来,哈曼的舰员惊慌失措,陷入狂乱。恐慌中,牧师跳船,溺水身亡,紧随其后的是将近一百名男人以及"众多女人":[35]尽管那年早些时候,军队就下令将女人赶下船,哈曼的舰上还是有不少女人。至于她们是谁,以及为什么留下来,便不得而知了。

在这个节骨眼上,哈曼拔出剑,以死要挟那些想弃船的人,此举成功地平息了恐慌。荷兰指挥官科雷里斯·艾维特森指挥了此次行动,他五十六岁,经验老到,其父是荷兰历史上最著名的指挥官之一。第一次英荷战争期间,艾维特森曾被英国人短暂囚禁。眼看着"亨利号"快要完了,他问哈曼是否想投降。哈曼整顿了一下舰上的秩序,并没有放弃的意思。艾维特森便继续进攻。第三艘火攻船的桅杆烧着了,倒下去砸向"亨利号",撞断了哈曼的脚踝。舰员们扑灭大火,向艾维特森的舰射出最后一炮,为逃生背水一战。进行射击的人要么瞄得准,要么运气好,炮弹正中艾维特森本人,把这个荷兰海军上将炸成了两半。在如此凶多吉少的情况下,

"亨利号"奇迹般地逃脱了。[36]

约翰·伊夫林有一座漂亮的花园。庭院、果园和小树林构成一段规整的旋律，各式各样的榆树、山毛榉、梣木和橡树生长其间。它的设计灵感来源于弗朗西斯·培根爵士在《新亚特兰蒂斯》(*New Atlantis*)中描写的"所罗门花园"，也取材于欧洲各大学的植物园。它同时也是一个户外实验室，供伊夫林培育和试验异国植物、稀有种子和异域香料。仅在两三年前，他出版了一本书，题为《森林志：关于林木的论述》(*Sylva or A Discourse on Forest Trees*)，书中强调要利用花园空间为海军生产关键性材料，特别是木材。伊夫林参观过一些法国和意大利最精美的花园，他在赛斯庄园的花园华美绚丽，带有一丝英国文艺复兴时期景观的风格。

6月1日晚上六点，伊夫林在花园里突然听到隆隆的炮声——或者像他说的那样，"大炮密集地发射"。当天晚上，他骑着马去找26英里外的罗切斯特，看他能不能打听到什么消息。次日，他又从罗切斯特那里飞驰到海岸边，遇到"汉普郡号"上的中将，这是艘四级护卫舰，装备有42门大炮。从中将那里，他得知了前一天海上发生的事情，"或更确切地说，未发生的事情"。伊夫林还发现，尽管他在伦敦郊区的花园里听到了炮声，但在迪尔和多佛附近的东南海岸并没有战斗的声响。带着新的情报，他再次骑上马，飞速返回伦敦。

6月2日星期六上午，国王收到威廉·克拉克爵士的来信，信是前一天从"皇家查理号"发出的。虽然克拉克确认了舰队正准备与荷兰交战，但信件刚过上午十一点就送出了，并没有提及随后发生的战斗。鲁珀特在怀特岛的中队也传来消息，确认已经接到国王的命令，正准备与舰队的其余舰只会合。毫无疑问，国王知道给鲁珀特的命令的传达被延误了，或许是为了散散心，他到圣詹姆斯公园散步去了。

复辟之后，整个公园被重新设计过了。一条长长的运河在修建中，原先的空地变成了林荫道，还放了一只巨大的假鸭子做诱饵，以吸引野生动物，并加以圈养。这里还有各种有趣的动物——羚羊、麋鹿、其他鹿种、雄獐，鹈鹕（俄罗斯大使赠送的礼物）、天鹅和鸭子。最令人好奇的是一只来自巴利阿里群岛的鹤：

> 它的一条腿断了，从膝盖上面被截肢，换以木质假腿，关节做得十分精巧，这只鹤可以走动自如，如同天生的一样。这条腿出自一名士兵之手。[37]

查理向公众开放这座皇家园林（不过禁止马匹和车辆）。七年后，公园成了英国文学中盛产淫诗的地方之一，声名狼藉。查理的新任内廷侍臣罗切斯特伯爵作了《圣詹姆斯公园漫步》（"A Ramble in St James's Park"）一诗，描绘在自然美景的遮蔽下游人们的淫荡行径：

5 红 海

> 一行行的曼德拉草高高地生长,
> 淫秽的茎叶直插天际。
> 枝枝蔓蔓交叉缠绕,模仿着
> 阿雷廷①书中某个折页里爱的姿势。
> 夜幕中,草木阴影的掩映处,
> 上演着鸡奸、强暴和乱伦。[38]

圣詹姆斯公园里,伊夫林看到国王正"焦急地等待着"消息。伊夫林直接找到查理,向他透露当天早上与舰队一名中将的交谈,告诉他关于前一天的行动。[39]国王对这一消息感到"非常高兴",但也很惊讶,南部海岸竟然听不到枪炮声。两百名士兵受命立即加入舰队,查理和约克公爵也登上王室游船,前往格林尼治。

在海军委员会,克拉克来信的消息让众人"坐立不安"。佩皮斯先赶到史密斯菲尔德的军粮办事处,接着到格林尼治派遣士兵,命令他们向布莱克沃尔进军。安排好用轻舟将这些士兵送去舰队之后,他和乔治·欧文(George Erwin)舰长步行前往格林尼治公园,从那里,他们听到了远处的炮火声。与圣詹姆斯公园不同,格林尼治公园不对公众开放。詹姆斯

---

① 皮耶罗·阿雷廷,意大利作家、剧作家和诗人。画家朱里奥·罗马诺曾绘有精美但极其淫秽的一系列色情画,成书出版,题为《行乐十六图》,阿雷廷为其写了十六首《欲望十四行诗》,和图相配。——译者注

一世统治期间，公园的四周建起12英尺高的砖墙，公园中心有一座较高的山丘，从最高处可以俯瞰整个伦敦。十年后，山上将建一个新的重大科学实验室，即皇家天文台。但目前，公园的制高点是一座中世纪瞭望塔的遗迹。下午四点左右，佩皮斯拜见了刚到达的国王和约克公爵，并和他们一起走到公园，在公园里再次听到炮声。在前往布莱克沃尔的途中，佩皮斯看见那些士兵，"这会儿，大部分都喝醉了"，"与妻子和情人吻别"，"大喊大叫，放枪"，然后出发。他们的命运以及海军的成败似乎都取决于鲁珀特亲王能以多快的速度到达主力舰队，正如佩皮斯所写：

> 我们现在只希望鲁珀特亲王以及他的舰队正在往回赶，今晚就能加入主力……无比希望他今晚就和主力舰队会师，今天风比较温和，而刚响起的枪炮声也让我们对这点深信不疑。[40]

然而，鲁珀特并没有赶上舰队，那天晚上也没有到达。6月2日清晨五点，他的中队位于比奇岬的平行位置，"天气十分晴朗"，他们沿着南部海岸航行了一天，从费尔莱特到邓杰内斯，再到多佛，全程都没有听到任何关于战役的消息。在多佛，有个叫"雅各布舰长"的人传来消息［可能是雅各布·雷诺兹（Jacob Reynolds），他是五级护卫舰"伟大天赐号"的舰长[41]］，一个叫拉尔夫·费尔的人两天前在境外的海上见到过荷兰和英国的舰队。鲁珀特打算扬帆再航行一段,但天气太温和了,他的中队只得整夜停泊在多佛附近。他们距目的地仅一步之遥,但离战事还很远。

与此同时,在13至15里格外的海域,英国正与荷兰进行着第二天的战斗,双方"打得热火朝天"。[42]凌晨三点,蒙克在自己舰队的下风侧发现敌军。凌晨五点,他又在迎风侧看见一小队敌舰。英国人认为,这支小分队是敌人的补给舰队,或是"前一天晚上被我们隔断的小股舰队"。[43]一大早,蒙克就把报废的舰只以及伤员(除了威廉·克拉克爵士)送上了岸。早上七点,只剩约40艘舰的舰队从当前的位置向西南进发,以突破荷兰防线。[44]然而十分不幸,德·鲁伊特早有谋划,率先向他们发起进攻,炮火打响了。接着就是"极其……激烈的遭遇战",几名舰长或丧生或残疾("羚羊号"上,霍利斯舰长的手臂被炸断),[45]许多英国舰只遭受重创。[46]这一交锋后,蒙克注意到更多的舰离开战场,包括由罗伯特·莫尔顿(Robert Moulton)舰长指挥的护卫舰"安妮号"(配有58门大炮);装配52门大炮的"布里斯托尔号",舰长菲利普·培根(Philip Bacon)阵亡;受到严重撞击的"巴尔的摩号",舰体大面积损伤,漏水情况严重;[47]以及其他至少两艘舰也驶离战场。

英国人还算幸运,这一支从主舰队脱离的荷兰小分队正是特龙普脆弱的后方中队。作为英军前一天的主要攻击对象,这个中队的力量已经很薄弱了。一些舰船已返回荷兰进行维修,其他一些则护送着俘获的英国舰只返航(蒙克仍然不知道威廉·伯克利爵士已阵亡,"迅捷号"已被敌人俘获)。英国人向特龙普后方中队的剩余力量发起进攻,击沉了一艘舰,杀死了一名海军中将,点燃了另一艘舰。英国的攻击太猛烈了,荷兰海军上将德·鲁伊特不得不率领一支队伍前来救援,击穿英国的防线,强行突破,与脱离主力的友军战舰汇合。

白色中队的海军上将乔治·艾斯丘正处于上风位置,他看到特龙普和德·鲁伊特被隔开了,便意图发起攻击,但德·鲁伊特再次成功突破英国防线,回归主舰队。据报道,一次,有人怂恿德·鲁伊特登上一艘英国舰,可能是"皇家查理号",但他不想违抗禁令,亲涉险境,便拒绝了。蒙克遭到一艘荷兰海军中将的舰只攻击,那船靠得很近,两舰"帆桁的顶端都碰到了"。敌人试图登舰,但蒙克"集中舷侧火力全力迎击,外加一阵小规模的密集射击,敌人倒在舰尾,再未出现……"[48]荷兰人知道,如果英国人担心舰只被俘获,就会把舰炸掉,[49]荷兰人认为洛斯托夫特战役的失败归因于最高统帅的阵亡。德·鲁伊特受到严格的指令,必须保存自己的性命,所以他的舰只受损后,他便离开战场,返回荷兰海岸,对舰只进行修复。

战斗途中,一艘小型六炮帆船从哈威奇过来,加入英国舰队。下午两点,船上的托马斯·克利福德爵士和奥索里勋爵(Lord Ossory)登上了旗舰。前一天,他们听到即将开战的消息,就从汉普斯特德骑马约80英里来到哈威奇,准备参加战斗。克利福德向其资助人阿灵顿勋爵的报告成了这场战斗的关键证词之一,他最初观察到,"普通的船员大都不满分散舰队力量,抱怨不该派遣鲁珀特亲王离开"。[50]

克利福德抵达后不久,一支似乎是新组成的荷兰中队出现了,共有12艘舰。实际上,这是前一天追逐"彩虹号"的那批舰,现在正在返航。英国又有5艘舰被击毁,许多舰上的"桅杆、帆和索具严重受损,舰队元气大伤……疲倦不堪"。[51]此时蒙克开始撤退,让舰队进行必要的维修。[52]他动用了16艘最坚固的舰,包括他自己的,将它们组成壁垒,护送剩余舰只回到英国海岸,全程抵御"荷兰66艘舰"的攻击。[53]一艘遭受重创的四级护卫舰"圣保罗号"掉队了。为防止荷兰人有机可乘,蒙克命令舰上的水手弃舰,登上其他舰只。然后,他们故意烧毁了这艘舰:白厅收到的报告中陈述,"我们烧了'圣保罗号',怕它跟不上大部队"。[54]

6月3日星期日,在伦敦,愉悦的一天开始了。白厅收到"波特兰号"的舰长托马斯·埃利奥特(Thomas Elliot)传来的消息,这艘舰在战斗的第一天被毁。他报告说自己看到"荷兰的一艘大舰被炸毁,还有三艘舰着火了",除了当时和他一同进港的另一艘舰外,"没有其他舰只受损"。威廉·考文垂把这个消息传达给了佩皮斯,佩皮斯转而去附近的圣奥莱夫哈特街的教堂,"无比喜悦地"低声转述给四周坐在排凳上的教区居民。[55]然而,他们并没有高兴太久。

临近中午的时候,首都收到消息,鲁珀特亲王的信已于上午到达白厅。他在信中承认自己在多佛待了一整夜。于是，全城的政客以及那些嚼舌头看热闹的人都觉得拿到了铁证，展开了喋喋不休的谴责。交易所里人头攒动，人们对这场战事议论纷纷。佩皮斯称，众人"对亲王的过失十分不满，觉得他在接到命令后没有迅速行动"，同时也认为，是由于管理不善而导致消息延误，办事"不够谨慎"。[56]城里的粮食供应商私下传言说，蒙克和霍姆斯舰上的旗帜都被打倒了；也有人说，埃利奥特舰长在港口看到的舰其实是"亨利号"，不是"波特兰号"。"亨利号"不仅是"白色中队"的重要战舰，载着一名海军少将，佩皮斯还在这艘舰上为其内弟巴尔蒂谋得一个职位。据报道，它遭到荷兰火攻船的袭击，人员伤亡惨重。

伦敦的许多人开始怀疑英国究竟能否取胜。蒙克仅剩34艘战舰的舰队已完成修复，他们乘着一股清新的东风，准备投入第三天的战斗。大半个上午，荷兰人与英国人的距离一直保持在2里格左右，接近正午时，荷兰指挥官范·内斯（Van Nes）开始指挥舰队向前进发。进入射程后，双方炮火相接，战斗再次打响。下午三点，英国人从中桅上侦察到远处西南方向驶来的一大批军舰。战舰越来越近，英国人看清了旗帜和舰身，随即欣喜若狂、如释重负，鲁珀特亲王的20艘新战舰终于到了。他们"高兴地大喊大叫……欢呼声在舰队间此起彼伏"，[57]整个舰队的呼叫声整齐划一，[58]荷兰人旋即停止开炮，有些舰甚至降低了风帆，退回"主舰队"。[59]约

5 红 海

翰·德莱顿将这一华彩瞬间写进诗篇《奇迹之年》，流传后世：

> 勇敢的鲁珀特从远方出现了，
> 欣喜的将领认出他飘扬的饰带：
> 风帆满张，他的舰队热切前行，
> 一艘艘舰船旋即近在眼前。[60]

鲁珀特亲王在他的旗舰"皇家詹姆斯号"上观望着——那天早上，他顺流航行，并把中队所有的储物箱都装上一艘小帆船以确保安全——这时英军正在荷兰的攻击下撤退。由于之前"在唐斯锚泊地没有收到后续战事的情报"，在看见蒙克的舰队之前，他一直向东北方向行进。[61]荷兰人发现鲁珀特后，将舰队一分为二：40艘舰继续攻击蒙克的舰队，另外30艘转向鲁珀特。鲁珀特和敌军之间还有一段距离，趁着还未被强行隔开，他必须立即与英国主舰队会合。然而，水下的危险阻碍了他们的会合：潮水现在很低，鲁珀特的中队和蒙克的舰队之间隔着一片危险的浅海区——"盖洛珀沙区"。

蒙克冒着危险，渡过浅滩去与鲁珀特会合。但没过多久，他的舰就搁浅在隆起的沙地上，紧随其后的是装配76门大炮的"皇家凯瑟琳号"和配有92门大炮的"皇太子号"。蒙克的舰和"皇家凯瑟琳号"成功脱离浅滩，但是由海军上将乔治·艾斯丘指挥的"皇太子号""迅速进水，被困得死死的"。[62]中将科尼利厄斯·特龙普嗅到了机会，随即带着一些较小的军舰围过去；荷兰人为了戏弄他们的猎物，故意用火攻船去撞击"皇太子号"，并威胁要登舰。英国舰队中最显赫的一艘战舰就这样待在那里，孤立无援，其他舰上的人只能在一旁惊恐地看着。一级战舰"皇太子号"于1610年在伍尔维奇初次下水，它是英国海军最大的军舰之一，装配的火炮数量最多，和"君主号"同级。它可以容纳630人，曾参与第一次英荷战争以及洛斯托夫特战役。然而现在，它脱离了舰队，处境危险。

蒙克派了几艘小型护卫舰穿过浅滩，以抵挡攻势，但却无济于事。托马斯·克利福德从"皇家查理号"上报告说，"让整个舰队大跌眼镜的是"，"皇太子号"竟然向荷兰人举旗投降了，"既没有向敌人射出十枚炮弹，也没有受到敌人十枚炮弹的攻击"。[63]荷兰人登上船，俘虏了海军中将乔治·艾斯丘和一些军官。由于无法移动这艘庞大的舰船，德·鲁伊特下令将之摧毁，并把其余舰员作为俘虏带走。荷兰舰队中有一个名叫威廉·凡·德·维尔德的艺术家，他以敏锐的目光关注着这一戏剧性事件。在战斗中，他粗略地画了一些草图，后来他依据这些草图，将英国海军史上最为耻辱的一刻绘制成一幅震撼的写实作品。克利福德远远地看着火中的战舰，目瞪口呆，觉得"只要稍作抵抗就能救下这艘舰"。他认为"皇太子号"如同"海上城堡"，是"世上最能抵御攻击的舰船"。[64]但是它却不复存在了，艾斯丘也被俘了，第二天早上将被一艘单桅船送去海牙。[65]他是皇家海军最后一名在海上被俘的海军上将。

剩余的海军将官在"皇家詹姆斯号"上召开了军事会议,决定由鲁珀特的新中队在第二天的进攻中打头阵。[66]

两个人在伦敦的街道上穿行,来到位于塞辛巷的海军委员会。他们的模样是多么狼狈啊!一个人的脸"黑得像烟囱……沾满尘土、沥青和柏油",右眼上盖着临时凑合用的眼罩;另一个人的"左眼受伤了",估计是类似情况下受的伤。[67]他们和其他二十来名伤员一起在前一天下午五点离开"皇家查理号",乘坐帆船于凌晨两点到达哈威奇。这两个人还能骑马,他们一路飞奔,在中午前到达伦敦。佩皮斯在海军委员会办公室接见了他们,并陪同他们穿过市区去见国王。一路上,佩皮斯热切地盯着这两个饱受战争摧残的人,期待能得到前线的消息。到了白厅,佩皮斯把他们安置在威廉·考文垂的住所,便去找国王。过了一会儿,佩皮斯回来了,让这两个人跟他去宫殿的另一个房间。在那里,他们向国王本人汇报了战事,讲述战争的经过,提到蒙克和鲁珀特已经在前一天会合的事实。国王得知这个消息后"非常高兴",赏给这两个精疲力竭的人二十枚银币以示慰劳,然后送他们去就医。消息很快传遍了伦敦。

私下里,和国王不同,佩皮斯对这个消息并没那么高兴。他与科学家罗伯特·胡克进行了短暂的会面,胡克正在编辑一份海军术语和词汇的列表，他的朋友威尔金斯博士（Dr Wilkins）在写一本关于"通用语言"的新书，正用得上。之后，佩皮斯反思了海军的现状。对他来说，蒙克"一向夸夸其谈，现在一败涂地"，而且在力量如此悬殊的情况下和荷兰开战，实在过于草率。他认为，进行战争之前，需要三思，尤其是"同我们战斗实力相当的敌人，荷兰现在看来确实如此"。[68]

6月4日星期一凌晨五点，第四天的战斗打响了，英国舰队向荷兰舰队挺进，英方大约有60到65艘战舰，荷兰有68到70艘舰船。脾气暴躁的克里斯托弗·明斯爵士指挥前方中队，鲁珀特亲王统领中部，蒙克殿后。[69]威廉·伯克利爵士下落不明，约翰·哈曼舰长身受重伤，乔治·艾斯丘爵士近期被俘，此时，托马斯·阿林爵士和爱德华·斯普拉格爵士（他们一直与鲁珀特同行）的加入非常鼓舞人心，刚从英国海岸过来的五艘新舰组成的舰队也有所扩充。从数字上看，这是整个战役中英荷双方第一次势均力敌，但随着当天战事的进行，形势再一次偏向了荷兰人。

各就各位后，双方便开始进行舷侧攻击。德·鲁伊特重回舰队进行指挥，荷兰获得了上风位置；而英国也取得了明显的进展，克里斯托弗·明斯爵士和罗伯特·霍姆斯爵士冲破了荷兰的防线。尽管"颇受了些损失"，荷兰人很快又聚到了一起。[70]第一次交锋后，英军的火攻船烧毁了两三艘荷兰军舰，也重创了许多舰只。但也有人抱怨说，"灵敏的护卫舰本该去击毁那些受创的敌舰……这根本是渎职"。[71] "康弗丁号""丁香树号""埃塞克斯号",以及"黑牛号"不是被荷兰人俘获,就是被毁。

前方战线上,克里斯托弗·明斯爵士的"胜利号"和海军中将约翰·德·利夫德(Johan de Liefde)的"里德尔沙普号"陷入近距离的胶着对抗。明斯被荷兰人围住,一名射击手瞄准并打中了他,第一枪射入面颊,第二枪击碎了肩膀。他勉强挨了几日,但枪伤还是要了他的命。又一名卓越的海军将领陨落了。英方的旗舰遭到重创,"皇家詹姆斯号"的主中桅倒下了,"皇家查理号"的风帆遭到猛烈的炮火袭击(德·鲁伊特特意命令瞄准主帆发射),裂成碎片。几小时后,水面上腾起一阵薄雾,雾气笼罩了战场,鲁珀特趁机带领英军撤退。据荷兰人所说,他"从未如此执迷于走向毁灭与死亡"。[72] 虽然后来他宣称撤离是为了修补破损的船舰,但荷兰人看得很清楚:这是全面撤退。胜利属于德·鲁伊特,他大可以像前一年的夏天约克公爵在洛斯托夫特战役的做法一样,也应该对英国人穷追不舍;然而,他重整了一下舰队就返航了,这样英国将领反而有机会声称,荷兰人逃跑了。

尽管对外宣称蒙克"彻底摧毁了荷兰舰队",但英国人已没有能力再投入第五天的战斗。一整夜,他们都在修补船帆和索具,然而弹药却所剩无几,即使"皇家查理号"也只剩下仅够发射两轮的弹药了。在这四天里,英荷双方死亡人数达到3000人。英国皇家海军损失了一半士兵,以及23艘军舰，1450人受伤，1800人被俘。荷兰这边，除去阵亡将士，他们只损失了4艘舰船，1300人受伤。这是航海时代规模最大、持续时间最长的战役之一。一份发回英国的报告称："根据现有调查，这似乎是有史以来最激烈的海战。"[73]

荷兰战胜的消息陆续传回荷兰共和国和法国，萨格雷多大使认为英国人：

> 被永远钉在耻辱柱上，他们战前所唱的赞美诗体现出他们狂妄自大、桀骜不驯，又过分自负，似乎他们已与上天宣战……所以无疑是激怒了上天，招致了失败的结果。[74]

夜不能寐，战后疲乏，托马斯·克利福德爵士将自己在此次战役中的经历逐天描述，写了一封长达11页的信。虽不完美——他自己也承认了这一点，并写道："我几乎想不起来要说什么。"——但信中涵盖了他在战役第二天抵达后在"皇家查理号"上目睹的一切。那段时间里，他"每天都睡不足两小时"。在信中，他委婉地承认了失败："他们（荷兰人）暂时获得了一些荣耀，会略损我们在外界的声望。"为了减少坏消息的影响，他强调了尽快重新武装和修复舰队的重要性，以便再次迎战荷兰。在他看来，有三件事至关重要：第一，舰队需要再募新兵，补足物资、粮食和弹药；第二，拖欠舰员的薪资必须到位；第三，舰队要"先于荷兰人"再次起航。

在信的结尾，他补充道：

  我不该中途才加入战斗，如此不仅错失了见证壮举、增加经验的机会，而且错过了与之交织的各种突发事件，今后这样的偶然可能不会再有了。[75]

6
奇妙的命运

奇妙的命运如同虚幻的光，
在夜晚蒙骗疲惫的旅人，
尽管你每一步都踏在悬崖上，
我依然坚定地追随你的指引。

——阿芙拉·贝恩《流浪者》[1]

托马斯·克利福德的信先送到了萨克瑟姆的阿灵顿勋爵手上，而后送到白厅，严令必须一直留存到国王亲自阅读。[2] 然而，宫廷在拿到克利福德的陈述之前已经收到了另一份报告。6月6日，约克公爵在圣詹姆斯公园散步，公园里"每个人都在倾听枪炮声"，这时他收到一封从哈威奇造船厂加急送来的信件。这封信是约翰·海沃德（John Hayward）舰长从敦刻尔克寄来的，信中描绘了英国胜利的图景。报告称，指挥官们状况良好，荷兰舰队在英军的进攻下已损失过半，这当然不准确。公爵径自奔向国王，向他传达这个好消息——国王正在白厅的小教堂里做礼拜。国王和宫廷众臣顿时"一片喧嚷，对这个好消息无不欢呼雀跃"。[3]他们认为英国赢得了这场战役，国王下令向圣保罗大教堂和威斯敏斯特大教堂发出通告，以示公开祝颂。消息传到伦敦城后，市长大人托马斯·布鲁德沃斯率领市政官员前往白厅，向国王称颂祝贺。整个城内，烟花齐放，钟声回荡，一片欢腾。

然而，好消息还未完全消化，新的消息就来了。克利福德的信到了，他详述了英国遭受的巨大损失：海军上将艾斯丘被俘、"皇太子号"被毁，以及失踪舰只的数量。当时伊夫林和国王同在礼拜堂里，他目睹了宫廷上下气氛的变化。这一消息暗示战争的结局还不可过早判定，伊夫林认为，这"更像是公开审判，而非凯旋"。和佩皮斯一样，他很快将全部责任归咎于蒙克：

> 上帝乐意看到我们自惭形秽，我们太自负了；说实在的，阿尔伯马尔公爵现在就认定胜利，实在高兴得太早了，但是，没什么能阻止得了他，因为他曾在另一次冲突中打败了荷兰人；同时，他又对桑威奇伯爵怀有偏见，认为对方缺乏勇气，野心勃勃地要超过对方。[4]

蒙克则抱怨，他"从未和如此糟糕的军官一同战斗过，像个男人的不超过二十个"。[5]当然，其中也有道理，不少年轻些的舰长提前离开战场，有的只是由于舰只轻微受损。爱德华·斯普拉格爵士和克里斯托弗·明斯爵士因其英勇无畏被点名表扬,还有罗伯特·霍姆斯爵士——他"临危不乱,行为合乎规范",因而受到称赞(但是威廉·考文垂警告说:"猫终究是猫,总有一天他的臭脾气会发作。")。[6]约翰·哈曼舰长的英勇事迹(他在脚踝骨折的情况下脱险)为人们提供了很多谈资。佩皮斯得知他的内弟巴尔蒂在战斗中幸存下来,感到非常欣慰。一时间,各种谣言满天飞。有的说威廉·伯克利爵士和"迅捷号"已经安全返回诺尔,[7]有的说德·鲁伊特在战斗中被杀了,还有的说德·威特(他当时根本不在场)的腿被炸断了。一名在海牙的英国线人发来信件,大部分传言都随之平息。人们发现,伯克利其实已经阵亡,他的舰船也被劫走了;尽管荷兰损失巨大("入港舰只的帆都破破烂烂,像一张张的网,我军的攻势实在太猛烈了"),他们却在庆祝这场伟大的胜利,而德·鲁伊特不仅活着,[8]还受到了"无上的赞扬"。[9]

荷兰战胜的消息很快传到了英国的敌人那里。在巴黎,萨格雷多指出:"荷兰人的喜悦难以言表。"[10]英国人将对此羞辱作何反应,外界对此拭目以待,大使思忖道:

> 虽然目前还不知道这场严重而不幸的灾难会对英国人狂妄自大的心态产生什么影响,但不难看出,政府内部会出现一些混乱,并可能危及国王。[11]

但是，这个大使没想到，还有一个简单的方法来应对失败，那就是率先否认失败。许多人私下里知道英国舰队损失惨重，但官方报道却鼓吹英国的胜利，并称颂蒙克和鲁珀特的英勇，对于损失只是轻描淡写。在贝纳德城堡附近的印刷厂里，托马斯·纽科姆接到经国家审查的报道，并进行排版印刷。6月7日至11日出版的《伦敦公报》上宣布英国"大败荷兰，取得可喜的胜利"。[12]报道也承认了英国的损失，最严重的就是"皇太子号"被毁，以及乔治·艾斯丘爵士被俘，同时表明英国之所以没有继续战斗、取得更大的"胜利"，只是因为弹药不足、风向不利。

威尼斯大使在巴黎收到《伦敦公报》，他惊讶地发现："他们精心编造谎言，欺骗读者，号称两国舰队的优势相差无几，即便有差距，也是英国更胜一筹。"[13]或许是这一谎言被识破了，一本小册子漂洋过海来到英国，标题为《海战中英荷舰队之间的交战陈述：根据国会代表大人的命令收集》。这本册子翻译自荷兰官方对这场战役的描述，匿名出版商声称，印这本小书是为了"让英国人明白真相"，并庆祝荷兰无可争议的胜利。册子详细叙述了战争的经过，结尾处写道："荷兰联合王国的人民都该向吾主上帝致以最高的谢意，是上帝让他们取得如此非凡的胜利。"[14]

对于那些直接受影响的人来说，真相是显而易见的。与那年早些时候在鹿特丹发生的抗议相似，大约300名妇女聚集在塞辛巷的海军委员会办公室，为她们被俘的爱人索要赔偿。佩皮斯当时在场，他回忆道："院子里挤满了女人……都是来为她们被抓去荷兰的丈夫和朋友要钱的。"这些人情绪太激动了，吓得佩皮斯都不敢把准备当晚饭的鹿肉馅饼送去烘焙师那里烹饪，怕被这些女人抢走。一整天，抗议者都在对佩皮斯和他的同事们"叫嚣、谩骂、诅咒"，甚至一度围在佩皮斯的窗边"拍拍打打"。他坦言：

> 她们哭喊着要钱，说家里如何艰难、丈夫如何受苦，哭诉她们为国王做了多少事、遭了多少罪，完全被我们利用了，又讲到荷兰人在这里，他们的主人给了多少津贴，要是她们的丈夫在荷兰给荷兰人干活又会拿到多少等等。我由衷地同情她们……[15]

人群散去后，佩皮斯把其中一名妇女叫过来，给了她一些钱。那女人祝福了他，便回去了。然而，破裂的不仅仅是家庭。6月18日，伊夫林去了查塔姆群岛附近的舰队，亲眼看到了《伦敦公报》上所谓的"这一光荣行动的伟大印记"，他深感不安，写道：

> 眼前是一片凄凉的景象，王国英勇的"海上壁垒"损失过半，可叹可悲，几乎没剩下一艘完整的舰船，到处是残骸和舰壳，荷兰人把我们打得太惨了。失去了"皇太子号"这样坚利的战舰，是多么令众人痛惜。我们

为何要率先打响这场毫无回报的战争？[16]

对蒙克和鲁珀特而言，只有一种方法可以弥补这场之后被称为"四日海战"的灾难，那就是以压倒性的优势战胜荷兰——要尽快。要做到这一点，就必须加速修复破败的战舰。尽管伊夫林私下觉得情况惨不忍睹，但海军的大部分损失其实是可以挽回的，而且造船厂的资源足以应对修理工作。木材是现成的，新森林的树木还在不断被砍伐，也有技法娴熟的木匠以及新近补充的大炮。[17]鲁珀特敦促每艘旗舰都配备各自的火攻船和五级护卫舰，以便来回传递讯息，他认为支援舰只的缺乏影响了上一次交战的结果。[18]然而，造船厂内长期存在贪污腐败以及当面一套背后一套的行为，导致管理不善、造船效率低下、修理速度缓慢以及物资供应不周的问题。蒙克和鲁珀特很快指明了造船厂的问题和"海军特派员的严重疏忽"，尤其是一些重要战舰的制造与交货缓慢的问题，特别是"忠诚伦敦号""厌战号"以及"格林尼治号"。时间紧迫，他们亲自接手了这些事务，派自己手下的官员和舰员前去监督工作——据这些人称，这些工作"短短几天"就完成了。[19]

战争中有许多人被荷兰人俘虏，也有许多人牺牲或受伤，军队急需招募新兵。蒙克和鲁珀特亲王需要3000人来填补之前的损失，单是托马斯·阿林爵士的中队就需要"1000名能作战的船员"。约瑟夫·威廉姆森（人称骑士J）从萨福克海岸的奥尔德堡写信给国务大臣的首席助理，论述道："经验使魔鬼聪明，太多的经验让凡人脆弱。"他还报告说，这样的观念已经深入舰员心中，很难将他们召回了。与克利福德的建议相反，他认为薪酬"只会帮助他们逃跑"，并指认了最近逃跑的六个人，还有二三十个正"作此打算"，更多的人逃去了诺福克的金斯林和韦尔斯，有的甚至到了诺丁汉郡的比尔伯勒，在那里抓到40人。[20]他还说，这场致命战争的残骸余迹在萨福克海岸"绵延数英里"，海水似乎都被染红了，令人不安。虽然这很可能是鱼群产卵导致的，但很多人断定是阵亡将士的鲜血。[21]在伦敦，大约300人被强行征兵，送到布莱德维尔监狱，一连几天没有像样的吃食和报酬，佩皮斯称这一行为"违背所有的法律条款"。他们被送去加入舰队，但行进到泰晤士河的时候，发生了兵变；结果叛乱头目被捕，被关进了伦敦塔，其余的人则"乖乖地"继续上路。[22]在伦敦，法国人丹尼斯·德·雷帕斯看见一名牧师乞求征兵官员释放一名最近被征兵的男子，他有五个孩子，没料到这个牧师也被带走了，征兵官员说："那你得跟我们走，你比他健壮多了，作战途中你要在一旁祷告。"[23]他们又强征了300人，从普利茅斯起程。据报道，全国上下，许多被征用的人都是些"可怜人"，他们"衣不蔽体，三四天就病倒了；有些人来的时候就病恹恹的，可能患有疫病"。为了减轻海军的经济负担，骑士J建议遣散生病的人，不用把这些人送到海军医院了。[24]

民兵的动员和海军筹备工作同时展开。荷兰和法国也许会联合起来发动陆上攻击，这种担心很可能变成现实。6月底，海牙传来的情报证实，荷兰舰队已配有5000名士兵。信件是用橙汁写的，以避开荷兰的监视。信中强调，虽然他们有在英国登陆的打算，但英国政府不需要"防备登陆战，因为舰队人手不够"。[25]同样，鲁珀特亲王和乔治·蒙克也没把它当回事，认为"没必要担心敌人登陆，他们没有马匹"。[26]然而，6月27日，各郡的郡尉接到命令，召集民兵，"联合士绅"。任何有合用马匹的人都受邀加入军团。沿海的烽火台都要严加看守，并在必要时点火。还要征收7万英镑的民兵税。

荷兰人似乎把英国内部的动荡想象得比实际情况严重。当然，英国国内有个别的人极度不满，6月底的一封匿名申诉书写道：

  人们正处于水深火热之中，各家各户被赋税压榨，吓得不敢开门，不然征税的人会拿走他们的床或盘子。人们诅咒国王，希望回到克伦威尔时代，并说："荷兰人来吧，魔鬼来吧，他们不会更坏了，哪里要是有一个人支持国王陛下，必定会有十个人站起来反对他。"人们愿意追随的权贵不会超过十个人。[27]

然而，英国人对内战仍有鲜明的记忆，国内瘟疫肆虐，反荷、反法情绪高涨。在这种情况下，爆发大规模起义、拥戴外国统治者是不可能的。据说荷兰在泰晤士河口安插了一个眼线，一旦英国出现大批人支持外部入侵，他就会发出信号。但始终没有这样的信号。荷兰人没找到任何掉队的舰只或是陆地支援，便放弃了陆地进攻的计划，将部队留在海上。7月中旬，有人看到这些荷兰军队里的士兵出现在泰晤士河口一处名为枪炮舰队的浅滩，他们"开怀畅饮，高谈阔论，对天放枪"。[28]与此同时，双方的秘密情报交易仍在继续。尽管旅行限制非常严格，英国内部事务的种种细节还是由法国和荷兰的特工偷偷越过海峡，带出境外，泄露给"另一边"的间谍。[29]同样，英国人也通过他们的线人网络密切监视着敌人。7月9日，布里斯托尔的线人向白厅发来情报，确认波弗特带领的法国舰队仍在里斯本。英吉利海峡随时会上演又一场英荷大战。

随着事态的发展，现年十九岁的罗切斯特伯爵产生了浓厚的兴趣。前一年秋天，他在海上的功绩为他带来了一些荣誉，其中有价值750英镑的"免费礼物"。此前，他一直在宫廷里跟伊丽莎白·马莱特走得很近，她就是前一年夏天他试图绑架的那个年轻的女继承人。然而，7月初，马莱特组织了一个宫廷侍女的小圈子，和王后一同离开了白厅，前往唐桥井镇去做水疗。[30]她们走了，国王可能正好乐得解脱。6月中旬，国王和他的头号情妇卡斯梅恩夫人起了争执，关于他"凌晨一点、两点或者三点"离开她房间后究竟去了哪里；卡斯梅恩在王后面前声称，他一定找到了其他留宿的地方。与国王不同，罗切斯特既没有结婚，也没有长期交往的情人。或许是对伊丽莎白·马莱特的远离感到难过，或许是因为

"四日海战"之后宫廷里无精打采的氛围,或许是受同僚们的战争故事的激励,又或许只是出于他无处安放的情绪——7月中旬,伯爵突然离开白厅,"未向他最近的亲属透露任何口风",又重新加入了海军。[31]

7月20日星期五中午,舰队驶近了靠近伊普斯威奇的一片海域,也就是所谓的"中间地带"。"皇家查理号"上,托马斯·克利福德给阿灵顿勋爵写信说:"罗切斯特伯爵今天早上来我们这儿,他说要留在斯普拉格爵士的舰上。"历史学家及未来的索尔兹伯里主教吉尔伯特·伯内特后来这样描述罗切斯特,他"思维异常敏捷,表达活灵活现:他机智过人,既体察精微细节,又顾全大局,很难有人能做到",所以他选择加入斯普拉格的旗舰也就不足为奇了。[32]斯普拉格与罗切斯特后来的许多同伴非常相似,同样机智灵活、态度乐观——他有一个秘密妻子,就在那个月,她开始不断索要他的财产。[33]克利福德还透露,另一名志愿者罗伯特·利奇爵士(Sir Robert Leach)也到了,加入了罗伯特·霍姆斯爵士的舰船。他解释说,利奇"做了很多梦,基于梦境,他非常确定"自己会"用导火索"亲手杀死德·鲁伊特。克利福德又补充道:"我不知道他会做什么,但我肯定罗伯特·霍姆斯爵士会让他有足够的机会去施展自己的能力、验证自己的想象。"[34]克利福德在评述舰队时,写道:

> 我真希望昨天陛下看到我们起航,相信他一定会非

常高兴，我们的舰队绵延9至10英里，现在也快锚泊了……我承认，我从未见过如此可喜的景象，每个人的脸上都洋溢着新的气象，充满活力，与我们在诺尔河港湾时大有不同。[35]

现在，海军已然人员充足、物资齐全、修缮完备，以惊人的速度重整旗鼓。联合指挥官乔治·蒙克和鲁珀特亲王决定，这一次，整个海军要团结在一起。并且，要想取得成功，还需要天公作美，所以他们等到完全合适的时机才从泰晤士河口出海，去迎战荷兰人。7月23日，英国拥有89艘战舰的强大舰队在枪炮舰队浅滩附近集合；荷兰的88艘军舰已进入视线，大家都认为战斗会在第二天打响。在"皇家查理号"上，鲁珀特亲王直接写信给国王，表示他们会谨遵指示。他还提到，一周前他在哈威奇专门定制的小型战舰已经到了，这艘小舰被命名为"芳芳号"。

不过，舰队还得等一段时间才能行动，那天晚上来了场可怕的暴风雨。风雨交加，许多舰船被风吹得七零八落，一些较小的舰只漂远了，还有一些受到损坏。装有50门大炮的四级护卫舰"泽西号"被闪电击中，电流如白森森的锯齿状刀刃，将主桅劈成两半。这艘舰船被送到岸上修理，上面的185名舰员被分配到其他舰上。7月24日一整天，鲁珀特和蒙克重新整顿了遭受风雨袭击的舰队，将其分成了三个中队：他们二人作为联合指挥官，在"皇家查理号"上领导红色中队，约瑟夫·乔丹爵士作为海军中将坐镇"皇家橡树号"，罗伯特·霍姆斯爵士为"亨利号"的海军少将；托马斯·阿林爵士带领白色中队，作为海军上将指挥"皇家詹姆斯号"，托马斯·泰德曼爵士为"皇家凯瑟琳号"的海军中将，乌特伯舰长为"鲁珀特号"的海军少将；杰里米·史密斯爵士[①]担任"忠诚伦敦号"的海军上将，率领蓝色中队，爱德华·斯普拉格爵士为"胜利号"的海军中将，肯普索恩（Kempthorne）舰长新晋为"挑战号"的海军少将。

7月25日圣詹姆斯日这天，英国舰队向北航行，处于下风位置的荷兰舰队紧随其后。蒙克确信，这一次他知道该如何击败荷兰人——他也一定意识到了，作为一名军事领袖，他声誉的破与立直接取决于当天的行动。英国人运气不错，风向变得对他们有利起来。舰队面向敌人时，蒙克和鲁珀特占据了上风位置，把荷兰人逼到一片危险的高压水域。率领荷兰前方中队的是海军中将约翰·埃弗森（Johan Evertsen），在"四日海战"中，他的兄弟在与约翰·哈曼舰长的战舰进行对抗时丧生。六十六岁的埃弗森是一名非常有经验的指挥官，但天气状况对他很不利，他很难维持舰队的秩序。

清风吹拂着英国舰队的风帆，上午十点，托马斯·阿林爵士的白色中队和埃弗森七零八落的舰队打了个照面。在旗舰"皇家詹姆斯号"上，阿林发动了尤为血腥的猛烈攻击，

[①] Sir Jeremy Smith，即杰里迈亚·史密斯爵士（Sir Jeremiah Smith）。

重创埃弗森的舰只。在密集的炮击中，大量荷兰舰只被毁；埃弗森当场阵亡，追随他不到两个月前丧生的兄弟去了——同时阵亡的还有一名海军中将，一名海军少将被炸断了腿和胳膊。据报道，伤者的哀号几乎盖过了枪炮声。到十一点时，鲁珀特亲王和乔治·蒙克的红色中队与白色中队联合起来，组成坚固的舷侧防线对抗荷兰舰队。英国仍处于上风位置，荷兰的防线在炮击中进一步崩溃瓦解。"皇家查理号"两次与德·鲁伊特的旗舰交锋，第二次对决时，装配有92门大炮的"海洋主权号"加入进来。鲁珀特和蒙克的旗舰严重受损，必须换舰，于是他们登上阿林的"皇家詹姆斯号"继续指挥战斗。英国的"决心号"被敌人的火攻船击毁，但船上的大部分人都保住了性命。兵凶战危中，荷兰前方中队一些遭受重创的舰船成功逃离了。

与此同时，海军中将特龙普向海军上将杰里迈亚·史密斯的蓝色中队发起了一场局势截然不同的战斗。眼看着舰队的头部和中部被毁，特龙普决定脱离荷兰舰队主力，把目标转向英国舰队后方的史密斯的中队。他冲到英军防线后面，在蓝色中队和其余舰只之间隔出一条水道。与荷兰其他战舰不同，特龙普的中队获得了上风位置，向史密斯中队的舰船发起猛烈攻势，逼迫它们进一步远离英国舰队，并追着它们一路向西。

爱德华·斯普拉格爵士的旗舰"胜利号"也在蓝色中队里，一直在声援史密斯。这艘二级护卫舰配备了76门大炮，上面有450人，罗切斯特伯爵就在其中，他经历了特龙普最为残酷的攻击。同为绅士志愿军的米德尔顿先生也在这艘舰上，他的手臂被射穿了，舰上许多人都受了重伤，局面变得十分混乱。一度有报告称，史密斯的一些战舰有可能被他自己的火攻船点着。[36]一名舰长的行为受到了质疑，斯普拉格想找一个信使，冒着危险把谴责信从"胜利号"送到另一艘护卫舰上。然而，他"很难找到一个欣然受命的人，在如此危险的情况下替他传达命令"。罗切斯特自告奋勇，在隆隆炮火中，"乘着小船，冒着枪林弹雨，送去消息，安全返回"。这一举动勇敢无畏，"目睹的人都大加赞赏"，[37]但这不足以影响双方中队交战的结果。特龙普还是打败了史密斯，旗舰"忠诚伦敦号"严重受损，不得不被拖走。

战斗进行了五个小时，蒙克和鲁珀特率领的白色中队以及红色中队逼得德·鲁伊特节节败退。英方乘胜追击，追了一整晚，直到天亮，俘获两艘荷兰战舰，尽管海军中将逃脱了，但鲁珀特和蒙克俘虏了舰上的舰员；由于没有多余的人手来看管，他们便将两艘舰烧了。随后，他们又击沉了两艘舰。[38]审查这些荷兰俘虏时，英国官员发现其中许多人显然是"陆战兵"，因为当时荷兰舰队招不到什么合适的舰员。趁着德·鲁伊特受伤蒙羞，鲁珀特又给了他最后一击：他将小船"芳芳号"派去德·鲁伊特的旗舰附近，"用两门小炮在舷侧扫射了他一小时，英军看了乐不可支，但荷兰看到他们的海军上将被这样追击，皆怒火中烧"。[39]

虽然史密斯的后方中队失败了，但英国仍取得了压倒性的胜利。在不到二十四小时里，蒙克和鲁珀特就赢回了声誉，重振英国人的骄傲。据初步估计，战役中荷兰的死伤人数为5000人，而英国只有300人死亡或受重伤。这是一个惊人的命运转折；伦敦人在上一次战役受挫后，又听着枪炮声度过了圣詹姆斯日，他们渴望听到新的消息，而这一次，可以好好庆祝胜利了。此次战斗证明——如果需要证明的话——在一场势均力敌的海战中，决定成败的是天气。

在战争时期，横渡海峡非常危险。商船经常遭到敌人的劫掠，乘客们很可能遭囚禁、丧生、被殴打，或是损失货物。据报道，前一年，一艘船被荷兰人捕获了，船员被"剥得只剩衬衣，之后被殴打，有些人被打得折了胳膊、断了腿"。[40]然而，7月中旬，英荷双方交换战俘，这就为在欧洲大陆做生意的商人提供了一个难得的机会，可以相对安全地进行商旅活动。英国的俘虏先到：一共96名水手，托马斯·克利福德爵士抱怨他们"不是体弱，就是年迈，有的还是孩子，有二十人还不到十二岁"。[41]作为交换，英方精心挑选了一船荷兰俘虏，正等着运送。（克利福德表示，"希望不要释放有能力的海员去交换"。[42]）船上余下的空席分配给少数几个在海峡对岸有生意的人。其中有几个单独出行的妇女：玛丽·范德马什（Mary Vandermarsh）、一个被简略记录为"贾科米娜"的女性，还有一个"德埃斯克卢斯夫人"。[43]

还有一名年轻女人准备在7月渡海,那就是阿芙拉·贝恩夫人。没有战俘交换船只的保障,她的旅程面临着更大的危险。卑尔根战役与"四日海战"的失败都归结于情报工作的不力。如此一来,英国急需更密切地掌控国外的动向,并建立起消息更灵通的间谍网络。收集情报的一种方法是锁定已掌握的异见人士和共和时期的流亡者,承诺给予他们赦免与金钱。一旦上钩,就不断以暴露他们的身份为要挟,让他们一直卖命。威廉·斯考特(William Scot)就是其中之一,他的父亲托马斯·斯考特(Thomas Scot)犯了弑君罪。威廉在英国欠下巨额债务,17世纪60年代初逃到苏里南,之后又去了荷兰共和国。不像他的父亲,即使在审判期间也坚定于自己的联邦理想,斯考特是个道德败坏、三心二意的家伙。1665年,他在德·威特的圈子里晃荡了一阵子,耍了一个英国线人,并将之暴露。1666年夏天,他在海牙和奥利弗·克伦威尔的前间谍头目约瑟夫·班普费尔德(Joseph Bampfield)住在一起。国务大臣阿灵顿勋爵认为他可以被收买,而去收买他的人就是阿芙拉·贝恩。

这个女人将成为17世纪以及之后很长一段时间内最多产的女性剧作家,以这样的方式被写进历史实在是不同寻常。关于阿芙拉·贝恩最早的记载并不是她的洗礼或婚姻,而是一份间谍指示备忘录,那时她二十五岁左右,已经是完全成熟的成年人。[44]她的本名可能是"埃弗丽·约翰逊",出生于1640年12月,但她的早年经历几乎不为人知。外界甚至不确定她是如何成为一个"夫人"的，但她那时确为一名自由特工，正如她自己所写的，她与"兄弟切里先生及自己的女仆"一同去了格雷夫森德，登上一艘名为"罗德里戈堡号"的商船前往奥斯坦德。[45]

从她后来的信件可以看出，她与剧院管理人及宫廷才子托马斯·基利格鲁的关系非同寻常，估计他们先前就认识，而且派她执行任务的很可能就是基利格鲁。[46]她遵循明确的指示，化名阿斯特里亚，带着暗号及50英镑，登上了"罗德里戈堡号"，与她一道的还有安东尼·德斯马切斯爵士（Sir Anthony Desmarches）、斯塔福子爵（Viscount Stafford）和儿子约翰·霍华德（John Howard）。阿芙拉以前没见过德斯马切斯，但判断他是个可靠的人，便向他透露了这次任务的细节。他给了阿芙拉一些建议，承诺会帮她把信件送回白厅，并担保说他的路线是最安全的。到达奥斯坦德后，他们发现当地的瘟疫太"猖獗"了，就重新选择了路线。他们租了一艘小船，继续沿着海岸航行，然后再走几英里陆路，前往布鲁日。8月初，这行人来到了佛兰德斯的安特卫普，在一处名为"高贵罗莎"的住所安顿下来。

阿芙拉展开了工作，住后不到两周，便与威廉·斯考特取得了联系——她称他的代号为"切拉东"。她说服斯考特离开荷兰，去安特卫普见她。在他的建议下，阿芙拉出资包了一辆马车，将他们带出城去，以便进行更隐秘的商讨。他"起初非常谨慎"，不过阿芙拉给她白厅的上线写信说："我用尽了道理说服他，他现在很乐意为您效劳。"[47]斯考特当时在荷兰军队的一个英国军团服役，他向阿芙拉表示：

……目前待在部队里，脑子不像以前那么好使了，他不满于现在这种苦闷的现状，准备在三四天内离开。他要去海牙，打算过一种更私密、少些麻烦的生活……[48]

从方方面面看来，阿芙拉似乎不能胜任这项工作，她起初只按表面意思理解斯考特的许多话。在她寄回英国的第一封信中，一些地方忘了用代号，另一些地方倒是用得勤快——她还指名道姓地提及阿灵顿勋爵和安东尼·德斯马切斯爵士。她似乎对联络上斯考特很兴奋，但又对并没有获得什么实质性的情报感到抱歉。她强调说自己没钱了，需要更多的经费去荷兰，她曾答应斯考特再次会面。另外还有一个问题：镇上的间谍不止她一人，一个叫托马斯·科尼（Thomas Corney）的人监视着她的行动，并提出批评。科尼就是前一年斯考特向荷兰当局揭发的人。他写信给白厅，说斯考特"几乎不会说荷兰语"，所以不会带来什么有价值的情报，而且他和荷兰重要人物的关系也断了："德·威特很快会用戴夫尔来取代他。"[49]更重要的是，阿芙拉不像她自认的那么谨慎：科尼透露说，她选择的住所"高贵罗莎"，"每天人来人往，都是荷兰人，她的任务及身份恐怕早就暴露了"。[50]

在后来的日子里，阿芙拉回忆起自己的间谍生涯，似乎在为自己的天真开脱,说她的任务"不适合自己的性别和年龄"。然而,尽管可能不太寻常,女间谍并非闻所未闻。就其特质而言,间谍是很难识别的——的确如此,囚船上的一些"商人"也许并不像看起来那样无辜——但一些人的名字确实出现在记载中。17世纪50年代,一个名叫玛丽·塞斯比(Mary Sexby)的平权主义者将手枪和一千枚硬币藏在胸衣下,穿越英吉利海峡,向克伦威尔政权的反对者提供资金;戴安娜·詹宁斯(Diana Gennings)则用化名在布鲁塞尔的一家酒馆里混进了一群保皇党成员中,其中有罗切斯特伯爵一世。[51]另外,就在阿芙拉执行任务的一年前,凯瑟琳·哈斯维尔(Katherine Haswell)以其在"屡次送信任务"中展现的忠诚,为她的丈夫向国王讨了一个职位。[52]

斯考特和阿芙拉的通信仍继续着,斯考特敦促阿芙拉来海牙,以便于交流:他说班普费尔德注视着他的一举一动,如果他再次离开荷兰,班普费尔德就会起疑心。起初阿芙拉似乎被说服了,决定去找他,但在德斯马切斯的建议下,出于安全,她把碰头地点改为佛兰德斯和荷兰交界处的多特。她希望这一次能把斯考特变成自己人,然而她的任务又有了新的问题:在她将第一封信寄回伦敦的两三天后,一个在前两次海战中异常低调的人策划了对荷兰的猛烈攻击。

8月9日,罗伯特·霍姆斯爵士指挥装配有40门大炮的四级护卫舰"老虎号",向荷兰的弗利兰岛逼近。由于物资不足，难以对荷兰进行长期的海上封锁，海军司令蒙克和鲁珀特决定借着胜利的势头，对荷兰的一个港口发起猛攻。最大的港口如阿姆斯特丹和鹿特丹，一个防守森严，一个鞭长莫及。洛里斯·范·海姆斯克舰长（Captain Lowris Van Heemskerk）声称不受德·鲁伊特重用，向英国人投诚。根据他的建议，英国人决定将目标定为弗利兰岛和特西林岛。海姆斯克的妻子和孩子在多佛等他，他告诉英国指挥官，这两个岛屿后方的水域一般用来停泊富人的商船，岛上是"国家以及东印度公司船队的仓库，价值不菲"。[53]尽管周围的浅滩构成了天然的防御屏障，有些挑战性，他还是说服了鲁珀特和蒙克，该地区防守松懈，可以发起进攻。[54]

两三天前，他们在"皇家詹姆斯号"上召开了军事会议，决定让罗伯特·霍姆斯爵士指挥七艘中型战舰和几艘火攻船，率领900人（每个中队派出300人），驶过浅滩，袭击城镇和海军仓库。菲利普·霍华德爵士（Sir Philip Howard）将与他一同行动，带领120名绅士志愿军发起登陆进攻。舰队的其余舰只则安全地留在浅滩之外，停泊在较远的海域，以拦截试图逃跑的荷兰舰只。因其在西非海岸的作战经验和取得的战功，霍姆斯是此次行动的最佳人选。他命令军队先去洗劫弗利兰岛上的仓库及周边场所，再放火烧掉荷兰舰只。鲁珀特亲王的小游艇"芳芳号"在前方侦察，发现"（弗利兰岛）附近有一支船只数量可观的船队"，有将近170艘商船，由两艘军舰护送，商船船队从几内亚海岸、俄罗斯以及"东方国家"归航,这是最后的航段。其余船只大小不一,据称都"同样满载货物"。

霍姆斯在"芳芳号"上开了一个短会,决定废弃之前的命令。弗利兰岛上的仓库实际上规模不大,价值有限——据霍姆斯描述,这座岛"并不像说的那样重要"。[55]于是,他决定让"彭布罗克号"和五艘火攻船对敌人的商船发动突袭。袭击于8月9日上午开始,荷兰人大吃一惊,毫无防备。布朗舰长的火攻船迅疾扑向敌人最大的战舰,官方报告称,"一下子把它烧个精光"。[56]另一艘军舰躲过了首次袭击,但后来又被大划艇击中点燃。英国其余的火攻船袭击了三艘大型商船,摘下桅杆上的旗帜,并将之焚毁。后来威尼斯大使接到报告说,"商船船队乱作一团,船员惊惶失措",[57]霍姆斯命令威廉·詹宁斯爵士(Sir William Jennings)充分利用优势,尽其所能地放火、破坏,但如他所说,"有严格指示,不得劫掠"。[58]英国舰长们接令去烧毁荷兰船只,"有的烧了12艘,有的烧了15艘",西南风还不断地将荷兰船吹过来。最后,大约150艘荷兰船只被烧,只有八九艘成功逃脱。据巴黎的威尼斯大使所说,在慌乱中,荷兰船长们"更在意的是保命要紧,而不是守护他们的船只"。[59]事实证明,霍姆斯第一阶段的袭击取得了巨大的成功。

第二天,霍姆斯带着他的特遣部队逼近特西林岛,登陆部队在那里上岸。他们几乎没有遇到什么阻力,只有"少数几个散兵游勇"。然而这座岛似乎不太重要,只有几个价值不大的仓库。霍姆斯留下11个连队（每个连队100人）中的一个照看舰船，随后带着他的人向内陆行进了3英里，来到叫"特西林"的一个小镇，他们后来说那里"非常美丽"，有"超过1000多座房屋"。霍姆斯把5个连留在镇外，以防敌人突然反击；派另外5个连进入特西林西部，"烧毁镇子"。他知道，成功不仅在于攻击荷兰人，还需要迅速撤退。但令他恼火的是，他的人执行命令的时间太长了，他怀疑他们已经开始洗劫这座小镇。[60]

霍姆斯便亲自动手，点燃了小镇东部的一些房屋。火势迅速蔓延，焚烧现场惨不忍睹，有人后来辩称，霍姆斯只是为了"完善工作，催促他的人赶快离开"。[61]那年夏季异常干燥，小镇上的火烧得很猛，不出半个小时，火焰吞噬了大半个城镇，仅仅几个小时内，整座小城几乎焚烧殆尽。只有30座房屋、市政厅、一座重要的教堂以及灯塔留存了下来。根据英国人的说法，"（镇上）没什么人……完全有时间逃离危险，除了一些老人和妇女，士兵们皆待之以礼，非常仁慈"。

当时顺风，且涨大潮，霍姆斯的特遣部队相对容易地撤离了，士兵们一路上捡着战利品，收获满满。装备有40门大炮的四级护卫舰"龙号"卡在了浅滩上，唯一掉转舰船脱险的办法就是把沉重的食物和补给扔出去：他们因此失去了"8门大炮、12吨啤酒和3桶肉"。[62]除此之外，英军的损失很小，只有6人死亡，6人受伤。而荷兰在不到两天内损失了150艘商船，大概价值"百万英镑"，一座城镇尽毁，英军撤退时还抢走了属于联邦的游船。

英国舰队看到升起的浓烟和火焰。蒙克和鲁珀特派了一名信使，让霍姆斯立即撤离。鲁珀特的秘书詹姆斯·海斯（James Hayes）在"皇家詹姆斯号"上，他写道，那火焰是霍姆斯"燃放的烟花，庆祝他在海上取得的重大胜利"，他声称这一事件将"引发巨大的慌乱，荷兰人在自己家门口见识到英国人的实力，他们完全束手无策"。其实他们不仅惊慌失措，还心惊胆寒：许多人谴责对荷兰小镇的袭击，说不符合战争规则。消息传到阿姆斯特丹后，全城震惊，奥兰治家族的拥护者特龙普和德·威特之间的冲突加剧了。随之而来的是骚乱。阿芙拉·贝恩给白厅写了第二封信，她报告说，荷兰船只和西特西林镇被烧毁后，她"看了一个商人妻子的信，她希望丈夫回到阿姆斯特丹家中，因为她从未感到如此孤寂和哀伤"。荷兰的反英情绪高涨，贝恩觉得她"再不逃走就要被绞死了"。[63] 威尼斯大使报告说："可怜的人们痛哭着，哀叹着，难以言表，从今天来自这些地区的信件来看，普遍的绝望情绪令人忧虑。"[64] 这一事件后来被称为"霍姆斯的烟火"。

与此对比鲜明的是，消息传到伦敦后，人们为之欢庆。在一次海军委员会的会议上，约克公爵特地拿出他的书，展示海军完成此次事件的"地点和方式"，还解释说，他们一开始并没想取得这么大的收获，当时只是计划登上弗利兰岛并烧毁仓库。[65] 又一次，整个首都燃放烟花，敲响钟声。一首庆祝胜利的诗歌描述道：

> 街道上空满是盛大的烟花
> 霍姆斯只放了一枚,就值得这所有的万花齐放
> 我发誓,英勇的罗伯特爵士干得漂亮,
> 你们在那里点火,我们在这里让烟花盛放。[66]

再加上圣詹姆斯日的战斗,在弗利兰岛和特西林岛取得的胜利完全恢复了蒙克和鲁珀特的声誉,不过佩皮斯怀疑蒙克是否与这次成功有很大关系,他感叹道:"但是,主啊!看看胜利带来的影响吧!不管有没有理性,胜利让人看起来都变聪明了,不过展现这个世界的愚蠢荒唐再晚也不算迟。"官方对这一胜利的描述长达五页,印刷商托马斯·纽科姆将之制作成新闻手册出版发行。即便其中不乏英国人的偏爱,也很难无视霍姆斯精准如外科手术的破坏天赋。

只有六个英国人受伤,约翰·伊夫林一定对弗利兰岛和特西林岛袭击感到欣慰。伊夫林作为政府特派员,负责照看受伤海员和战俘,资金匮乏让他束手束脚。尽管如此,8月25日,他还是去了位于城市西部泰晤士河畔的萨沃伊医院,"下达一些必要的命令"。这所医院的现任管理者是亨利·基利格鲁(Henry Killigrew),他是剧院管理者托马斯的弟弟。自1663年以来,他一直管理着这家医院,但从1642年起,它成了军用医院,接纳许多战争伤员。访问期间,伊夫林看到

"一些被截肢伤员的包扎过程，惨不忍睹"，那让他想到许多这几次海战的幸存者们将面临终身残疾的事实。

到目前为止，伦敦几乎完全从瘟疫中恢复了正常——剧院正为新的会演期进行排练；教堂里，人们忙着做礼拜，而非哀悼。然而，尽管瘟疫似乎已经放过了首都，它仍在向周边城镇和国内其他主要城市发起攻势。朴次茅斯、迪尔、多佛和剑桥都已沦陷，死亡布告不断报道着上升的死亡人数。1666年，科尔切斯特有3500人死亡，布匹贸易因此受到严重影响；8月，诺里奇的死亡人数达到峰值，共有203人死于瘟疫；由于疫情严重，温切斯特季度开庭的法院不得不迁移出去。离伦敦近些的格林尼治也暴发了瘟疫，伊夫林所在的德特福德镇的疫情不断恶化。据伊夫林说，教堂已不再安全，似乎人们都正跑去伦敦避难。这情形与前一年夏天形成了鲜明的对比。

去过萨沃伊医院之后，伊夫林在白厅拜访了大法官克拉伦登。伊夫林确认自己被选为圣保罗大教堂修复工程的三名检验官之一。他在日记中写道，他们的任务是"为新建筑构思模型，或者，也可能是修复大面积损坏的尖顶"。[67]圣保罗大教堂始建于11、12世纪，是一座大型的哥特盒式建筑。自解散修道院①以来，它的经营每况愈下，其财富被掠夺，天主

---

① 1536年至1541年间，亨利八世施行一系列行政和法律程序，解散英格兰、威尔士和爱尔兰修道院。这是英格兰宗教改革的一部分，其间，大量修道院的财产被重新分配，修士也被迫还俗。——译者注

教的圣像被破坏。1561年，它巨大的尖顶——欧洲最大的尖顶之一——在雷暴中被闪电击中倒塌，坠入教堂的中殿。之后就没有重建过尖顶，教堂的建筑结构一直不太安全。也曾有人试图修复这座建筑，最著名的一次是在17世纪20年代，查理二世的祖父詹姆斯一世任命建筑师伊尼哥·琼斯（Inigo Jones）进行这项工作。他调整了部分结构，并在建筑的西侧加了一排宏伟的柱廊，不过看上去很不协调。然而内战中断了整修工作，到1666年8月，圣保罗大教堂已是一座恢宏的中世纪遗迹，结构颓坏，但尚未完全损毁。

8月27日，伊夫林与工人及一些绅士前去调查大教堂被损坏的结构，同行的有伦敦主教、圣保罗大教堂的教长，以及伊夫林的老相识克里斯托弗·雷恩博士（Dr Christopher Wren）。伊夫林写道，他们决定了"该采取的措施"。教堂周围已经搭好了木制脚手架，以支撑颓坏的建筑，为接下来的修复做好准备。他们巡视了教堂，讨论着是在原来的基底上修复尖顶，还是建一个新的基底：伊夫林和雷恩都更倾向于后者，他们认为这不仅必要，而且会提高设计的美感。17世纪还没有现代意义上的建筑师。然而，和同时代许多智力卓越又受过良好教育的人一样，雷恩和伊夫林从多元知识角度来看待这个世界：沉醉于神奇美妙的大自然，惊叹于新的技术，吸收古典思想家的智慧，考察他们生活的人工构建环境，追求对数学的深刻理解。

雷恩早就把他的数学技能和建筑设计知识运用到实际操

作中。1663年，他的叔叔马修·雷恩（Matthew Wren）委托他为剑桥大学的彭布罗克学院设计一座小礼拜堂。同时，他还受委托建造牛津的谢尔登剧院，用于举办学术典礼、解剖演示和戏剧演出。他最近刚从法国回来，他花了九个月的时间研究欧洲大陆的建筑，浸淫于吉安·洛伦索·贝尔尼尼（Gian Lorenzo Bernini）、弗朗索瓦·曼萨特（François Mansart）等著名雕刻家及设计大师的名作；这也是他唯一踏出国门的经历。而圣保罗大教堂许久以来一直是雷恩生活的一部分。从17世纪60年代早期开始，他就开始与大教堂的教长商讨如何最好地修复受损的结构。1666年3月，回到英国后不久，他建议给大教堂建造一个巨型穹顶，来"彰显国王陛下最卓越的统治，衬托英国国教的威严，装点这座伟大的城市"。8月底，他完成了设计。[68]

这个夏天，雷恩并不是唯一利用数学来实现某个世界愿景的人。托马斯·霍布斯已经七十八岁了，一直受到德文郡公爵的资助。尽管已到暮年，霍布斯对学术的探求之心并未减弱。霍布斯从未成为皇家学会的一员，对于一个如此有智慧、有人脉、有志趣的人来说，这很奇怪：大概是因为他和几名学会创始人关系冷淡的缘故，特别是科学家罗伯特·波义耳和数学家约翰·沃利斯（John Wallis）。

这么一来，以下的事情也许就不足为奇了。1666年8月，霍布斯的数学著作《几何的原理与推理》（*De principiis et ratiocinatione geometrarum*）出版后不久，英国皇家学会的附属期刊《自然科学会报》发表评论文章，对它展开猛烈的抨击。评论写道：

> 这个作者似乎对所有的几何学家都感到恼怒，自己除外。他在书前的献辞中直白地表示，他会对整个团体发起进攻……他不会承认这个时代的任何评价，满心希望后人为他正名。[69]

另一封写给期刊的信批评道，霍布斯的最新作品是"新瓶装旧酒：只是重复了他以前不止一次写过的东西；而这些研究课题很久以前就得到了解答"。[70]

事实上，长时间以来，霍布斯的写作和公开出版受到了很大的限制，数学研究领域几乎人满为患。他最为杰出和著名的作品《利维坦》出版于十五年前，并因其看似异端的观点而受到广泛谴责。书中关于教会的颠覆性看法以及挑衅宗教的言论暴露出他是一名异见分子，甚至可能是无神论者。幸运的是，《大赦令》的颁布——一项赦免内战期间大多数"罪行"的法律——让《利维坦》的出版免受责难。另外，霍布斯曾是查理二世儿时的教师，这层关系又让他受到第二重保护。尽管如此，早在1661年就有人传言，说他信奉异教，霍布斯一直胆战心惊，担心教会的主教们想要他的命。

尽管《利维坦》引发了众怒，这部作品无疑是开创性的。该书以《圣经》中与撒旦相关的海兽为名，并将海兽作为关键隐喻，指出人类生性自私，喜追逐欲望，为了自保可以牺牲一切，所以由君主统治的专制国家是防止混乱的唯一途径。最具争议的——至少在当时——还是霍布斯的宗教理论：他质疑其他人宗教"异象"的真实性，认为既然包括人类在内的万事万物是不断运动的物质，那么上帝也是如此。尽管被禁，这本书依然有着广泛的影响力，尤其是书中对人性的评价，在当时许多著名人物的信件、诗歌以及日记中都有所体现——例如罗切斯特、德莱顿、佩皮斯和玛格丽特·卡文迪什。

★

海上，战争仍在继续。蒙克和鲁珀特渴望在夏季战事接近尾声时锁定最后一场胜利，舰队已重新装备好物资，为下一次交战做好了准备。目前看来，一直以为会出现的法国舰队并没有现身。但8月底，波弗特公爵至少已抵达比斯开湾。尽管距离荷兰预期的位置还很远，但其目的其实是联合两个盟国的舰队，以期在数量上压倒英军，并进行突袭。这个计划有些莽撞，两国的联合舰队分别驻扎在欧洲大陆的两侧，需要穿过敌方领域才能会合，双方都必须相当乐观才会去实施这一计划。然而，荷兰除了这个不可靠的盟友，还面临着更大的问题。圣詹姆斯日战役失利，弗利兰岛和特西林岛遭英军抢掠，士气一落千丈，奥兰治家族又在特龙普和约翰·德·威特的联邦政权之间横插一脚，挑起争端。

第一次英荷战争后，双方签订了和平条款，当时英国还是一个共和国，特别规定奥兰治家族的成员不得担任执政官。尽管这是一个通过选举产生的职位，但一直以来都由奥兰治家族的人担任。随着理查德·克伦威尔的倒台，王权复辟，这一规则被推翻了。但约1660年，奥兰治的继承人还只是个孩子，所以，尽管发生了变化，荷兰共和国大部分省份的执政官职位仍形同虚设。1666年，威廉即将年满十六岁，众多奥兰治家族的拥戴者——包括实力雄厚的特龙普家族——纷纷聚集在这个少年王子周围，辅佐他的事业。德·威特和德·鲁伊特等人认为威廉毕竟是英国国王的侄子，他们害怕他对英国王室的忠诚会高于一切。德·威特出于忧虑，决定负责这个年轻人的教育。

8月31日星期五，英国人侦察到德·鲁伊特率领的荷兰舰队，但是一阵狂风打乱了他们原本对付敌人的计划。一些英国舰只困在了盖洛珀沙区，其中一艘火攻船撞上了海军中将托马斯·泰德曼爵士的旗舰，撞坏了舰船，桅杆也被撞倒了。舰队分散开来，蓝色中队离舰队余部更远了。第二天凌晨，托马斯·阿林爵士记录道："我们看见火光，大概是荷兰和蓝色（中队）打起来了。"天色渐亮，敌人没有出现。过了中午，他们才在加来附近的法国海岸看见荷兰舰船。随后，双方进行了小规模战斗，德·鲁伊特的战舰与"几内亚号"和"保险号"炮火相接。德·鲁伊特撤退了。天渐渐黑了，英国舰队也返回了海岸，途中由于舰只相撞，损坏了几艘舰。

9月2日凌晨两点，舰队看到了肯特郡南部海岸的邓杰内斯灯塔，这是一座圆柱形的砖混结构建筑，顶端燃煤升起火焰。

英国舰队上下都期望与荷兰和法国展开最后一场大战，所以在接下来的两三天里，他们一直守在朴次茅斯附近，只有几艘舰返回进行维修。9月5日临近傍晚时，蒙克收到一封国务大臣威廉·莫里斯爵士（Sir William Morrice）从白厅寄来的紧急信件。几乎同时，托马斯·克利福德也收到了阿灵顿勋爵的来信，信中写道：

> 上帝给这座城市降下了巨大的灾难。周日凌晨一点，布丁巷发生火灾，火势向两个方向蔓延，烧向伦敦塔和威斯敏斯特，并深入城市中心的圣保罗大教堂，烈火熊熊，无法阻挡。现在的希望都寄托在阻隔从霍尔本桥到布莱德维尔这一段地区。接下来可能会陷入混乱，后果堪忧。国王得到了议会的一致同意，希望总司令能在这里，莫里斯正在问他，看他是否愿意接受命令回来。[71]

蒙克放弃了对舰队的指挥权，第二天踏上了返回伦敦的旅程，全长75英里。他的眼里含着泪水。

7
火！火！火！

战争、大火和瘟疫都合起伙来对付我们；
我们挑起战争，上帝降下瘟疫，谁引发了大火？
——安德鲁·马维尔《给画家的第三条忠告》
（1667）[1]

伦敦，几天前……

又是一个炎热的日子，太阳落山了，一阵东风舞动着穿过首都，向西而去。塞缪尔·佩皮斯和他的妻子在伊斯灵顿的摩菲尔德观看了一出新的木偶剧，然后与两个朋友玛丽·默瑟（Mary Mercer）和威廉·佩恩爵士共享美酒佳肴，之后便踏上回家的旅途。回家的路有很多条，最近的一条是先乘马车向南，朝着被脚手架重重包围的圣保罗大教堂，再沿着历史悠久的公路以及齐普赛德街的集市向东行驶，经过伦巴第街和东市场路，之后便可到达他们在塞辛巷的家。

如果他们选了这条路线，那么托马斯·法里纳可能会听到他们的马车轻快地驶过布丁巷，这对"有权有势又快乐"的夫妇愉快地唱着歌。晚上十点，法里纳快收工了，他用耙子拨着烤炉里的煤块，熄灭微弱的火苗。明天是安息日，他在房间里摆了几盆肉，当作第二天的晚餐。作为海军的食物供应商之一，结束一周的工作后，他正好乐得喘口气，可以在当地教区的圣马格纳斯殉道者教堂做做礼拜。瘟疫暴发前，法里纳曾在这里担任教会理事。当天晚上，法里纳一直和女儿汉娜、学徒义子托马斯以及女仆待在一起。大约午夜时分，女儿下楼到面包房里取火、点蜡烛。烤炉旁边或炉内也许放着些木柴，等晾干了供下一周使用。不管怎样，后来的说法是，炉子里的火不足以点燃蜡烛，她就去别处寻火了。不久后，这家人就睡下了，像伦敦的其他人一样。

凌晨一点至两点之间，大概正是舰队看见邓杰内斯灯塔的时候，法里纳一家醒来，呛得喘不过气来。他们的住处弥漫着烟雾。好像是面包房着火了，火势已经很大，滚滚浓烟伴着火红的热气在摇摇欲坠的房子里乱窜，涌上楼梯。主要的出口已被封住，唯一的逃生途径是通过窗户爬上屋顶。为了逃命，托马斯和已成年的儿子以及十几岁的女儿爬了出来，女儿在途中烧伤了皮肤；女仆怕极了，没能跟上他们，命丧火海。当他们爬向安全地带时，院子里成捆的柴火很快就着了火，大火开始向邻近的房屋蔓延。[2]

7 火！火！火！

"着火了！着火了！着火了！"附近几条街的居民大声呼喊着。人们从睡梦中醒来，望向窗外，穿好衣服跑出去看是怎么回事。警报响起后，城市的巡夜人通知了市长托马斯·布鲁德沃斯，他迅速赶到现场。伦敦人很了解火灾：大火常常发生，严重程度不一。因此，这座城市有适当的措施来应对，再加上人类的本能（即：待在着火的房子里很不明智），火灾通常可以有效控制。首先切断人行道下的水管，用来给皮制消防桶装水——一些勇敢的人甚至试图用梯子爬到高处来灭火。消防车可以通过水泵喷射水柱，但派去后发现车子太笨重，无法在布丁巷以及周围狭窄曲折的小巷中穿行。[3]最有效的一种做法相当原始，即拆除周围的建筑物，形成防火带。

看到布丁巷的火势蔓延如此之快，一些协助救火的海员向布鲁德沃斯提出了这个建议。[4]他们催促市长赶快行动，但市长大人清楚，非法拆毁房屋的话，人们会向他索要经济赔偿。据报告，他对海员们说："没有房主的同意，他不敢做此举动。"[5]然而，法里纳的大多数邻居都是租户而不是业主，所以无法提供布鲁德沃思所需的许可。面对大火无法抵挡的破坏速度，人们慌了手脚，一味忙着逃命、抢救物资，而不是像后来的官方报告所说，"拆除相应的房屋，防止火势进一步蔓延"。[6]清教徒牧师托马斯·文森特说："人们既没有救火的想法，也没有实际行动。"很快，这场大火就变得一发不可收拾了。[7]

凌晨三点，佩皮斯被女仆叫醒，她们告诉他"在城里看到一场大火"。他披上睡袍，向窗外望去，看到了几条街外的火焰。他觉得火离自己还很远，便回去睡觉了。就在他熟睡的时候，大火向南顺着鱼山街烧向泰晤士河——熔岩一般吞噬着沿途的一切。黎明到来时，古老的圣马格纳斯殉道者大教堂已遭火焰焚毁，那个时间本该开始准备当天的布道；教堂的窗户破裂，石制物品也都崩塌了。大火继续向南，经过毗邻的教堂墓地直达伦敦大桥，但大桥三分之一处的缺口阻止了火势继续向萨瑟克区蔓延：这个缺口是三十年前的另一场火灾留下的。然而，河上的狂风又将火焰吹向商品聚集的泰晤士街。

这条街太容易发生火灾了。道路两旁的木制仓库里堆满了油、酒、沥青和柏油等可燃物，商铺和住宅一个挨一个，挤满了每一寸可用空间。最先受灾的是都铎王朝时期建造的鱼商会馆，位于伦敦大桥的西边。这个大厅成为第一个被大火吞噬的行业会馆，不过在大楼烧毁前，住在里面的人抢救出了许多重要资产，如行会的银器和珍贵文件。从那以后，无情的大火侵袭了一栋又一栋建筑，在河滨一带大肆破坏。当时托马斯·文森特在城里，他把这场火比作睡醒后的野兽，一路向西狂奔，"牙齿间撕咬着易燃物，乘着狂暴的风，畅通无阻，见者无不惊惶失措"。[8]

迈克尔·米歇尔（Michael Mitchell）和贝蒂·米歇尔（Betty Mitchell）要么住在旧天鹅酒馆里，要么住在附近，酒

7 火！火！火！

馆位于靠伦敦大桥一头的泰晤士街上。他们的新家以及经营的服饰用品店正在火势蔓延的路线上。当时贝蒂已有两个月身孕，那是他们的第一个孩子（她自己可能还不知道）。过去几周里，她与丈夫的关系明显紧张。他们争吵不断，两人的父亲都抱怨迈克尔对妻子不好。佩皮斯是贝蒂忠实的爱慕者，他在8月拜访时发现，这名平时彬彬有礼、唯唯诺诺的年轻女子变得冷漠了许多。不过，这对夫妻间的所有问题都消融在热浪中，他们醒来后发现自己面临生命危险，开始疯狂地收拾财物，不久，他们的房屋和生计都在浓烟与大火中化为乌有。他们的邻居也好不到哪里去。酒馆老板理查德·斯皮尔、[9]邓斯坦夫妇、[10]年迈的商人沃尔特·布斯比（Walter Boothby）、鱼贩玛丽·贝拉米、[11]蜡烛商托马斯·罗斯，[12]还有河边救济院里许多穷困潦倒的居民，都在大火中失去了在泰晤士街的房屋。

　　早上七点，佩皮斯再次醒来。这一次，女仆们告诉他，大火已经烧毁了300座房屋，正在"伦敦大桥旁的鱼街肆虐"。他迅速收拾完毕，向东边的伦敦塔走去，他家在塞辛巷，走过去只要五分钟——高塔上可以更好地看清火势。伦敦塔治安副官的儿子和他一起看到了"一场漫天大火"，吞噬着伦敦大桥周围的南部市区。这名日记作者到河边乘船，刚驶出伦敦大桥下的阴影，他就被眼前大火造成的破坏惊呆了。大火吞噬了滨水区，一直蔓延到汉萨同盟的杆秤贸易所。河边，人们蜂拥而至，将其身外之物扔进等候的船上，有的人还在屋里——有些还在床上——直到最后一刻才冲向河边，三步并两步地爬着阶梯，以确保安全通过。[13]佩皮斯看见鸽子在窗户和阳台附近盘旋，却被火烧了翅膀，掉了下去。[14]然而，最令人关切的是，似乎没有人试图扑灭这场火。他担心，如果不尽快采取有力行动，大火可能会进一步蔓延。他将船转向白厅方向驶去。

不知道他是不是第一个向国王报告这一消息的人，但查理很擅长让人们相信他们愿意相信的东西。不过，当佩皮斯将他看到的情景转述给国王和约克公爵时，他们看起来确实像第一次听到这个消息。虽然对这样的火灾没什么应对经验，但佩皮斯很笃定地告诉国王，只有下令拆除房屋，才能阻止这场地狱之火。伦敦由市长大人和市议员管理，城市发生火灾不受君主直接管辖，但查理还是让佩皮斯赶紧找到布鲁德沃斯，并命令他"不留任何房屋，趁火还没殃及整座城市，交之全部拆除"。克雷文伯爵将协助市长以及其他行政长官展开救火工作。公爵和阿灵顿勋爵还颇为明智地私下指示佩皮斯，向市长提供军事援助，派去武装军队。

佩皮斯和一名同行者乘马车返回伦敦城去找布鲁德沃斯。在圣保罗大教堂下车后，他们沿着沃特灵街一路步行，迎面是忙着逃离受灾地区的人潮和车马。他们在坎宁街找到了布鲁德沃斯，那里大火正迅速蔓延。市长的脖子上系着手帕，看起来疲惫忧虑、精神委顿。佩皮斯向他传达了国王的口信，市长随即哭喊着，"像个快要昏厥的女人"："主啊！我该怎么办？我已经筋疲力尽，但人们不听我的。"他告诉佩皮斯，他不需要士兵，而且已经在拆除房屋了，然而"我们的行动赶不上大火蔓延的速度"。接着，令人诧异的是，他声称自己"已经熬了一整夜，必须去休息一下，恢复体力"，便离开了。

周日城市的流动性较小，所以许多住在郊区的人直到临近中午才得到火灾的消息。上午十一点，在威斯敏斯特大教堂，学生威廉·塔斯威尔站在布道坛的台阶上。他正在进行星期天的礼拜，突然，教堂后面的人开始混乱地跑来跑去。塔斯威尔是威斯敏斯特公学的学生，四个月前刚刚恢复了学业，之前由于瘟疫停课了十个月。现在会众又听说了另一场灾难——伦敦城里的大火。得知"伦敦淹没在火海中"，塔斯威尔从牧师那里离开，走到河岸，看到四艘塞得满满的船，乘客都裹着毯子。[15]他们是第一批逃离熊熊燃烧的首都的人。

到了中午，人们都知道了正在发生一场重大灾难，但大家并没有一起去救火，似乎伦敦人——印证了霍布斯的人性观——只优先考虑自己的需求，忙着将个人财物从危险地区转移出去。他们将物品从一栋着火的房子转移到另一栋，许多人向家人和朋友求助。例如，在道盖特区附近，杆秤贸易所的西边，一个名叫艾萨克·侯布伦（Isaac Houblon）的英俊商人站在家门口，他接过兄弟们的货物，华丽的衣服上沾满了灰尘；不出几小时，他们又要向更远的地方迁移。人们认为石头可以保护物品不被烧到，所以就把财物存放在城市的各个教堂里。离火源有些距离的圣保罗大教堂被视为最安全的地方之一，文具商行会和不少书商将教堂征用，以存放货物。圣费斯教堂在大教堂的地下，位于西面地下室的东端，人们仔细检查教堂的拱形天花板，看每个缝隙是否都堵上了，然后搬进去成百上千的图书、纸张和手稿，塞得满满的。[16]圣保罗大教堂的墙壁厚实，离其他建筑又远，人们觉得这里很安全。

日记作者约翰·伊夫林在德特福德的家中得知这场火灾后，带着妻子和十一岁的儿子乘马车去了萨瑟克区。他们在河对岸观看火势，伦敦被火焰吞噬的可怕场面十分惊人，伊夫林非常担心萨沃伊医院里他负责照看的伤残海员。隔着河看，伊夫林估计火势正向火源西北方向的齐普赛德街蔓延，但未见任何阻隔火势的行为。[17]惊骇中，他思忖道："大火波及范围如此之广，人们惊呆了，我始终不知道，究竟是因为意志消沉，还是命运使然，人们从一开始就没动员起来去救火。"[18]大法官克拉伦登也表达了同样的担忧，"所有人都怔怔地站着，如同旁观者，没有一个人知道该如何遏制火灾"。[19]

到了下午，局势进一步恶化，国王和约克公爵乘坐皇家游船从白厅前往城市中心的奎因海泽教区。一路上只见岸边火光闪耀，泰晤士河上的船只拥塞了河道，王室兄弟最后抵达圣保罗码头。佩皮斯与他们会合后，再次接到指示，下达国王的命令，要迅速拆除房屋。他们希望快速的行动能阻止火势蔓延至西边的"三吊车区"（指三台靠近河流的手动起重机，可将货物抬起并装载到货船上），以及伦敦大桥东边的圣博托尔夫码头。最让人担心的是，大火可能波及圣博托尔夫码头东边的伦敦塔。

但是，这场大火几乎无法控制。木柴和垃圾提供了无尽的燃料，借着那股曾经将英荷舰队分散的东风，地狱之火继续向西，吞噬着城市的建筑。火的力量太强了。几小时后，佩皮斯走到河边，他发现自己迎着风时，脸"几乎要被吹过来的一阵火星子灼伤"。往常的星期日，城市里回荡着教堂的钟声、人们的谈话声和歌声，而现在，取而代之的是建筑断裂倒塌的轰响，徒留一地残垣断壁。伊夫林只听到"烈火的爆裂声、妇女和儿童的尖叫声，人们东奔西跑，塔楼、房屋和教堂轰然倒塌"。[20]"轰隆，轰隆，轰隆，"托马斯·文森特声称，"大火的巨响就这样冲击着耳膜。"对他来说，这声音好像"一千辆铁的战车驶过石头（路面）"。[21]

夜幕降临时，风向变了，火开始向西、北两个方向扩散。火焰攀上教堂的尖塔，在房屋之间翻滚，甚至飞跃过空地。在周日夜晚的黑暗中，火焰形成一个拱形，从伦敦大桥的一边烧到另一边，又向地势高处延伸了1英里。在个人陈述中，佩皮斯和托马斯·文森特都把这形状比作弓：按文森特的说法，这是"一张搭上了上帝之箭的弓，箭头上燃着火"；[22]对佩皮斯来说，烈火已经演变成"最可怕、最恶毒、最血腥的火焰，已经不是普普通通的火了"。他和众多的伦敦人一样，震惊于火的猛烈。大火铺天盖地，民众皆惊慌失措。那天晚上，他为这座城市哭泣。

与此同时，在针线街附近驿舍庭院内的邮政总局，邮政署副署长菲利普·弗鲁德爵士（Sir Philip Frowde）和詹姆斯·希克斯坐立不安。他们的办公室大约在布丁巷西北方向三分之一英里处，就在皇家交易所的北面。大火的威胁确实存在，但还没那么紧迫。切断主要的通信手段对谁都没有好处，所以他们继续接收信件包裹，直到深夜。午夜时分，大火越发逼近了，弗鲁德和妻子决定带着东西离开。前一年经历了瘟疫的詹姆斯·希克斯让妻子和孩子在邮政总局又等了一个小时，情势已非常危急。他给国务大臣办公室的约瑟夫·威廉姆森写信解释道，"妻子和孩子们都不耐烦了，（我）不能再继续等了"，便带着切斯特和爱尔兰的邮件离开了针线街。为了安全起见，希克斯把家人送到巴尼特区，自己在城墙外红十字街上的金狮酒吧兼旅店设立了一个临时邮局。伦敦与外界的通信第一次遭受重大的打击。

十五分钟的路程以外，在泰晤士街的西端，贝纳德城堡附近一群出版商的生计受到了威胁，托马斯·纽科姆就是其中之一。纽科姆最赚钱的出版物《伦敦公报》在周一和周四刊发，这份报纸是伦敦乃至全国的重要新闻来源。最新一期的主打内容是国外关于英荷紧张关系的报道，应该在第二天出版。很幸运，报纸的内容一定是当天早些时候就排版完毕了，大火逼近时，报纸已经基本可以发行。在撤离住所之前，纽科姆在报纸的最后加了一段文字，极其简要地向读者报告这场大火的消息。开头是：

7 火！火！火！

> 今天凌晨两点左右，这座城市突然发生了一场大火，灾情令人悲痛，大火从离泰晤士街不远的地方开始，靠近伦敦大桥。火势仍很猛烈，已经将附近地区夷为平地[23]……

《伦敦公报》发行了，但那个星期四将不会有新的一期。

第一天过后，这座由城墙环绕的历史名城大概四分之一的地方都淹没在火海中。大火席卷了直通伦敦大桥的公路两侧，沿泰晤士街向西推进，几乎快到贝纳德城堡以及北边的景隆街了。一千座房屋和商店、九座教堂、六个行业会馆被烧毁，河边的大部分仓库也都化为灰烬。这场火灾一开始只是造成单个房屋着火，现在却向伦敦一些重要的建筑逼近：市政厅、皇家交易所、伦敦塔、伦敦四大律师学院，甚至圣保罗大教堂。必须要采取措施了。

那天晚上，查理越过市长大人对伦敦城的管辖权，直接让他的弟弟来负责救火工作。约克公爵首先命令各地方的代理长官以及治安法官为第二天的工作召集足够的人手、准备充足的工具。他写信建议说，城里的教堂要储备大铁钩，可以用来在着火时拆除房屋，这些必须在当天晚上备好，方便第二天立即使用。城市的各个区域将设立指挥站，由未出海的贵族分小组驻守：贝拉西斯勋爵（Lord Belasyse）负责东边的圣邓斯坦教堂，查尔斯·惠勒爵士（Sir Charles Wheeler）

守在克利福德律师公会，约翰·伯克利负责从费特巷到鞋巷一带，惠特利上校（Colonel Whittley）驻守在霍尔本桥，约翰·费尔斯爵士（Sir John Fayers）管理奶牛巷和公鸡巷。[24]各地的警员和能帮上忙的市民都将提供援助。在伦敦塔，伯克利勋爵要求征用德普特福德和伍尔维奇造船厂所有的水泵车，送往伦敦，并且，正如他写道，"所有有体力、头脑清醒的人也一起征调过来，协助保住伦敦塔"。[25]明天将是众人协力救火的第一天。

9月3日星期一，破晓前，佩皮斯全家上下都醒了，并已开始行动。大火持续了一整夜，火势越来越大，10英里外都能看到。[26]佩皮斯钟爱的家位于塞辛巷，就在这地狱之火东边几条街外，目前只是由于风向才没烧到。过去几年里，他和妻子对府邸进行了大规模的整修，将房屋翻修一新，新铺了地板，各个房间都做了软装，加了帷幔，挂了些画。现在他们面临危险，可能会失去一切，佩皮斯决定采取预防措施。凌晨四点，他把家当打包，装上了伊丽莎白·巴顿夫人（Lady Elizabeth Batten）提供的运货马车。巴顿夫人帮他们和威廉·赖德爵士（Sir William Rider）谈妥了，他们可以把物品放在赖德爵士在贝斯纳尔格林区的房子里，巴顿夫人的丈夫威廉·巴顿爵士以及威廉·佩恩爵士和其他几个人也都帮着说情。佩皮斯穿着睡衣，坐马车行驶1.5英里出了城，来到赖德家，房子里全是东西，塞得满满的。佩皮斯花了整整一上午时间，来来回回地用船和马车运送家当。码头上挤满了逃命的人，他一度看到不远处有个熟人带着自己的东西，但人太多了，他根本没法帮她。

大火让众多的伦敦人放弃家园，但同时也带来了机会。一些贫困的居民协助疏散工作，当起了搬运工，帮富人把货物运送到安全的地方。船夫和车夫提高了收费标准，爱德华·阿特金斯爵士（Sir Edward Atkyns）报告说，价格涨到了一车10英镑，[27]托马斯·文森特称，一些货运马车、平板马车和客运马车要价高达30英镑。消息逐渐传到了乡村以及周边的城镇和村庄，于是，只要有货运马车或客运马车的人都去伦敦赚钱了，导致各城门拥堵不堪，进出的车辆和人群川流不息。还有报告称，盗窃行为时有发生，搬运工会偷走家用物品。贵族温德姆·桑迪斯（Windham Sandys）说："上层人士只顾保命；中产阶级头绪太多，手忙脚乱；穷人就只想着小偷小摸……"[28]这样的描述也许有些偏见，但不法行径确实比比皆是。沃特灵街一家烟草店的老板发现家里阁楼上有一名形迹可疑的男子，便将他赶了出去，街坊们听到他大喊："你这个流氓，是要来抢劫吗？"[29]威廉·塔斯威尔的父亲也遭遇过盗窃，一名自称是搬运工的人偷走了他价值40英镑的物品。[30]

当然，大多数人还是要自己搬运财物。牧师托马斯·文森特观察到周围绝望的景象，说道："看到那悲伤的神情、苍白的面颊、眼中流下的泪水，就连冷漠的人都会为之难过。"

他的话让人们得以瞥见撤离中的伦敦市民的绝境,男人和女人痛苦地求助,哭喊着,哀叹他们的不幸;孕妇、新生儿的母亲以及病危的人被带出家门,送到周围的空地;许多人被沉重的行李压弯了腰。文森特写道,最沉重的"其实是心中的悲痛和忧伤"。但人们并没有被所有的痛苦击垮,这一点令他称奇。[31]泰晤士河的另一边,伊夫林这天步行回到了萨瑟克,他描述了这个"悲惨而灾难性的场景",大约有一万座房子淹没于火海。根据他的粗略计算,浓烟绵延了将近50英里。伊夫林看见大量无家可归的人涌向摩菲尔德和城市周围的其他绿地。到了下午,他再也看不下去了,便回家了,离开他称之为"如同索多玛或是末日降临"的城市。[32]

即使形势令人绝望,遏制大火的行动仍在稳步进行。在全城的各个指挥站,约克公爵的绅士团队在警员、一百名男士和三十名步兵的支持下,执行着救火工作。每个站点都有食物补给:价值5英镑的面包、奶酪和啤酒,还给辛勤的志愿者发几个先令。贝拉西斯勋爵驻守在东部的圣邓斯坦教堂(仅一年前,海军司令约翰·劳伦斯爵士在此下葬),他不仅得到剑桥郡议员托马斯·奇切利爵士(Sir Thomas Chicheley)和建筑师兼科学家休·梅(Hugh May)的支持,还有一群十几岁的男孩也追随他。这些都是威斯敏斯特公学的学生,受教务长之命从城市的一头行进到另一头,来支援救火行动。威廉·塔斯威尔也在其中,他记录了自己和同伴们来来回回地取水,帮助这些绅士、成年志愿者和步兵的过程。[33]他们阻

7 火！火！火！

止火势向东边的圣邓斯坦教堂发展，希望可以借此防止大火向伦敦塔蔓延。与城市西边和北边的指挥站不同，风向对他们有利，所以贝拉西斯的小组取得了初步的成功。一天结束时，教堂虽然遭到严重破坏，但仍然屹立不倒：他们的共同努力似乎堵截了大火的去路。

同时，两个连的武装近卫军，包括总司令的步兵近卫团（这些卫兵训练有素，负责守卫伦敦城）在城内和摩菲尔德巡逻，防止抢劫和暴力行为。在通常情况下，这些受过训练的士兵由总司令乔治·蒙克指挥，但他还没从舰队回来，不清楚火灾造成破坏的情况。所以现在，他们的行动由约克公爵协同指挥。尽管公爵有缺点（是很多缺点），但他有一种顽强的信念，人们在艰难时期会愿意追随他。他以身作则，骑马穿过城市，鼓励那些勤力救火的人，给他们切实的帮助。当时城市内一片恐慌、混乱，已到失控的边缘，他出现后，情况似乎得以缓解。

他们尽了最大的努力，但还是无法与这大火对抗。火势继续向北推进，沿着泰晤士街末尾一段，到达了托马斯·纽科姆最近撤离的印刷厂。这个曾为后人记录下那一年的大灾难、大胜利的地方很快就被烧毁了。[34]安妮·马克斯韦尔的印刷厂却逃脱了劫难，简直是个奇迹。下午时分，大火顺着伦巴第街和周围的道路蔓延，这座城市的金融中心随即受到威胁，不过该地区的金匠及银行家迅速采取行动，挽救了城市的大部分财富：市议员罗伯特·维纳（Robert Vyner）和爱德华·巴克维尔（Edward Backwell）牢牢把控着城市的财政，他们撤离了在伦巴第街的住所，去往格雷沙姆学院寻求庇护。

伦巴第街的银行家和泰晤士街的印刷商不应对自己的房子面临风险而感到意外。他们的住所正处在火势蔓延的路线上，风也是朝他们的方向吹的。然而，许多人在前一天晚上认为自己的家离那地狱之火还远，比较安全，就去睡觉了，等黎明前醒来，却发现屋子已经烧着了。狂风吹着火焰，燃烧着的物品的碎片在空中飞散开来，落在未受灾的地方，房屋就这样自燃一般地烧着了。佩皮斯描述道："带火的碎片落下来点燃了房屋，三四间，不，是五六间房子，一间间地起火。"[35]威廉·塔斯威尔也看到了这一场面，他写道："看见巨大的碎片被吹到天上，至少3弗隆①高，最终沾上各种干燥物品，合为一体。当时的情形是，彼此相距甚远的房屋一同着了火。"[36]据托马斯·文森特描述，"可怕的火焰碎片"飞上高空。[37]许多地方都像是自燃一般，大法官回忆说："（它）同时也点燃了人们胸中的火焰，和他们屋子里的火一样危险。"[38]

人们无法理解离火源很远的房屋为什么会突然起火。在一片混乱中，有谣言说这是荷兰人和法国人合谋纵火。"无知而受蒙蔽的民众"突然变得歇斯底里，就像塔斯威尔描述的那样，陷入"一种狂怒"，并将怒火指向许多居住在这座城市

---

① 弗隆，长度单位。1弗隆相当于201米。——译者注

的外国人。[39]前一天，有一个叫托马斯·米德尔顿的人说，从靠近"三吊车区"的教堂尖顶上看到"几间房子着火了……离主要的火灾现场很远"，并确信整件事情不是意外，而是"有人故意为之"。[40]爱德华·阿特金斯爵士从伦敦写信给他在巴斯的同僚，声称从一开始"街上就有人嚷嚷，荷兰人和法国人已武装起来，放火点燃了这座城市"。[41]丹尼斯·德·雷帕斯宣称成群结伙的"英国女人……把几个外国人打倒在地，就因为他们英语说得不好。这些女人有的朝人吐口水，有的拿面包棍打人，领头的还带着一把宽刃剑"。[42]塔斯威尔眼见一名铁匠用铁棒将一个法国人击倒——受害者的血一直流到脚踝。他还看到一群愤怒的伦敦人将一名法国画家的房子洗劫一空，随后将之烧毁。塔斯威尔的兄弟报告说，一个在摩菲尔德的法国人"几乎被肢解"了，因为他随身携带的网球被误认为是火球。[43]更有甚者，类似的故事发生在一个法国女人身上，她放在围裙下的鸡被当成了火球，然后她的乳房被割掉。[44]艾莎姆（Isham）夫人听说，"每天都有男人被抓，有时是女人，他们把火球藏在衣服里"。

霍利斯勋爵接到任务，在纽盖特市场附近区域巡逻，偶然发现葡萄牙大使的仆人正被群殴，"众人对他又是拖，又是拽，接着揍"，把他的帽子、斗篷和佩剑都扯了下来。那些人发誓说，看见这个葡萄牙人把火球扔进了一座房子里，导致房子着火。霍利斯向嫌疑人转述了指控，但他拒不承认，并说事实是他看到"地上有一块面包，就捡起来放到隔壁房子的架子上"。[45]后来经过粗略的搜查，确实找到了那块面包，但为了他的个人安全，霍利斯勋爵还是把他送到了警员那里。西班牙大使意识到，任何疑似来自法国或荷兰的人都面临威胁，就将他的房子作为所有外国人的避难所，供他们躲避大批愤怒的伦敦人。其他人则留在家里，房门紧闭。

民众群情激愤，武装警卫忙着收拢外国人，也从愤怒的暴徒手中营救了许多。他们认为这些人在监狱里"要比完全自由时更安全"。[46]据称，大多数人都是为了他们自身的安全被送进来的，但有些人对此并不高兴。一个名叫科尼利厄斯·赖特维尔特（Cornelius Reitvelt）的荷兰面包师与其他一些人一起被关押在威斯敏斯特的门楼监狱里，赖特维尔特认为，这都是"虚假的谣言害的，说他们点燃了自己的房子"。他被捕的消息传得很快，周一早上，安妮·霍巴特（Anne Hobart）从法院巷写信给她的堂兄，说一个荷兰人"烧了自己的外屋后，被收押在威斯敏斯特"。[47]赖特维尔特请求阿灵顿勋爵释放他，称他的货物被"暴力的群众"夺走了，他没有钱，活不下去了。

人们轻易相信捏造的谣言。有人说法国纵火犯向房屋乱扔火球，使火情恶化；有人说荷兰商人为了报复"霍姆斯的烟火"而纵火；甚至还有人说4000名法国教皇党人正在来的路上，不择手段地要制造破坏与死亡。即使是头脑冷静的佩皮斯——他一开始就知道火是从布丁巷的一家面包店烧起来的——现在也关注起"这些流言，说其中有阴谋，是法国人

7　火！火！火！

策划的"。[48]在威斯敏斯特，棋子巷的伊丽莎白·格林（Elizabeth Green）、考文特花园的理查德·多伊（Richard Doe），还有可能也在附近的安妮·凯夫（Anne Cave）和爱丽丝·理查兹（Alice Richards），他们声称无意中听到一个叫安妮·英格利希（Anne English）的人说，几个星期前，五六个法国人到了她主人的家里，说他住的整条街都将被烧成平地。也许是担心造成不好的影响，安妮·英格利希起初拒绝透露她主人的姓名，但随后又承认自己与威廉·派克（William Peck）住在考文特花园的詹姆斯街，转而矢口否认，称自己什么也没说。

最近入籍的中年荷兰商人约翰·范德马什与家人住在莱姆街，他应该会成为抢劫的首要目标，甚至可能发生更糟的情况。他已经安排好将大部分贵重物品运送到安全的地方，但大火的威胁让他忧心忡忡。在东风的推动下，这地狱之火一路向西穿过城市，所过之处皆为焦土，所以布丁巷往东的许多街道相对安全。然而，现在大火沿着芬丘奇街，朝他所在的街道逼近了。范德马什姐夫一家的房屋已被烧毁，他的邻居罗伯特·格弗雷（Robert Gefferey）和彼得·霍特（Peter Hoet）的房屋也毁了——霍特的整座房子和花园都没了，只剩下仓库。

大火烧着了范德马什房子的一部分，他翻出保险柜里剩下的钱，付了50英镑，让人帮着拆毁房子着火的部分。他不仅想挽救房子的其余部分，还想堵住火的去路，阻止火势继

209

续在莱姆街蔓延。尽管他尽了最大的努力,但房屋一侧的墙还是烧得很严重,倒塌了下来,整个建筑的内部从上到下都裸露在外,天花板和地板被水浸透了,估计是用水救火时搞的。范德马什也许没能挽救自己的房子,但他的邻居后来证实,他帮助拯救了许多附近的房屋。那些见证他拆房的人称之为"伟大行动",阻止了大火在莱姆街进一步蔓延。

附近的皇家交易所就没这么好运了。大火烧过走廊,空气中弥漫着烟雾,火焰吞噬着整个建筑。皇家交易所建于伊丽莎白一世统治时期,建筑的锻铁框架和巨大的金属钟熔化了,排列在广场上的国王和王后的雕像面朝下倒在地上。唯一完好无损的是托马斯·格雷欣爵士(Sir Thomas Gresham)本人的雕像。[49]托马斯·文森特哀叹道,随着交易所的消亡,"商人的荣耀"也无可挽回地破灭了。[50]周一最后一批倒下的建筑中,有壮观的中世纪宫殿贝纳德城堡。这座坚固的石头建筑历史悠久,曾经是约克家族的堡垒,也是一个多世纪前爱德华六世和玛丽一世相继加冕为国王和女王的地方。现在住在这里的是什鲁斯伯里伯爵(the Earl of Shrewsbury)和他淫乱的妻子安娜·玛丽亚·塔尔博特(Anna Maria Talbot)。大火袭来时,城堡牢固的外立面崩塌了,坠落进泰晤士河,整座建筑燃烧了一夜,最后只剩下一座中央塔楼。这是一个可怕的警告——如果连贝纳德城堡都倒下的话,那么任何东西都可能垮塌。

第二天快结束时,大火从40英里外都能看到,它已经摧毁了由城墙环绕的伦敦城的整个中部地区,并沿着河滨地区蔓延——从比林斯盖特区到贝纳德城堡——往北的主要通道恩典堂街烧得最严重。

周二一早,国王下令将白厅宫内最贵重的物品运往汉普顿宫。王室的仆人跟着住在斯特兰德大街大宅子里的富人,乘着载满白厅财富的王室用船,在泰晤士河上向西驶去。为了防止火烧过来,国王还下令拆除白厅周围的许多房屋——有些还是新建的。这样做是因为事出紧急。人们本希望舰队河可以作为一道重要的天然屏障,保护城市的西侧,那天清晨,大火越过了舰队河,人们的希望落空了。

舰队河汇入泰晤士河,在城墙环绕的伦敦城和白厅及威斯敏斯特外的郊区之间形成了一道物理屏障。大火越过舰队河,突破了约克公爵设在圣殿关的防火站,第一次对政府殿堂和西郊构成真正的威胁。然而,最先面临危险的是伦敦四大律师学院以及原先叫作布莱德威尔宫的地方。居民撤离了在伦敦四大律师学院的住所,但拒绝为不在那里的房客保存财物。不出所料,他们的理由是,在他人不知情时"闯入其房间",应不具合法性。[51]布莱德威尔原本是亨利八世的王室住所,从1553年起被用作监狱,面包师托马斯·法里纳对这个地方非常熟悉。

1627年,一名城市警员在城墙内的沃尔布鲁克地区发现了一个名叫"托马斯·法里纳"的男孩,他独自一人,大约十岁或十一岁。他从未提及姓名的主人那里跑出来，制造了不少麻烦，随后被拘押，送往布莱德威尔监狱。布莱德威尔不仅是一座监狱，还是一所教养院——收容了伦敦十多个流浪儿，他们在这里接受教育，在多数情况下，会被监狱的赞助人收为学徒。尽管是一座监狱，其建筑却十分宏伟。约翰·弥尔顿的朋友，贵格会教徒托马斯·埃尔伍德1662年在这里待过一段时间，他这样描述自己被关押的房间：

> 在我的记忆中，这是我曾经住过的最漂亮的房间之一，这不足为奇，尽管它现在的用途卑劣，但在过去的许多年里，它一直是英国国王的王室居所或宫殿，直到红衣主教伍尔西（Woolsey）建造了白厅。

1627年找到的这名男孩接受了审讯，证实他曾三四次试图从主人那里逃走。详细情况都被记在了会议纪要中，然后他被释放了。1628年，同一个男孩再次出现在布莱德威尔监狱，犯了完全相同的罪。[52]一年后，即1629年，托马斯·法里纳被一个叫托马斯·多德森（Thomas Dodson）的人收为学徒，从此开始了面包师的生涯。

三十七年后，大火向城墙外的新领地推进，布莱德威尔监狱没多久就倒塌了，随之受损的还有城市重要的谷物储备，价值4万英镑。查理二世不可能不知道，失去伦敦会对他的权威造成什么影响。他对王权的实用主义态度来源于内战中的血腥杀戮和流放的苦闷。也许比起他之前或之后的任何一名君主，查理都更加敏锐地意识到权力的脆弱性。他知道，守住伦敦是控制英国的关键。就在伦敦宣布效忠议会后不久，他的父亲被推上了断头台；直到1660年乔治·蒙克占领首都，复辟才成为可能。

一整天，国王和约克公爵骑马穿过城镇，只带了很少的随从。他加入了救火的队伍，亲力亲为，奖赏消防员，并给予鼓励，允许他们使用火药炸毁靠近火源的建筑，形成大的隔火带。这对王室兄弟的出现十分显眼，很多人都看到了。爱德华·阿特金斯爵士报告说："国王和约克公爵非常积极。"[53]伊夫林在日记里写道："国王和公爵异常……机警，无比活跃。"后来的官方报告称，"即使是那些损失惨重、深陷绝望的人"，看见国王和公爵在燃烧的建筑旁帮忙救火，并给他们建议，感到十分高兴。[54]然而，成千上万的伦敦人待在城市周围的田野里，穷困潦倒，一无所有。恢复秩序的任务十分紧迫，这让查理不得不写信给舰队召回乔治·蒙克。此举完全暴露了国王的想法，表明他认为蒙克是王国中最有能力的领导者，一个伟大的指挥官，胜过他自己，甚至超越了他的弟弟。蒙克确实也受到了百姓的敬仰，他可以比国王和公爵更轻松地实施军事管制。人们希望蒙克能将悲惨的伦敦市民重新团结起来，防止出现大规模动荡。

到目前为止，城市已非常疲惫。那些忙着救火、运送货物的人睡眠时间有限，只能勉强支撑着自己。甚至连国王和公爵也"和最低微的人一样疲劳"。[55]佩皮斯在塞辛巷的家中,已经疲倦得忘记了日子。他的东西都在贝斯纳尔格林,在过去的两三天里,他一直吃着周日剩下的食物,连盘子都没有。星期二下午,他忧伤地和威廉·佩恩爵士坐在花园里。他们确信海军办事处逃不过这场大火,希望能获准拆除周围的房屋,作为最后的防护措施——佩皮斯认为,要是海军办被烧毁,一定会"大大阻碍国王的事业"。他写信给威廉·考文垂寻求公爵的准许,而佩恩则骑马去德特福德寻找更多的人手来救火。佩皮斯慢慢接受了自己可能会失去家园这一想法,便效仿威廉·巴顿爵士在自家花园里挖了两个坑:一个用来埋留存的海军文件,另一个用来存放葡萄酒和帕玛森干酪。

在城市的北部,遏制大火的行动取得了成功。在克雷文伯爵的指挥下,火在上午的大部分时间得到了控制。然而,到了下午,几条分支路线上的火聚到了一起,涌向齐普赛德街,就像托马斯·文森特所说,"伦敦的内部"在几小时内就烧了起来,受灾最严重的是东端的布商同业公会和西端的金匠行会大厅。街道上满是易燃物,火焰十分猖獗,疾风又把火吹向了西边和北边。这是糟透的一天,几十座行会大厅和无数的教堂被毁,大火穿过路德盖特城门,一直延伸到内殿律师学院。伊夫林描述道:"舰队街、老贝利街、路德盖特山、沃里克巷、纽盖特、保罗之链街、沃特灵街……都着火了。"[56]人们已分不清昼夜,唯有大火,"滚滚浓烟遮蔽了正午时的太阳"。佩皮斯从他的花园里"看到可怕的天空,火光漫天……确实恐怖极了，似乎天空要朝我们压下来，整个天堂都着火了"。[57]

几乎整座伦敦城都已变成燃烧的地狱，火势向西部和北部郊区蔓延。在东边，火逆着风向，最终吞噬了圣邓斯坦教堂，又向伦敦塔靠近——这十分危险，白色塔楼里存有大量火药。在城市的西侧，有风的助推，火就更容易扩散了，几乎无法控制。路面被烧得发红、发烫，人和车马根本无法凑近并推倒房屋。[58]成衣商公会的布莱克威尔大厅里装满了亚麻布、丝绸和其他材料，这些都被大火烧毁，房屋被夷为平地，给布料贸易造成巨大的损失。城市街道两旁的铁链、铰链、栅栏和监狱的大门都熔化了。[59]与布莱德威尔监狱一样，路德盖特和纽盖特也被烧毁，但幸运的是，里面的囚犯都逃了出来。

然后，晚上八点，大火席卷了沃特灵街，开始爬上圣保罗大教堂外围的木质脚手架，随后，这座历史悠久的石头建筑就陷入了热浪和火焰的包裹中。尽管大教堂在伦敦"高于一切建筑"，但大火先占据了屋顶，到了九点，整座教堂都陷入了火海。火光十分亮眼，学童塔斯维尔（Taswell）表示，他站在国王桥上可以读完装在口袋里的一整本特伦斯的剧作。[60]回应两百年前的一场大火，盖在屋顶上的巨大铅板在高温中熔化，流淌到街上，文森特写道，如同"映照阳光的雪"。伊夫林形容圣保罗大教堂的石块"像手雷一样飞落"。拱形天花板和横梁落到路面上，砸进圣费斯教堂，发出巨响。

教堂里堆满了先前为了避火存放的书籍，此时却为这个熔炉增添了新的燃料。

为了避火存放在这里的不只是书。建筑起火前，一个老妇人躲在了教堂的东侧，也许是希望这座神性建筑的石墙能保护她。一旦教堂烧起来，她的生命就悲惨地走到了尽头：她的血肉之躯成为燃料，在高温下噼啪龟裂。巨大的石块在压力下钙化，大教堂里面的许多饰带、装饰柱、雕像和装饰物逐渐破碎、崩塌，直至完全瓦解。[61]西侧，拥有160年历史的圣保罗教堂附属学校被完全烧毁，这里曾培养了众多的国家领导人。里面的153名学生——可能包括一个名叫埃德蒙·哈雷（Edmund Halley）的九岁男孩——当时都不在场，在不到两年的时间内，他们的常规教育已第二次被迫中断。

不久后，大教堂东北方向的市政厅也着火了。副楼和屋顶很快被烧毁，但市政厅本身的墙壁仍然矗立着，在大火的炙烤中泛着白金色的光。这些宏伟的建筑象征着大火肆虐城市所带来的破坏，但是通过伦敦房东和租客的联系网络，所有人，无论穷富还是老幼，都受到了大火的影响。大火继续向北推进，到达霍尔本桥，那是舰队河在城墙内的最高点，一家"带有玫瑰标志"的旅馆烧着了。旅馆属于翁斯洛家族——该家族后来成为18世纪最大的奴隶主家族之一——现在租给了爱德华·奥斯本（Edward Osborne）和多萝西·奥斯本（Dorothy Osborne）。房屋完全被烧毁了，租客和房主都遭受了巨大的经济损失。

7 火！火！火！

周二结束时，佩皮斯的房子依然屹立不倒，他先前还颇为担心。然而大火却沿着塔街向塞辛巷尽头的万圣教堂逼近。他和妻子伊丽莎白做了最坏的打算，但也抱着最好的希望，他们留在家中，晚上又吃了一顿剩饭，这次是羊肩肉。房子里几乎什么都没剩下，他躺在助理的被子上睡着了。

凌晨两点，他被妻子叫醒。她听说大火烧到了万圣教堂。佩皮斯立刻收拾好剩下的家当，带着妻子、女仆和助理离开家，租了一条船前往伍尔维奇。他们在月光下沿着泰晤士河行进，看着身后燃烧的伦敦城。

佩皮斯离开同行的伙伴，把钱留下，嘱咐他们始终要至少留一个人照看贵重物品，之后便返回伦敦。在路上，他不敢向任何人打听塞辛巷的情况——他确信自己的房子会被烧毁。然而，他早上七点回到家时，发现房子实际上完好无损。更重要的是，走近大火查看，他发现用火药在万圣教堂附近制造的隔火带似乎阻挡了火势的蔓延。

他爬上有一部分被烧毁的万圣教堂的尖顶，看到了"最为凄惨的荒凉景象：到处是大火，旧的酒窖、硫黄以及其他东西都在燃烧"。他走进城里，地像热炭一样烫脚，恩典堂街、芬丘奇街和伦巴第街已经烧成灰烬。他去摩菲尔德买了一些面包，然后回到遍地焦土的城市，睡着了。虽然大火已经造成了最大的破坏，但还是没有停下，一直持续到周三。在城市的西边，那天晚上，大火似乎要在圣殿区附近再次爆发，约克公爵正努力阻止火势进一步发展。他的手下炸毁了一些楼房，堵住了火的去路。威斯敏斯特的治安法官埃德蒙·贝里·戈弗雷（Edmund Berry Godfrey）在救火行动中表现英勇，一份报告称，"国王本想封他为爵士，但他拒绝了"，于是查理"下令为戈弗雷制作了一块价值50英镑的金属牌"，上面印着他的盾徽。[62]一篇未署名的记叙文中解释说，"他（公爵）的关切、勤勉、伟大的行动和适时的命令"，使得大火最终"熄灭了……真令人高兴"。[63]

当天晚上，在城市的另一边，数千名滞留在摩菲尔德、国会山以及伊斯灵顿周围空地的难民突然变得很狂躁。有传言称，五万名荷兰和法国移民正带着武器向摩菲尔德进发，准备割开英国人的喉咙、强奸妇女、掠夺财物。于是这些人找到手边能用的东西当作武器，袭击人群中的外国人。贵族成员和训练有素的卫兵以十分克制的方式平息了暴力，安抚了充满敌意的人群。摩菲尔德很快就变成了一个反乌托邦的梦魇之地。伊夫林描述道：

> 可怜的居民……有的住在帐篷里，有的住在简陋的棚屋和茅舍里，许多人衣不蔽体，缺少基本的生活用具，没有床或铺板，他们原本住在富丽堂皇、设备齐全的房子里，生活优裕而舒适，现在却沦落到如此穷困潦倒的境地。[64]

7 火！火！火！

9月7日，蒙克终于回到了伦敦，这时，眼前的恐怖已经过去。一些人认为，如果他早点出现的话，结果可能就不一样了——纳撒尼尔·霍巴特爵士（Sir Nathaniel Hobart）评论说："今晚阿尔伯马尔公爵到了，如果他在这座城被拯救之前就回来，那该多么令人欣喜；但这样上帝就不满意了，我们也必须服从他的意愿。"[65]——也有另一种感觉，尽管情况很糟糕，但也可能会更糟。城墙周围的郊区保住了，大火在伦敦塔、科里普门、圣殿区和利德贺街得到了控制，这些都与国王、公爵和贵族的努力直接相关。议会后来称颂道，"上帝奇迹般的庇佑使得陛下成功保住了城市剩余的部分"，[66]当时的歌谣《伦敦的哀歌》将他们的行动写入其中：

> 上帝赐福给他们的双手，
> 大火的气焰被压了下去，
> 立刻服从了命令，
> 无论在圣殿、伦敦塔，
> 还是在佩伊角或奥尔德斯门，
> 火焰失去了熊熊的气势。
>
> 在霍尔本桥和科里普门，
> 在科尔曼大街上，
> 还有贝辛霍尔街，火焰平息了，
> 遇到如此强的阻力，

主教门大街、利德贺街，
　　以及康希尔标准水泵都获救了。

损失是巨大的。四天内，大约有70000人流离失所，13000座房屋、87座教堂和52座行业会馆被烧毁。路德盖特、纽盖特和奥尔德斯门的城门遭到严重破坏。市政厅成了废墟，海关大楼不复存在，圣保罗大教堂被烧毁，贝纳德城堡支离破碎，皇家交易所被夷为平地。累计损失约为1000万英镑。克拉伦登伯爵哀叹道，"这座城市最富裕的部分"已化为灰烬。[67]破坏是如此彻底，正如爱德华·阿特金斯爵士描述的，"都辨别不出某个教区或某个地方在哪里了"。[68]走过这座废墟之城，他如此描述道：

> 路上只剩下石块和垃圾，它们全都裸露在外，没有遮盖。可以从城市的一头望到另一头……伦敦就像（如果没有垃圾的话）一片开阔的荒野。[69]

一个名叫埃尔梅斯（Elmes）的女士写道："（我）从未见过如此悲伤的景象，城市化为灰烬，整个国家因此遭受了难以想象的损失。"[70]伊夫林"十分艰难地"爬过"成堆的……冒着烟的垃圾"，他经常迷路，滚烫的地面"甚至灼穿了鞋底"。他目睹了伦敦最宏伟的建筑被烧成灰烬，"喷泉里的水在沸腾，逐渐烧干了，变成废墟"。大火继续在城市的酒窖和地下室深处燃烧，乌烟在空中翻涌。[71]

伊夫林写道，一无所有的人在他们家园和商铺的废墟中挑拣着，"仿佛置身于荒凉的沙漠，更准确地说，这里像是某个被残暴的敌人摧毁的大城市"。一个叫贾尔斯·伯克（Giles Burke）的人走过这座城市，发现"除了垃圾和灰烬，什么都没留下"。[72]安德鲁·马维尔在诗作《给画家的第三条忠告》中描述了这一场景：

伦敦燃烧着，看，人们像鬼魂一样，
游荡，在自己的骨灰前哀悼

无论贫富还是老少，所有人都遭受了损失，如丹尼斯·德·雷帕斯所说，"每个人都认为自己的损失最大"。[73]布林斯东·怀特洛克（Bulstrode Whitelocke）定居在威尔特郡的奇尔顿福利埃特村，他收到消息说，他在舰队街的房子被烧毁了；他的儿子和一个叫伊丽莎白·罗伯茨（Elizabeth Roberts）的人尽了最大的努力，但是"只有两批货物保住了，其余的都烧光了，其中有不少好东西，还有书和文稿"。他的损失估计有1000英镑，还包括他在圣殿区附近出租的一所房子。[74]理查德·皮尔斯（Richard Pierce）是一名厨师，也是一个自耕农，有一大家子人要养活，他声称损失了4000到5000英镑；并且，除非国王准许他在厨师同业行会大厅（为数不多的留存下来的行会大厅）里有一席之地，否则他就无法恢复生意。

一个名叫安·劳埃德（Ann Lloyd）的寡妇乞求住进主教门大街附近的一家救济院，她声称在大火中失去了"一切"。[75]邓斯顿夫妇也穷得无法在泰晤士街重建他们的房子。[76]地理学家兼印刷商约翰·奥格尔比（John Ogilby）之后还会继续绘制英格兰第一份详细的道路地图，他现在几乎被大火击垮，很多库存都被烧光了，包括由温斯劳斯·霍拉（Wenceslaus Hollar）绘制插图的新版《伊索寓言》。蒂洛森博士（Dr Tillotson）失去了价值100英镑的书籍。[77]事实上，整个图书生意在大火中受到的打击尤其严重，损失大概达到20万英镑。

眼前的火灾危机刚过去，国王就写信给市长大人，指示他召回市议员，并恢复对城市的管理。他们搬到格雷沙姆学院，着手重建贸易：主教门大街、塔丘、史密斯菲尔德和利德贺街都开设了市场，小贩获准在重要地段搭建临时棚屋，一些"诚实而能干的人"负责确保城市各区不会再次发生火灾。首要任务是不能让成千上万的难民挨饿，于是便号召邻近的村庄和城镇向城内提供食物。许多人在被烧毁的旧屋上建起了东倒西歪的店铺。迈克尔·米切尔和贝蒂·米切尔在沙德韦尔找到了住处，火灾结束一个半月后，迈克尔"在他被烧毁的屋子的房间里"建好了新店。[78]政府呼吁郊区的人们向难民提供临时住所，批准全国上下展开慈善募捐，各地的人纷纷慷慨解囊。

第二天，国家命令将原本供舰队使用的帆布送去摩菲尔德，做成帐篷，发给数千名受灾市民，并分发舰队补给用的饼干。尽管如此，食物似乎仍然短缺，丹顿博士（Dr Denton）写道："面包、饼干、肉类都很稀缺，需求旺盛。"[79]他还坦言，不敢让"任何手下出门，怕他们被拉去救火"。[80]幸运的是，天气一直干燥而温暖，之前老天似乎是与大火商量好的，要给伦敦造成最大的破坏。佩皮斯在城里闲逛着，"全身上下满是尘土"，他看见一只烧黑的猫从管子里钻出来，毛都烧没了，但还活蹦乱跳的；一桶桶糖搁在街边，贪婪的人上去把它们掏空，扔进啤酒杯里；妇女们拼命把运河里的水弄走，之后就"醉得跟鬼一样"。那天，他在朋友家吃了一顿煎羊胸肉，"人很多，非常开心，那确实是我人生中最好的一顿饭，虽然是吃相最难看的一次"。[81]

邮局关闭了，《伦敦公报》也瘫痪了，英国其他地区只收到关于大火的零星消息。到周四为止，报道已经传到了贝里克郡，一名斯科特先生写信给约瑟夫·威廉姆森说，当地士兵声称看到"空中似乎有大批船只的形状"；斯科特认为这个景象出自他们"丰富的想象力"。[82]在纽卡斯尔，一个名叫理查德·福斯特（Richard Forster）的线人抱怨说，人们得知火灾的消息时，他们"实在想不出这么有名的城市怎么这么快就被火吞噬了"，所以就有人猜测，是不是"荷兰人、法国人和狂热分子捣的鬼"，也有人相信这样的传言，说许多人被捕时"手里拿着熊熊燃烧的火球"。[83]在伊顿，威廉·梅纳德勋爵（William Lord Maynard）也写信给威廉姆森，坦承人们"得知这么多人遭灾，家园尽毁，都很沮丧"。梅纳德透露，有人担心这是叛乱；有传言说在马里波恩附近抓到八九个携带火药的人，还说一个天主教贵族在霍尔本烧着了一座房子，有"数千份（其他）类似的报告"。[84]在斯旺西，约翰·曼（John Mann）写信表示，他们"对这场悲惨火灾的后果心存忧惧"。[85]

消息传到诺里奇，市长命令敲钟人在街头高声传报，旅馆老板和居民不得给未经检查的外来人提供住宿；当地的民兵组织随时待命。[86]在考文垂，拉尔夫·霍普（Ralph Hope）写道："伦敦的陨落非常不幸，令人震惊，给我们的城市带来了难以言喻的影响，我们无不为之哀伤，心感怜悯。"他还补充说，考文垂许多服装商的生意都"垮了"，因为大多数人的"全部房产都在那里，堆满了布料，即便不是全部，也大部分被烧毁"。[87]那些喜欢夸大其词的人又加重了恐慌。布林斯东·怀特洛克去利特科特庄园收集更多关于大火的消息，路上碰见某个西摩·派尔爵士（Sir Seymour Pyle），他说派尔"喝了很多酒"。派尔透露，6万名长老会教徒（受法国人和荷兰人的支持）和国王的民兵团发生了剧烈的冲突，结果3万个叛乱分子或被杀或被捕。但幸运的是，怀特洛克很快就发现，酒精让派尔失去了理智，他"烂醉如泥，骂骂咧咧，嘴里没一句真话"。[88]

超过一周以后，大火的消息才传到国外。在巴黎，消息一传来，就成为路易十四许多朝臣的唯一谈资，他们认为英国遭受了相当大的损失。[89]这场灾难的严重性是有目共睹的，

7 火！火！火！

威尼斯驻巴黎的大使写道："这个事件……将被永远铭记。"对外，路易十四表示，他不会对此感到"有任何欣喜之情——这次悲惨的事件给这么多不幸的人带来了伤害"——并向查理和詹姆斯的母亲，即他的姨妈表示哀悼，当时她人在法国。他还提出要送去食物和其他物资，慰问那些在灾难中变得一贫如洗的人。[90]私下里，他其实对好运的降临兴奋不已。在夏季的战役中，法国国王一败涂地，他的舰队也七零八落，完全无法作战。他们认为英国的弹药储备和海军物资都被毁了，一定被迫偃旗息鼓。威尼斯大使认为，这一事件将迫使英国放弃以往的"高姿态"，转而乞求法国国王的怜悯和帮助。[91]

当时桑威奇伯爵在西班牙担任外交大使，他得知这一消息时，低估了灾难的严重性。他深信不疑地告诉其他外交官同事，大火并没有影响火药供应、军械库和海军仓库，而且金银珠宝都在大火袭击伦敦金融区前就转移了。他没有提及伦敦的同业公会和教堂遭受了多少损失，但补充说，主要是不太重要也不那么美观的建筑受到了影响。[92]桑威奇还透露，查理已经下令重建城市，城市会"更加美丽庄严"，希望"朋友们会从同情转为钦佩，并继续困扰敌人"。[93]萨沃伊公爵（the Duke of Savoy）也表达了同样的愿望，他写信给查理致以慰问，并表示，相信老城的废墟上定会建起"另一座更美丽的伦敦城"，查理也将作为伟大新首都的缔造者被子孙后代所铭记。[94]

外界都断言未来的城市会十分伟大,以此来安慰伦敦的市民,但许多人只能想到眼前的日子。德·雷帕斯声称,"还不确定他们会做什么"。[95]从一开始,托马斯·文森特就把这场火看作"上帝可怕的声音",他沉思道:

> 伦敦的荣耀像飞鸟一样消失了,贸易支离破碎,欢乐消逝,美好的事物就这样荒废;不再有和着维奥尔琴的歌声,也不再有伴着悦耳音乐的舞蹈,无人大碗喝酒,无人在床上纵欲;没有豪饮和筵席,也没有大厅里的盛宴和珍馐美馔;人们没有了热烈的眼神以及放荡的调情,不再穿着丝绸和昂贵的衣物:这些事物在那个地方已不复存在。[96]

8
灰烬中的凤凰

> 这样说着，在这罪恶的时刻
> 她迫不及待地将手伸向果子，采下食用：
> 大地感到创痛，造化也从她的宝座上
> 叹息，万物显露愁容，
> 一切都已失去。
>
> ——约翰·弥尔顿《失乐园》[1]

英格兰有许多本地产的水果，但又大又甜的苹果并非出自本土。它起源于中亚，在罗马人种植之前，它的分布遍及欧洲南部和北部。到了17世纪，英国的苹果品种繁多，难以一一列举——例如多汁红苹果、番荔枝、布兰德尔苹果、苦味苹果、王后苹果和翠玉苹果。[2]有的用来烹饪，有的用于酿制苹果酒，有的则直接食用。全国各地都种植了苹果，果园大多位于南部的赫特福德郡和肯特郡，为伦敦提供销售货源。当然，还有其他水果：至少有65种梨、35种樱桃、61种李子和6种杏；[3]草莓在西南部开花，浆果和无花果遍布英格兰；橙子很难在北欧种植，多从国外进口。然而，在17世纪的英国，不起眼的苹果是那时最多产的水果，用途广泛。

在林肯郡南部科尔斯特沃思附近的伍尔斯索普村，有一座中型农庄，小果园中种着不少稀有的苹果树，名为肯特之花，在花园中长势繁茂。春天的时候，苹果树开满粉白的花，花团锦簇；到夏末秋初，树枝上结满了沉甸甸的果实，又大又甜的苹果可以用来烹饪。这座农庄被称为伍尔斯索普庄园，位于北方大道以西约1英里处，坐落在一个农业发达的富裕地区。这座庄园的石灰岩建筑和农场属于一名富裕的自耕农，他于1642年去世，他唯一的孩子在他死后两个月出生。这个孩子现在二十三岁了，名叫艾萨克·牛顿。1666年的一个雾蒙蒙的秋日，他坐在一棵苹果树下，如他后来所描述的，"陷入了沉思"。

伍尔斯索普的乡村美景并非牛顿心之向往的地方。事实上，那年早些时候，他很想回到大学学习，但剑桥的疫情实在太可怕。他在家里搭了新的书架，用来摆放他从剑桥带回来的书，并经常光顾附近布斯比帕格内尔教区牧师住宅的图书馆。[4]尽管牛顿算是在逃难，但他并没有无所事事、虚度时光。他的笔记本上写满了实验和观察的结果，他在伍尔斯索普那段时间的研究成果是整个世纪中最重要的科学与数学发现。他后来回忆说："在那些日子里，我正处于发明创造的全盛时期。"[5]

牛顿没有受过正规的数学训练，但他首次在微积分和几何学方面进行了深入的研究，创建方程式来测量积分（曲线的面积）和微分（曲线的切线），从而建立了一种数学流派，他称之为"流数法微积分"。他还进行了光学实验，用三角形玻璃棱镜显示"神奇的色彩现象"。他将房间变暗，只有一丝光线透过窗户，然后把玻璃棱镜放在光线的进口处，这样"光线就被折射到了对面的墙上"。在此过程中，他发现白光包含所有色彩的综合，这些颜色在折射分裂时会显现出来。这一发现与罗伯特·胡克在其著作《显微摄影术》中的思考相反，胡克认为，颜色是棱镜造成的，而不是由棱镜显现出来的。孤立地来看，这些都是重大的进步；综合起来，它们代表了一项了不起的成就。这些成果和牛顿1666年最后的发现一起，标志着牛顿是一位伟大的科学家。

这个秋日，他坐在苹果树下思考着，突然，某样东西打断了他，在他的头顶上，一根结着苹果的枝干被沉甸甸的果实压弯了，啪地折断，长着斑点的红色苹果砰地落到地上，牛顿脑中如电光石火般一闪，产生了突破性的顿悟。他意识到，水果被吸引到地面上，是因为万有引力把东西拉到一起，把所有东西都固定在地球上。它的引力必须延伸到天空之外，进入太空，到达月球本身。前有伽利略和开普勒的引领，后有爱因斯坦的后续研究，牛顿于1666年开始：

……想到引力延伸到月球运行的轨道……并推断出

> 这样的结论：行星维持轨道运行所需的力一定与它们到绕轴转动中心的距离的平方成反比……

在牛顿漫长而辉煌的一生中，至少有四个不同的人这样讲述并记录下事情的经过。[6]它与伊甸园里的知识之树遥相呼应，一个特立独行的天才在与社会隔绝的情况下解开宇宙的奥秘，这一形象牢不可破，难以撼动。虽然没有理由怀疑牛顿那年在他的花园里有了某种顿悟，他在认识上的最初飞跃之后是艰苦的工作，开发数学方程和模型，从而找到他万有引力思想的核心。事实上，牛顿贡献的重要性并非在于那个伟大的发现时刻（包括罗伯特·胡克在内的其他科学家已经提出关于物体的拉力和重力的理论，他们也会继续发展这一理论），但是，正如法国科学家亚历克西斯·克莱罗（Alexis Clairaut）在1727年所写，牛顿这一发现的意义在于从"对真理的惊鸿一瞥"到"对真理的证明"。牛顿在他的开拓性著作《自然哲学的数学原理》（1687）中运用微积分进行严谨的论证，万有引力和物体的运动可以通过数学关系来证明。

英国皇家学会仍在为托马斯·霍布斯最新成果的优缺点争论不休，牛顿已不动声色地证明自己是那个时代最杰出的数学家。不过他的成果在未来几年都不会发表，不为人知，只有它的作者知晓其重要性。牛顿在瘟疫期间的避难为他一生中思考的主题奠定了基础，确保了他在历史上的地位。他在万有引力方面的研究工作将在随后的几十年中得到发展，但在1666年,他已经播下了自己和罗伯特·胡克之间恶战的种子。胡克将在十几年后开始发展自己的万有引力理论,将英国皇家学会拖入一场关于剽窃和学术所有权的激烈辩论中。

眼下,在牛顿林肯郡的家乡以南105英里的地方,胡克有一件更实际的事情要处理。火灾过后,他在格雷沙姆学院的住所被伦敦的市议员和金融家们占用;这种情况很多,几个住在学院的人都被迫腾出他们的办公室和住所,为市里的权贵们腾出地方。内科医生乔纳森·戈达德的办公室被伦敦市的司库占据,霍顿医生以前的住所本应由乔治·克利福德医生(Dr George Clifford)居住,但记录显示,这里看上去"特别宽敞",随即被伦敦市副主簿和市御剑侍从征用了。这里的人还为戈弗雷先生腾出了地方——他曾设法保存布商同业公会的记录。市政厅受损严重,无法作为集会场所使用。因此,在国王的命令下,格雷沙姆学院成为临时的市政管理中心。

1666年9月13日,一名女士在这怡人的初秋时分骑马穿过白厅附近的田野和花园,佩皮斯曾描述她"端庄善良、外表天真"。她芳龄二十七岁,穿着骑士的骑马服和外套,戴着羽毛装饰的帽子,衬着她一头深棕色的秀发。她决定离开王宫的界围,去呼吸一下新鲜空气。[7]对这名女士来说,过去的一年半里,她一直沉浸在失去亲人的悲痛之中:挚爱的母亲在千里之外离世,信任的(尽管不乏缺点)密友在卑尔根那场不幸的战斗中阵亡，她自己经历了流产的创痛，眼睁睁地看着她居住的首都被烧成灰烬，同时还一直忍受着丈夫婚外情带来的羞辱。最新的传言说他的首席情妇卡斯梅恩夫人再次怀孕，不过很快被证明是假的——事实上，他的下一个孩子将在三年后由女演员妮尔·格温生下——但这些流言蜚语不可能不让一个女人感到痛苦。一年一次的流产，让她越来越不可能诞下王室继承人，而这是她的职责所在。然而，凯瑟琳王后已不再是四年前刚抵达英国时的那个天真无邪的年轻女子，经验使她变得成熟。从现在起，她将着手在变化无常的英国宫廷中打造属于自己的空间。

她离开王宫，此时她的丈夫正在那里应对一个前所未见的任务：制定重建首都的最佳决策。实际上，他需要解决三个迫在眉睫且相互关联的问题：第一，找到恢复秩序的方法，刺激贸易，防止叛乱；第二，制定重建伦敦的策略；第三，应对继续海上战争的呼声。这一天，国王关注的是其中的第二个问题。艺术家温斯劳斯·霍拉已接到指示，要"在近期的火灾之后……拟定一份精确的城市规划和调查报告"。[8]今天，国王和约克公爵同约翰·伊夫林会面，伊夫林已拟好建设新伦敦的三个主要倡议中的第二个。两天前，克里斯托弗·雷恩提交了第一份倡议报告，城市规划以巴洛克风格为基础，街道和林荫道整齐划一，以新设计的圣保罗大教堂的西顶为几何对称依据。雷恩整合设计方案的速度过快，引起了皇家学会的不满。学会成员认为，他应该先向学会提交他的方案。然而，这名建筑师声称，"他承担了很大的压力，不得不加快速度，赶在其他设计方案出来之前（完成提案），他不可能有时间先咨询学会"。

他的仓促行动是有道理的。17世纪的伦敦不乏多才多艺的思想家，他们对如何创建一个新的城市有自己的想法。伊夫林的设计与雷恩来自同一学派。根据他个人对废墟的调查，他提出了一个新的网格样式：拓宽街道，建造井然有序的花园和广场，将有害产业置于城墙外，以最大限度地降低火灾的风险。国王和约克公爵花了一个多小时的时间，仔细研究这项提议的细节。据日记作者伊夫林记载，查理似乎"对伊夫林很早就考虑到这些非常满意"。第三份主要的设计报告由罗伯特·胡克制定，大约一周后，他在格雷沙姆学院向皇家学会成员、市议员和市长大人做了展示，并获得皇家学会的批准。据报道，他们在看过胡克的计划后，对他的设计"非常满意"。市长大人敦促尽快将计划呈送给国王，因为它"远远早于城市建筑督查员［彼得·米尔斯（Peter Mills）］拟定的计划"。

在接下来的几周和几个月里，许多人不请自来，纷纷提出不同的重建方案——有制图师理查德·纽科（Richard Newcourt）的设计，他建议街道网格和广场的中心各建一座教堂；还有一个叫瓦伦丁·奈特（Valentine Knight）上尉提出的计划，其设计相当粗略，只有几十条从东到西的街道，还提出收取运河费的想法，为王室赚取额外收入。据报道，查理对奈特的建议非常恼火——他居然认为王室可以利用伦敦的不幸来赚钱。但查理对其他设计的看法还不清楚。然而，有趣的是，就在他审查伊夫林计划的当天，大法官起草了一份王室公告，向全世界宣布："在最近的火灾中，国王的损失无人可比，但他希望能在有生之年看到一座更美的城市，比之前被大火吞噬的还要美丽。"这将是一座"设施齐全，能防范火灾"的城市，禁止建造"仓促投入、设计粗糙的建筑"。市长大人获准拆除任何不符合规定的建筑，那些按照指导方针建造的房屋将免除七年的炉膛税。[9]

时间紧迫，必须立刻采取行动。伦敦正迅速陷入险境。弥漫在城市周围遮天蔽日的浓烟现在已经基本消散，但大火仍在地下室和仓库里继续燃烧，以煤、油及其他可燃物品做燃料。[10]城墙边搭起的临时贸易棚子和帐篷并不能很好地替代真正的商贸。许多人经过城里，便到废墟盗窃财宝，或顺走些东西留作纪念：佩皮斯从布商公会的礼拜堂拿走了一些玻璃，威廉·塔斯威尔从圣保罗大教堂的遗迹中取走了一些金属。上面已下达命令，清理残骸碎片，但仍有许多工作要做。这座被毁的城市已成为歹徒的居住地。帮派开始在废墟中活动，假装为流浪者提供"引导"，（点蜡烛护送）他们穿过荒废的城区。但据称，"他们要是抓住一个单身男子，就把他拖到地下室，将他打倒在地，从头到脚剥个精光，吹熄蜡烛，让他在那儿等死"。邮政总局的办事员詹姆斯·希克斯迁居到了城市的北部，他写信给阿灵顿勋爵的秘书约瑟夫·威廉姆森，报告说："许多人被杀害，被扔到废墟的地下室里。"一名药剂师的学徒遭到袭击，被塞到地下室，发现一具被谋杀的女尸。希克斯认为，要是没有足够的人员值守，"入夜后，没人敢在废墟间的街道上行走"。[11]

人们通常认为，伦敦大火造成的人员伤亡微不足道。确实，爱德华·张伯伦在他的长篇著作《英格兰现状》（*The Present State of England*）中写道："被烧伤的不超过六人或八人。"[12]毫无疑问，有足够多的警告让伦敦的大批人撤离危险地区。这场灾难的消息传到埃塞克斯教区牧师拉尔夫·若斯兰（Ralph Josselin）那里时，他指出："很少有人在大火中丧生。"[13]但是，大火可以夺取生命，也可以毁灭证据。更早的时候，在1650年，在塔街附近发生过一场规模较小的火灾，有43人遇难。评论员报道说，在一堆垃圾与废墟中发现"尸体的……残骸，有的露出森森白骨，有的几乎完全烧没了"，"所以关于他们没什么更多的信息"。[14]塔街的大火只肆虐了几个小时，但伦敦大火却持续了四天，温度高达1700°C。任何可比较的证据都基本被销毁。我们可以合理地进行假设，有不少病人获得帮助，搬离住所，比如爱德华·阿特金斯的妹妹，她"那时病得很重，大家一心想把她转移走"，[15]但还有其他人，没人帮助他们。

即使瘟疫之后的伦敦人口锐减，1666年记录在案的死亡人数每周仍有数百人。有些病人患有可能危及生命的疾病，如肺痨和水肿，在没有恰当护理的情况下转移病人，会带来更大的风险。教区关于这段时间的记录并不完整，但有迹象表明，死亡人数可能远远超过先前的估计。例如，在科里普门外的圣吉尔教区，9月份的葬礼数量增加了三分之一（大概是由于许多教区遭破坏，那里的居民都到这个幸存的教会举办葬仪）。因"衰老"而死亡的人数呈现不成比例的上升（涨了三分之二），因"恐惧"而死亡的人数也有所增加。[16]伊夫林确信死了很多人，他写道，空气中弥漫着恶臭，气味来自"某些可怜人"的尸体、床褥和其他易燃物品。约翰·德莱顿曾写过关于1666年的诗，诗中提到许多婴儿死于大火，他写道："为了那些遗弃在大火中无助的婴儿。"面临这样一场灾难，人们都着力于描述城市惨遭毁灭的景象，看到一两具尸体就变得相对次要了。学童威廉·塔斯威尔在圣保罗大教堂东墙附近发现一具女尸，吓了一跳，他称之为一个"衰老的女人"（并生动地描述道，"表皮完整，骨瘦如柴，颜色枯黄"），[17]他承认，他几乎忘了把这件事写进关于火灾的记录里。灾难的消息经常被夸大，但这并不意味着传到法国的报道都不尽属实：

……屋顶轰然倒塌，房屋被烧成残垣断壁。人们惊恐万状，有的死去，有的着急忙慌地逃跑自救，抢救财物，一切难以言表。来自伦敦的信件描述着可怕的景象，人们被烧死，四肢烧成焦炭，这种恐怖很难准确用语言来描述，但十分可信。老人、体弱的儿童和许多无依无靠的病人被烧死在床上，成为大火的燃料。[18]

也有一些人因贫穷或衣不蔽体而死去，例如詹姆士一世时期的剧作家詹姆斯·雪利（James Shirley）和他的妻子，雪利享年七十岁；还有一个叫约翰·伍德沃德（John Woodward）的人，他是个屠夫，大火后不久被埋葬在城墙外。

灾难过后，发生了许多非常离奇的死亡事件，其中之一是法国钟表匠罗伯特·休伯特（Robert Hubert）之死。为了减轻公众的恐惧，9月底，有关部门成立了一个委员会来调查大火的起因。几天后，休伯特站出来，承认在二十三个同伙的帮助下策划了这场灾难。他确实符合条件。人们将火灾的责任归咎于许多肇事者——荷兰人、贵格会教徒、心怀不满的商人、上帝，以及查理二世荒淫的宫廷——但在随后的时间里，最令人忧虑的是法国天主教的阴谋。托马斯·文森特就是这么看的，他写道："这绝对像是教皇策划的，在谋划'火药阴谋'的同一个地方，只不过这次更成功。"[19]许多人开始细细品味过去遇到的人和事，而他们通常不会如此。莱特先生回忆称，1665年2月，一名"热心的天主教徒"问他："你预期1666年会发生大事情，并认为罗马将毁灭，但万一是伦敦呢？"伊丽莎白·斯泰尔斯（Elizabeth Styles）记得一个法国人在火灾的五个月前告诉她，6月和10月之间的某个时候，"在圣殿关和伦敦桥之间的地区，一座房子都不会留存下来"。[20]还有人质疑天文学家威廉·利里，他在《君主制或非君主制》中一系列生动的预测出奇地准确。

作为一个年轻的法国人，休伯特正是那种人们会害怕的罪犯，但有两个问题：首先，他的动机值得怀疑——他是新教徒，不是天主教徒；其次，他有确凿的不在场证明——大火发生时，他在海上。然而，出于某种未知的原因，这名钟表匠对他的行为做了详细的描述，说他把一个火球从窗户扔进了法里纳的面包店。为了证明自己有罪，他带领委员会来到位于布丁巷那间面包房的确切位置。他被监禁，并作为卖国贼受到审判。陪审团里有托马斯·法里纳，尽管他对引发火灾担有重要责任，但他并没有被定罪。陪审团认定休伯特有罪。克拉伦登伯爵后来承认："无论是法官，还是任何出席审判的人，都不相信他有罪；但他是个精神错乱的可怜虫，厌倦了自己的生活，选择离开。"[21]他于1666年10月17日在泰伯恩被处决。

他的死刑并没能放松当局对贵格会教徒和其他宗教异见人士的控制。例如，温莎的一个贵格会教徒被捕，据说他看到一个异象，"他们经历了瘟疫、大火和其他灾难后，仍不改过，更严重的瘟疫将要降临到他们和这个国家的头上"；[22]一个叫理查德·利明（Richard Leeming）的人截获了伦敦一个马具工匠写给贵格会教徒的信，上面写着这样的箴言："罪人必堕落，基督必为万物之王。"[23]任何被判定为异端或无神论的文本都遭压制，一个下议院委员会被授权评估"书籍是否有无神论思想及亵渎神明的倾向"，其中包括（特别是）托马斯·霍布斯的《利维坦》。在这种恐怖和控诉的气氛中，霍布斯认为，指控他宣扬无神论是"最大的诽谤"。但为安全起见，他开始烧毁自己的许多论文，并为荷兰出版的《利维坦》撰写附录，详细阐明为什么这本书不是异端。

大火时，人们害怕法国人和荷兰人会对这座城市采取恐怖行动，一旦这种恐惧平息下来，人们就普遍认为大火是上帝的旨意，而非人为——但这并没有使事件变得温和。历史学家爱德华·张伯伦承认，尽管许多因素促成了这场灾难——他解释道，比如"面包师喝得酩酊大醉，或躺倒了，不管不顾，火确实是在他房子里开始烧起来的"[24]——但对他来说，这是"上帝的义愤，因为伦敦市民不知悔改，恶名在外，也因为在他们的煽动和教唆下，无辜的查理一世流下了宝贵的鲜血"。[25]爱德华·斯蒂林弗里特（Edward Stillingfleet）牧师声称，为了将他的不满昭示天下，"上帝使用了一个更加暴烈的元素，它那无情的火焰吞噬一切，也许这样可以更生动地向我们展示上帝的愤怒之火"。[26]甚至，负责调查火灾的委员会最终也承认："目前还没有发现足够的证据，只能说是上帝之手作用在我们身上，当时风很大，气候非常干燥。"《伦敦公报》讲述了一个类似的故事，推论道：

> 对这一切，我们只能说运气很糟，或者说得更好些，是上帝为惩罚我们的罪孽而施以重手，向我们展现最后的审判的可怖，因此他点燃大火，紧接着又在我们最后

的绝望时刻，奇迹般地熄灭大火，这般仁慈确实令人感恩不尽；而当初我们想尽办法扑灭大火时，无论如何竭尽全力，都无济于事。

在国外，英国的敌人所担心的不是原因，而是结果。威尼斯驻巴黎大使认为这场大火"无比糟糕，胜过英国舰队的溃败、瘟疫及其他灾难，能够改变政府的管理方式及原则"，[27]并报告说，"现在到处都是哭声，自从斯图亚特王室登基以来，英国人从未有过享福的日子，而是苦难不断"。[28]《伦敦公报》很快意识到英国敌人的企图，他们想"让外部世界相信国内存在势力庞大的反政府党派，朝野弥漫着对国王陛下的强烈不满情绪"。然而，该《公报》声称，这场火灾加深了人们对国王的爱戴，即使灾难期间，"某些人因财产损失而心烦意乱，甚至陷入绝望，成千上万的人流离失所，社会动荡也许在所难免"。[29]大火的消息传到安特卫普时，阿芙拉·贝恩给白厅回信称，荷兰人曾夸口说英国军队可能会撤退。火灾发生后不久，国王在下议院发表讲话，承认荷兰和法国将对此感到高兴，他敦促议会寻求充足的资金以继续这场战事，并宣称：

如果他们在去年能够说服那些被误导的可怜的人民，让他们相信传染病已使我们国家遭受了巨大的损失，使我们变得贫穷，使我们不能派出任何舰队，那么对于最

近损耗这座城市的灾难,他们还不知会怎样乐不可支呢!他们也会蔑视一切合理的和平条件吧!³⁰

但已经没有资金继续战争了,也没有理由认为延长战事会对英国有利。由于双方都有得有失,就需要与相关各方——英国、荷兰共和国、法国和丹麦——就条款达成一致意见。在瑞典谈判代表的帮助下,这场斗争似乎将得到解决。瑞典谈判代表在整个冲突过程中一直支持英国在欧洲大陆的利益。

同时,国王和议会意欲建设一座新的城市,其"美丽将享誉全球",要达成这个愿望,需要克服几个障碍。[31]首先,解开历史上租户和房东之间的一团乱麻,他们相互签有正式与非正式的协议;纳撒尼尔·霍巴特爵士认为,"城市的重建不会太难,难的是满足各方的利益需求,业主太多了"。[32]很长一段时间以来,伦敦的房屋建筑一直没有明确界定。房产毗邻相接,混杂在一起,有时一部分被转租,另一部分在翻修。大火扩大了租户和房东之间现有的问题,完好无损的房屋的价格水涨船高。一个名叫托马斯·布罗姆菲尔德(Thomas Bromfield)的人写信给他在埃塞克斯的妻子,信中说道:"现在的房子比以前贵了十倍。"[33]霍巴特自己也担心他的房东会结束租期,他形容房东"面目可憎,就算他做的事很正当,也不会有人帮他"。[34]同样,许多房东的收入也受到了削减。丹顿医生的妻子每年损失86英镑的收入,丹顿描述道,她整天都在哭,"过了些时间才振作起来"。[35]为了消除这些紧张的关系,将通过几项法案,并设立一个司法机构,即所谓的火灾法庭,受理索赔和反索赔的案子,并评估火灾前各地产房屋的确切位置。从1667年2月开始,火灾法庭有三名治安法官无偿为公众服务,后来解决了成百上千的案件和纠纷,使城市重建方案能够尽快开始。

雷恩、胡克和伊夫林几乎肯定熟知托马斯·莫尔(Thomas More)和弗朗西斯·培根的乌托邦小书。但是,乌托邦城市可能在纸上行得通,伦敦的现实情况显然没有留下多少改变的空间。城市的商店、房屋和仓库为私人所有,行业会馆由实力雄厚的城市行业公会管辖,这意味着既得利益者更愿意维持现状。创新的重建提案被搁置一旁,第一个重建法案将于1667年2月8日通过。主体改建正在实施——街道拓宽,沿河岸挖开40英尺宽的间隔,疏浚弗利特河,减少教堂的数量,将有火灾隐患的行业移出高风险地区——大部分街道的格局保持不变。然而,有一个关键的区别:法律严格规定,新建筑必须由砖石建成。由此,伦敦的城市美学将永远被改变。

1666年冬季来临,日常生活恢复了正常,尽管有悖于托马斯·文森特的预言。剧院重新开放了——不过托马斯·基利格鲁抱怨说,剧院不像以前那么繁忙了。在这一年中,他花重金改善德鲁里巷剧场里的表演空间:拓宽舞台,并投资购买新的仪器。12月,妮尔·格温重返舞台,踩着刚刚翻新的木板，演出詹姆斯·霍华德（James Howard）的喜剧《英国先生》(The English Monsieur)。佩皮斯去看了这部戏，并写下他的感想："女演员们演得很好，但最出色的是小妮尔。"在接下来的几年里，她将主宰戏剧界。11月还发生了一件事，威廉·达文南特名下的公爵剧院有个当红小生罗伯特·史密斯（Robert Smith），因为一出戏的内容与另一个男子发生争吵，然后将其杀死。对于可能失去他们最喜欢的演员而感到悲伤的观众来说，幸运的是，史密斯很快就会重返舞台，专门扮演反派。剧作家、演员和赞助人之间的摩擦依然继续着，女演员经常遭到被回绝的追求者的攻击，而相互竞争的剧作家、诗人和赞助人经常唇枪舌剑地争辩或在舞台上互相讥讽：1679年，声名狼藉的罗切斯特伯爵曾安排人将约翰·德莱顿毒打了一顿。

四年内，一个女人的处女作《强迫的婚姻》(The Forc'd Marriage)将吸引大批观众，整个秋天她都在给基利格鲁写信，但他根本没怎么看。阿芙拉·贝恩在安特卫普的处境急剧恶化，从先前的忧虑进而转为绝望。她已工作了几个月，并成功与威廉·斯考特取得了联系，但她似乎一直被闲置在海峡的这一边。她开始直接向基利格鲁和阿灵顿勋爵要钱——甚至向阿灵顿宣称，"她的生死取决于他手"。她不仅债台高筑，还被迫典当物品，并担心财务问题会让自己身陷囹圄。[36]由于无法提供资金，她与斯考特建立的信任开始破裂。而且，她发回英国的大部分信息都可以很容易地从荷兰的新闻刊物中搜集到。然而，她确实提供了一条之后看来颇有先见之明的情报。这不是谣言第一次辗转传到白厅，也不会是最后一次。但在她许多发来的消息中，有一份来自斯考特的情报，称荷兰有一个秘密计划，要对英格兰进行登陆攻击。[37]

11月15日，一辆辆长途马车驶向白厅。为庆祝王后二十八岁生日，那里正举行一场盛大的舞会。佩皮斯并非客人，但他在白厅的阁楼上，陶醉于这烛光闪耀的华美景象，钻石、珍珠、丝绸、黄金和美女交相辉映。国王穿着一件"镶有银边的华丽的丝绸背心"，约克公爵穿着银丝织就的衣物。出席的还有鲁珀特亲王、蒙茅斯公爵、白金汉公爵、罗切斯特伯爵、约克公爵夫人、卡斯梅恩夫人及王后的侍女们——包括弗朗西丝·斯图尔特，穿着"黑白蕾丝"的礼服，"头上和肩膀上装饰着钻石"——还有更多的贵族成员。庆祝活动一直持续到午夜，佩皮斯叹服道："此生都不会再见到如此富丽堂皇的场景了，就算我会来二十次。"

然而，在金碧辉煌的外表下，腐朽堕落正悄然潜入，逐渐侵蚀斯图亚特王朝。查理王权的蜜月期已经结束，基利格鲁哀叹查理不理朝政，现在这个君主"在朝廷的时间都花在耍嘴皮子和玩女人上，别的什么也不管"。年迈的克拉伦登伯爵被年轻的阿灵顿勋爵篡位，伯爵很快会因第二次英荷战争的指挥不当而受到谴责，并迅速失宠，被迫流放。更严重的是，约克公爵和国王的私生子蒙茅斯公爵之间的关系越发紧张，人们悄声传言，说蒙茅斯想成为他父亲的继承人——佩皮斯认为，蒙茅斯"成日懒懒散散，又居心叵测，甚于旁人"。[38]不到两年，约克公爵对天主教的兴趣日增，他终将秘密皈依天主教。不出二十年，查理就会驾崩，而詹姆斯则将下令处决蒙茅斯。

到1667年2月，人们认为与荷兰的战争已经结束。为了节省开支，上面下令将英国最大型的军舰停泊在查塔姆。粗大的金属链栅栏围住军舰，同时希尔内斯要塞的卫戍部队将担任军舰的守卫工作。1667年5月，随着和平谈判的进行，似乎很快就会达成协议。只有一个问题——英国和荷兰共和国各自都有一个秘密。在英国，查理私下同意支持法国对西属尼德兰发动陆上进攻，希望用高卢人的钱来资助英国舰队对抗荷兰人的另一场战事。然而，德·威特正在策划荷兰的最后一次进攻——袭击英国海岸。

德·威特的大胆计划已经酝酿了几个月，他的目标将是最有价值的造船厂查塔姆。查塔姆被认为坚不可摧，它可以经由梅德威河进入，河上到处是沙洲，河道曲折。1667年6月，在德·鲁伊特的专业指挥下，荷兰舰队成功地驶经梅德威，策划了这次袭击。他们占领了希尔内斯要塞，战斗非常激烈，枪声从远处的剑桥都能听到。艾萨克·牛顿最近刚回到大学城，他听到了爆炸声，告诉同事，荷兰人打败了英国人。同事问他怎么能如此肯定，他解释说："仔细倾听声音，声响越来越大,一定是战事离得更近了,由此断定荷兰是胜方。"[39]他的确是对的。

荷兰人将船坞夷为平地。小号齐鸣,鼓声喧天,荷兰水手的欢呼声此起彼伏。他们派出火攻船,攻击停泊的英国军舰。城堡里的炮台没有太大的作用。"忠诚伦敦号""皇家橡树号"和"皇家詹姆斯号"被焚毁,十五艘战舰被摧毁,最严重的是,国王的船舰"皇家查理号"被拖走了。这不仅在当时,直到现在也是英国历史上最耻辱的一次海战失利(尤其是因为荷兰军舰上的许多人其实是英国海员)。对荷兰共和国来说,这是一次光荣的胜利。在梅德威河袭击之前,英国本可以成为这场战争的胜利者。之后,英格兰在谈判桌上的地位就不那么确定了。这次袭击产生了深刻的心理影响,一年之内,政府不仅会对梅德威灾难展开调查,还会就"四日海战"之前分散舰队的灾难性决定进行问责。袭击后的十天内,各方在荷兰的布雷达谈妥并签署了和平条约。合约条款迫使英国调整《航海条例》,以有利于荷兰人从德国各公国进行货物贸易。同时,荷兰保留南美的苏里南,英国保留了北美的新尼德兰贸易区(后来成为纽约和新泽西)。

1672年,与荷兰的第三次战争爆发,许多第二次英荷战争的关键人物都回到了海上。桑威奇伯爵在索勒贝战役中阵亡,他的旗舰"皇家詹姆斯号"遇袭。舰只被冲上海岸时,他的尸体被烧焦了,只有通过他的旗帜肩带才能认出他。由于他对英国的贡献,为他举行了国葬。爱德华·斯普拉格爵士永远不会忘记他在圣詹姆斯日战役中遭受的耻辱——当时英国舰队打了场漂亮的胜仗，而他的后方中队却遭到特龙普上将的猛烈攻击。在第三次英荷战争期间，他下定决心，不杀特龙普，誓不罢休，宁死也不放弃。他最终只能放弃，阵亡于和特龙普战舰进行的血腥决斗中。托马斯·克利福德爵士才智过人，在第二次英荷战争中给人留下深刻印象，他成为查理二世臭名昭著的"阴谋集团"的一员。集团由五名顾问组成，自大法官克拉伦登伯爵下台后，他们便成为国王的首席谋士。然而，由于他的天主教信仰，克利福德在17世纪70年代初期辞去了职位。1673年，他因患忧郁症自杀。

在荷兰方面，德·威特和奥兰治家族支持者之间的摩擦不断升级，以至于德·威特和他的兄弟在1672年被处以私刑。许多人怀疑特龙普可能是幕后主使。在第三次英荷战争中，德·鲁伊特再次表现出色，取得了对英国的重要胜利；但他在西班牙附近的一次战斗中腿部受伤，后不治身亡。特龙普于1679年接替他成为荷兰海军最高统帅。奥兰治家族的小男孩威廉已长大成人，于1672年成为一名执政官，娶了约克公爵的女儿玛丽为妻，并于1688年登上了英国的王位。

然而，1665年至1666年最切实的遗产是伦敦本身。火灾刚过，宫廷中有传言说，这次事故实际上可能是"上帝给予查理二世的最大恩赐"，大火将"反叛的"伦敦城夷为平地，永远地向王权敞开大门。至少据克拉伦登说，这种政治言论让国王不悦。真正的遗产将更加实在。[40]城市建筑督查员罗伯特·胡克和彼得·米尔斯将花费九周时间，用1200英尺的木材立桩，标出准备重建的大部分街道和建筑。对进入伦敦的煤炭征税，税款将用于资助建设市政厅和教区教堂等公共建筑。有些人从这场灾难中获利：木匠、石匠和砖瓦匠的工作多得忙不过来，甚至连财政部都很难招到工人。政府意识到需要尽快使海关大楼投入运作，"这关系到城市的公共贸易，也事关全体的利益"，特批准敦促工人加班加点。工人将获得正常的工资，并在马克巷的新海关大楼完工后解散。[41]丹尼尔·笛福在火灾时只有六岁，他回忆起一段行业大发展的时期，宣称"一切令人难以置信，这一时期的贸易遍布全国，满足了需求，弥补了损失"。[42]到1667年底，共重建了150座房屋；到1672年，大多数新房子已经建成，行业公会的建设也接近完工。张伯伦在1671年写道：

> 最近的那场大火仿佛完全净化了这座城市，建筑变得比以前更漂亮、更宽敞、更坚固（所有建筑的三个主要优点）。不仅如此，好像市民们并没有因为火灾而陷入贫困，而是变得更加富有……[43]

直到1669年，在罗伯特·胡克的支持下，克里斯托弗·雷恩才获得建筑主管的职位。在这个职位上，他负责设计伦敦的50座教堂。如果乌托邦不可能实现，那么雷恩会确保伦敦到处点缀着天才设计的建筑。他的作品在细节处充满生机。

他的教堂采用巴洛克风格，线条简洁，选用白色石料，建有大胆的穹顶。他的杰作当然是圣保罗大教堂，张伯伦称之为"这个王国最伟大的城市里最伟大的教堂"。[44]大教堂于1669年开工，1711年圣诞节正式宣告竣工，建造时间跨越了不少于五名君主的统治时期。雷恩只比查理二世小两岁，却见证了教堂的完工。之后他于1723年去世，享年九十一岁。

对于经历过瘟疫、战争和火灾并幸存下来的数十万人来说，很难将情感冲击进行量化，但其影响依然有迹可循。大火发生后不久，档案中的记录显示了印刷商托马斯·纽科姆令人不安的行为。他在火灾后花了数周至数月的时间恢复了印刷业务，速度令人称道，但他迟迟不付钱给那些在街上卖《伦敦公报》的女书贩，特别是某个安德鲁斯夫人。她抱怨道，纽科姆行事比以前"更加奇怪了"，他经常不是"离这一带很远"，就是去"教堂墓地"附近（大概是圣保罗教堂墓地的废墟），"那里，泥土的恶臭刺鼻且有毒"。[45]有不少针对威廉·巴顿爵士的投诉，据报道，他"以前是一个严肃、诚实的人"，"现在经常咆哮怒吼，辱骂（水手的）妻子们"。几个月来，佩皮斯一直做噩梦，梦见自己的房子着火了。1667年3月，他坦言道，最近"特别心神不安……害怕火"，"自从上次大火以来，脑子里一直都是火灾的场景"。[46]约翰·范德马什尽管曾竭力挽救莱姆街，但后来他在力争自己的权利、重建合法租赁的房产时，又不得不与反荷兰的仇外情绪做斗争。或许纳撒尼尔·霍巴特爵士最好地总结了大火对情感的影响：

249

"这一最后审判的可怕画面深深烙刻在我们每个人的灵魂上，只要我们活着，就不会湮灭。"[47]

大火之后不久，伊夫林不再感到愧疚，愧疚似乎是17世纪晚期英国那不容置疑的宗教世界中的通病。人们普遍认为，伦敦乃至整个英国所遭受的可怕命运属于自作自受，人们沉湎于罪恶行径和异端邪说，罪有应得，或如伊夫林所写："最近可怕的大火，再加上之前的瘟疫和战争，算是人们可能遭到的最严厉的审判。但我们确实罪有应得，我们忘恩负义，欲壑难填，宫廷风流放荡，人人不敬神灵，过着可憎的生活。"[48]事实上，议会在火灾后不久举行会议时，宣布自己代表"上帝的公义"。那些受灾的人"并非罪大恶极，不像西罗亚塔楼①倒塌砸死的罪人，而且无疑是我们所有的罪孽汇聚累积达到一定限度，已经满溢了，这才招致上帝对这座城市降下怒火"。一本名为《上帝之鞭》的小册子把这场大火和瘟疫联系起来，其匿名作者进一步指出，鼠疫主要在远郊肆虐，而大火则在城墙内烧得最旺。作者思忖道，"这如同是上天的安排，每一部分都有它应得的惩罚，没有重样的"。[49]作者认为大火是上帝的判罚，惩戒那些"叛乱、傲慢、嫖娼、酗酒、暴食，（和）欺骗的行为"。几个月后，伊夫林再次对1666年的事件感到惊讶："这一年这个国家的确发生了很多奇事：瘟

---

① 西罗亚塔楼，可能在耶路撒冷的城墙上，位于西罗亚池的上方。《新约·路加福音》中提及，从前西罗亚塔楼倒塌了，压死了一个人。——译者注

疫、战争、大火……"[50]

然而，在悲剧和恐怖中，也有伟大的胜利时刻。1665年和1666年的大部分时间，约翰·德莱顿离开伦敦，在威尔特郡查尔顿的家中避难。其间，他写了一系列的杂文，结集为《戏剧诗篇》。他的妻子也在这段时间生下了他们的第一个儿子查尔斯，让他体验了为人父的快乐。他还写了一首历史诗《我选择了任何诗人都渴望的最具英雄主义的主题》，全诗共1216行，讲述了1665年至1666年发生的事件，这首诗在两年后将他推上桂冠诗人的宝座。长诗发表于1667年，庆祝伦敦战胜逆境，克服重重困难幸存下来。这首诗没有题献给国王、某个贵族或富有的赞助人，而是献给伦敦这座城市，德莱顿指出，他是：

> 第一个向任何国家的大都市呈献这种作品的人，同样，也是第一个写下如此题献的人。应该从这座城市开始，这样才符合公平正义，这座城市以其忠贞不二、不可战胜的勇气和不屈不挠的毅力，为所有人树立了榜样。

这是一部极富煽动性的宣传作品，致力于增进人民与国王之间的感情。诗歌的叙事从洛斯托夫特战役开始，描述了海军战事的进程，先是由约克公爵指挥，接着是桑威奇伯爵、乔治·蒙克和鲁珀特亲王。诗中略为提及瘟疫，但重点是海上战事。这首诗的结尾部分是伦敦大火。德莱顿是个彻头彻尾的保皇派，但也多愁善感、勇敢且满怀希望，他将这首诗命名为《1666，奇迹之年》，他认为新的伦敦将是"历久弥新的奇迹……灰烬中重生的凤凰"。他宣称：

> 我已经从这个炼金术的火焰中，
> 看到一个贵如珍宝的都市原型：
> 富有如那座西印度群岛因其而闻名的小镇，
> 铺满白银，一切神圣非凡、金碧辉煌。

后记
1666年以后

查理二世

查理活到1685年，成为17世纪在位时间最长的君主。在他的统治时期，国家经历了创伤，但也获得了创造性的成长。他因纵情声色、放浪形骸而饱受批评。历经大瘟疫、伦敦大火、两次对荷兰的战争、排除危机、天主教阴谋，以及来自他的堂兄和秘密盟友路易十四的压力，这些都可能使许多君主一败涂地，查理却保住了自己的王位及国家安全，并公开皈依天主教。他死后，留下至少十四个私生子和一群悲伤的情妇。他去世时，享年五十五岁。一名观察家写道：

> 每个人，他的敌人和朋友都深深地哀悼他；（我）听到一个来自伦敦的绅士说，这座城市在流泪，还有他曾经去过的大多数城镇也在哭泣。然而，也许他们哭泣不是因为他们有多爱他，而是害怕现在上台的他的兄弟会

比他更坏。仁慈的上帝啊,阻止这种情况发生吧!」[1]

约克公爵詹姆斯

1671年,詹姆斯的妻子安妮死于乳腺癌,给詹姆斯留下三个女儿,没有男性继承人。随着将天主教徒排除在公职之外的《测试法案》出台,詹姆斯二世被迫辞去海军最高司令的职务。国王用一组海军部专员取代了公爵的职位。公爵于1685年从兄长那里继承了王位,但他的统治在三年后突然结束。1688年,他的第二任妻子摩德纳的玛丽意外生下一个儿子,玛丽是天主教徒。害怕詹姆斯可能会在全国强推天主教,一群贵族邀请他的女儿玛丽和丈夫奥兰治的威廉继承英国王位。詹姆斯一直试图夺回自己的王位,直到1701年死于脑出血,享年六十七岁。

18世纪时,巴黎大主教有那么一刻曾考虑将他册封为圣徒。时机转瞬即逝。

玛格丽特·卡文迪什

在玛格丽特·卡文迪什的一生中,她证明了自己与同时代的男性是平等的。她接着写了几部重要的科学理论著作,均由安妮·马克斯韦尔出版。然而,皇家学会的官方期刊

《自然科学会报》从未评论过这些作品，尽管该杂志评估科学论文的范围非常广泛。1667年5月，她应邀参加了皇家学会的一次会议，成为第一个在那里参加会议的女性。在会上，她观看了一些实验，并与会员们讨论科学问题。不幸的是，她之后再也没有受邀。两个世纪之后，才有另一名女性获得许可参加会议。除维多利亚女王外，妇女直到1945年才被允许成为皇家学会的会员。玛格丽特于1673年去世，享年五十岁。

第二代罗切斯特伯爵约翰·威尔莫特

1666年刚过，罗切斯特伯爵就成了他命中注定要成为的人：一个多产的诗人、浪荡子，也客串过一段时间的剧作家。他的生活方式激发了乔治·埃瑟里奇、威廉·威彻利（William Wycherley）、阿芙拉·贝恩和约翰·德莱顿的创作灵感，他的行为也引起了非议。他留下了一部经得起时间考验的作品，也留下了一个神话，他埋在土里的尸体还没变冷，这神话便开始流传。

伊丽莎白·马莱特显然从未离开过他的脑海，1667年1月29日，这对情侣私奔到骑士桥的一个小教堂，这让很多人感到惊讶。关于她对罗切斯特的感情，伊丽莎白写道：

尽管你仍拥有我的心，

> 我必须假装轻蔑和苛责;
> 没什么其他的艺术
> 去获得你的爱,多情的逃亡者。[2]

在17世纪60年代末和70年代,罗切斯特与妮尔·格温和阿芙拉·贝恩都成了朋友。他死于1680年,时年三十三岁,疑似死于梅毒和淋病。在他死后,贝恩为他写了一首诗,宣称:

> 哀哉,哀哉,你们沉思着,悲悼你们失去的一切,
> 年轻高贵的斯特雷丰已经不在了。
> "是的,是的",他已离去,如飞速消逝的光,
> 再也不会从死亡的永恒之夜中醒来,
> 冥河众神从未获得过如此丰厚的战利品,
> 如此智慧,如此美丽,从未如此使他们的冥河之岸荣耀恩典。

约翰·弥尔顿

1667年,约翰·弥尔顿的史诗《失乐园》最终卖给了书商山姆·西蒙斯(Sam Symons)[3],之前因伦敦大火,出版一再推迟。弥尔顿在朋友托马斯·埃尔伍德的建议下,在1665

年和1666年的大部分时间里写了一首续篇，标题为《复乐园》，将于1671年出版。1667年，弥尔顿返回伦敦，于1674年去世，享年六十五岁。他被葬在福尔大街科里普门外的圣吉尔教堂。18世纪末，一群醉醺醺的盗墓者挖开他的坟墓，他的骸骨被扯得七零八落。

乔治·蒙克

阿尔伯马尔公爵乔治·蒙克生前是一位传奇人物，他的支持对查理至关重要。他于1670年去世，享年六十一岁，他被赐予完整的国葬。不管是对是错，他在第二次英荷战争中的行为赢得了很多赞誉。1667年，有很多关于蒙克的民谣，佩皮斯评论说："我注意到，人们受到巨大的鼓舞，为他唱诵这样的歌谣，歌谣流传四方，在今后的岁月，他听上去会像沃威克的盖伊。"[4]他内心住着一名战士，大海从来不是他的自然栖息地，这一点或许可以从佩皮斯的另一段摘录中看出来：

> 阿尔伯马尔公爵本人希望他们可以到我们的地盘上来，"他们"指那些法国人，听到这一点真是令人高兴，因为他会好好教训他们，好让他们巴不得再回法国。这就像一位将军，而不像一位海军上将。[5]

克里斯托弗·雷恩爵士和罗伯特·胡克

克里斯托弗·雷恩爵士和罗伯特·胡克共同设计了格林尼治皇家天文台、贝特莱姆医院的新楼、遍布伦敦的五十座教堂,以及一座伦敦大火纪念碑。纪念碑呈华丽的石柱形状,顶端是金色的火焰,也可以作为科学实验室。

在接下来的几年,罗伯特·胡克联系了剑桥大学一位很有前途的科学家艾萨克·牛顿。他建议这位学者研究一下万有引力的概念。罗伯特·胡克这样评价雷恩:"自阿基米德时代以来,我们很少会看到在一个人身上这两种优良素质如此完美地结合:对机械无比在行的双手以及哲学的头脑。"[6]

艾萨克·牛顿

在他后来的科学成就中,最显著的是《原理》一书的出版,艾萨克·牛顿也写了大量关于神秘学、宗教和炼金术的文章。他成为英国皇家学会主席,并在英格兰银行成立时,荣任英国皇家铸币局局长。出任局长后,他改革了英国货币,取缔了伪造硬币。

牛顿的不朽遗产在于他对万有引力的理解。1687年,他被罗伯特·胡克指控剽窃。胡克声称,是他给了牛顿引力减弱的概念,并激发了这位科学家对该领域的兴趣。牛顿于

1727年去世，享年八十四岁。

阿芙拉·贝恩

在进入人生上升阶段之前，阿芙拉·贝恩曾跌落到谷底。1668年，她一整年都在向国王乞求帮助，以偿还150英镑的债务，并可能被送进了债务人的监狱。神奇的是，这个无能的间谍在戏剧创作方面取得了成功，成为她那个时代最多产的剧作家之一。她的第一部作品《逼婚》于1670年在约克公爵剧院上演，随后又有数十部其他讽刺作品问世，最著名的是《漫游者》。她还写了一部可以说是最早的英文小说之一《皇家奴隶》。通过与基利格鲁的联系，她结识了罗切斯特伯爵、妮尔·格温和宫廷智囊团的人。她于1689年去世，享年四十八岁。

阿芙拉·贝恩至少有十九部戏剧曾在伦敦上演，她为喜剧《幸运的机会》写的序言也许最能揭示她的性格："我珍视名声，仿佛我生来就是英雄；如果你夺走我的名声，我就离开这个忘恩负义的世界，蔑视它反复无常的宠爱。"[7]

迈克尔·米歇尔和贝蒂·米歇尔

1667年初，迈克尔·米歇尔和贝蒂·米歇尔搬进了他们在泰晤士街的家。5月，贝蒂生下了他们的女儿，塞缪尔·佩皮斯的妻子帮忙接生了婴儿伊丽莎白。孩子很快就死了，但这对夫妇很快又生了一个，也叫伊丽莎白。佩皮斯和妻子参加了孩子的洗礼仪式。

威廉·塔斯威尔

1667年初，威廉·塔斯威尔失去了他挚爱的母亲。她在四十三岁时生下这个年轻人的妹妹玛丽亚，很快就去世了。塔斯威尔在威斯敏斯特学校完成学业，随后去了牛津大学。1673年，他的父亲再婚，减少了给孩子们的零用钱，按塔斯威尔所说，这样他才能和他的新娘过上"更奢华的生活"。塔斯威尔陷入窘迫，羞于向同伴显露自己的贫穷，并且因为他被认为是一名绅士，不能去工作。那时他还太年轻，不能接受圣职。他在诺福克郡的伍德诺顿担任教区牧师，度过了余生。

妮尔·格温

妮尔的一生很短暂，但作为查理二世的情妇，她的一生是充实的。在整个17世纪60年代后期，她主导了伦敦的喜剧舞台。借鉴莎士比亚《无事生非》中贝特丽丝和培尼狄克的先例，这对爱斗嘴、反应机敏的快乐夫妇成了复辟时期剧院的主要角色，妮尔成为诠释机智女性角色的典范。不管是出于偶然还是刻意，她成为一群具有开创精神的女性中的一员，她们挑战传统，在戏剧中探索新的自由。

随着她与国王的关系广为人知，她吸引了大批观众。1670年，这个以前卖橘子的小贩为国王生了一个儿子，取名为查尔斯，国王封他为第一代圣奥尔本斯公爵。她死于1687年，时年三十七岁。

塞缪尔·佩皮斯

由于害怕失去视力，塞缪尔·佩皮斯于1669年5月31日停止写日记。几个月后，佩皮斯和妻子前往巴黎，带着一封约翰·伊夫林的信，信中推荐了一些值得参观的地方和拜访的人。不幸的是，在他们返回伦敦后的几天内，伊丽莎白病了，并于1669年11月10日去世。1673年，海军委员会办公室燃起大火，他在塞辛巷的房子被烧毁，后来也没有重建。1674年和1683年，由于他在丹吉尔委员会的工作，他被任命为海军部大臣，前往丹吉尔，帮助解除殖民地统治。1686年，他成为英国皇家学会主席。同年，牛顿的《原理》出版。佩皮斯还被任命为海军部常任秘书长和哈威奇的议员。佩皮斯五十多岁时正值威廉和玛丽的统治时期，他被指控为詹姆斯二世党人。他从未再婚，但在17世纪70年代后期，他与管家玛丽·斯金纳（Mary Skinner）开始了一段情缘，直到他去世。他在克拉珀姆区的一座房子里度过晚年，死于1703年，享年七十岁。佩皮斯在妻子去世近三十四年后，被安葬在圣奥莱夫哈特街教堂，与妻子合葬在一起。

约翰·伊夫林

伊夫林在第二次英荷战争期间担任特派员，负责处理受伤海员和战俘的事务，他的工作很得宫廷的赏识。1672年第三次英荷战争爆发时，他又担当起这份职责，并成为殖民地事务理事会的成员，投资东印度公司，这进一步巩固了他的地位。

17世纪70年代，伊夫林迷恋上比他小三十二岁的玛格丽特·布拉格（Margaret Blagge）。1676年，玛格丽特嫁给了未来的首相西德尼·戈多尔芬（Sidney Godolphin），但仍保持着与伊夫林的联系。两人关系的本质已被历史遗忘，但1678年玛格丽特去世后，伊夫林写了《戈多尔芬夫人的一生》（*Life of Mrs. Godolphin*）。

在詹姆斯二世时期，伊夫林被任命为掌玺大臣的三名专员之一。后来，他成为建造格林尼治医院委员会的财务主管，并对植物学和自然哲学保持兴趣。他死于1706年，享年八十五岁。

致　谢

首先也是最重要的，我要感谢萨姆·里迪尔（Sam Rideal）在过去的一年半里对我的忍耐。他的耐心、鼓励和支持，让我非常感激，难以言表。同样，艾迪·里迪尔（Edie Rideal）也给予了无尽的鼓励，时不时地提供消遣，不断给我带来欢乐。写书从来都不是一个人的努力，我们共同经历其中的高潮和低谷。

我要感谢我在沃森的经纪人唐纳德·温切斯特（Donald Winchester），很少有人能够从六页纸的内容中看到足够的潜力，并愿意在一个名不见经传的作者身上冒险。他自始至终都沉着镇定、善解人意，令人安心。我也很感谢我在约翰·默里出版公司的编辑马克·理查兹（Mark Richards），他很快就"理解"了我对这本书的想法。在过去的一年中，他对书进行了细致的点评，并一直对我和这本书信心十足，给我带来极大的鞭策，并重新激发了我对书中主人公的兴趣。约翰·默里的团队非常出色，他们在幕后不知疲倦地工作，尤其是卡罗琳·韦斯特摩尔（Caroline Westmore）、马丁·布莱恩特（Martin Bryant）、坎迪达·布拉泽尔（Candida Brazil）、朱丽叶·布莱特莫尔（Juliet Brightmore）和露比·米切尔（Ruby Mitchell）。我还要感谢托马斯·邓恩图书公司和统一图书出版社的编辑和翻译。

萨拉·菲尔波特（Sarah Philpott）、乔安妮·保罗（Joanne Paul）博士、大卫·戴维斯（David Davies）博士、劳拉·索普（Lara Thorpe）和露丝·威尔逊（Ruth Wilson）在完成这本书的不同阶段都阅读了这本书。他们的反馈、建议和交流极大地帮助了本书的收尾工作。我特别感谢劳拉·索普分享了她对药剂师约翰·艾林未发表的研究，还有萨拉·菲尔波特，感谢她敏锐的眼光和无尽的耐心。在伦敦大学学院，我非常感谢埃莉诺·罗布森（Eleanor Robson）教授、迈克尔·赫伯特（Michael Hebbert）教授，特别是杰森·皮西（Jason Peacey）教授，他不仅激发了我对斯图亚特王朝时期的伦敦的兴趣，在过去几年里，他也一直对我很好，特别是允许我从研究工作中抽出时间来写一部叙事史。书中所出现的任何错误都是我一个人的。

我还必须提到盖伊·沃尔特斯（Guy Walters）、安德鲁·克罗姆（Andrew Crome）博士、横贯铁路公司的马利特·黎斯特拉（Marit Leenstra）、伦敦沉船项目的史蒂文·埃利斯（Steven Ellis）和英格兰历史遗产保护局的马克·邓克利（Mark Dunkley），在我的研究过程中，他们在不同阶段提供了指导，并聆听我的问题。任何写到大瘟疫和伦敦大火的人，

致　谢

都应该感谢之前的历史学家，我也不例外。乔治·沃尔特·贝尔（George Walter Bell）经精心研究而写成的书籍仍然是衡量所有研究瘟疫和灾难历史的基准。我还要感谢阿德里安·廷尼斯伍德（Adrian Tinniswood）、尼尔·汉森（Neil Hanson）、斯蒂芬·波特（Stephen Porter）、A.劳埃德（A. Lloyd）和多萝西·莫特（Dorothy C. Moote）最近的作品。同样，J. D.戴维斯（J. D. Davies）、J. R.琼斯（J. R. Jones）和弗兰克·福克斯（Frank Fox）为我们了解第二次英荷战争和17世纪末的海军做出了宝贵的贡献。现在是2016年，我要感谢许多杰出的工作人员，他们不辞辛苦地收集了数十万件政府、教区和公民的记录，将它们公布于网上。

我要感谢我最亲密的朋友斯蒂芬妮·布伦德尔（Stephanie Blundell）、金伯利·吉布斯（Kimberley Gibbs）、詹妮·科兹洛夫斯基（Jennie Kozlowski）和拉塞塔·威廉姆斯（Raseeta Williams），他们不断地把我拉回到当下时刻，把酒言欢，让我可以分分心。最后，我要答谢我的父母大卫·埃利斯（David Ellis）和朱莉（Julie Ellis）、我的兄弟姐妹——西蒙（Simon）、克里斯蒂安（Christian）、汉娜（Hannah）和凯瑟琳（Kathryn），还有我的祖父母哈利·埃利斯（Harry Ellis）和希瑟·埃利斯（Heather Ellis），以及莫琳·戴维斯（Maureen Davies）。三十多年来，他们一直纵容我的自负，一直给予我无尽的支持和鼓励。

注　释

序　幕

1　关于波奇的起源，更多内容参见：George Speaight, 'The Origin of Punch and Judy: A New Clue?', *Theatre Research International*, 20 (1995), pp. 200–6.

1　伦敦在燃烧

1　Edward Chamberlayne, *The second part of the present state of England together with divers reflections upon the antient state thereof* (London, 1671), p.206.
2　John Milton, *Paradise Lost*, Book ix, lines 446.
3　Thomas Ellwood, *The history of the life of Thomas Ellwood: or an account of his birth, education, &c. with divers Observations on his Life and Manners when a Youth: and how he came to be convinced of the Truth; with his many Sufferings and Services for the same. – Also several other remarkable Passages and Occurrences. Written by his own hand. To which is added A supplement, by J. W.* (London, 1791), p.147.
4　John Gay, *Trivia* (London, 1716), p.13.

注　释

5   John Evelyn, *Fumifugium* (London, 1661), Preface.
6   Samuel Pepys, *The Diary of Samuel Pepys*, Vols i–ix, ed. Robert Latham and William Matthews (HarperCollins, 1995), henceforth cited as Pepys's *Diary*, 1 February 1666.
7   John Graunt, *Natural and Political Observations Mentioned in a following Index, and made upon the Bills of Mortality* (London, 1676), p.55.
8   John Evelyn, *The Diary of John Evelyn*, Vol. ii, ed. William Bray (M. Walter Dunne, 1901), henceforth cited as Evelyn's *Diary*, 9 February1665; 1 July 1664.
9   Pepys's *Diary*, 20 February 1665.
10 Ibid., 11 August 1665.
11 'Charles II–volume 114: March 1–15, 1665', in Mary Anne Everett Green (ed.), *Calendar of State Papers Domestic: Charles II, 1664–5* (London,1864), p.244; Abbot Emerson Smith 'The Transportation of Convicts to the American Colonies in the Seventeenth Century', *American Historical Review*, 39.2 (1934): 232–49.
12 *Intelligencer Published for the Satisfaction and Information of the People* (London), Monday, 13 March 1665, Issue 20.
13 Ibid.
14 John Aubrey, *Letters Written by Several Eminent Persons in the Seventeenth and Eighteenth Centuries*, Vol. 2, Part 2 (1813), p.623.
15 Robert Hubert, *A catalogue of many natural rarities with great industry, cost, and thirty years travel in foraign countries / collected by Robert Hubert, alias Forges* (London, 1665); *Intelligencer*, Monday, 13 March 1665, Issue 20.
16 *Intelligencer*, Monday, 13 March 1665, Issue 20.

17 这个数据基于复辟时期的统计学家约翰·格朗特（John Graunt）的估算。

18 William Taswell, 'Autobiography and Anecdotes by William Taswell, D.D., sometime Rector of Newington, Surrey, Rector of Bermondsey and previously Student of Christ Church, Oxford. A.D. 1651–1682', *Camden Old Series*, 55 (1853), pp. 9–10.

19 Graunt, *Natural and Political Observations*, p.60.

20 Pepys's *Diary*, 13 May 1666.

21 塞缪尔·佩皮斯在1664年1月9日的日记中写道，伊丽莎白·豪利告诉他，"米切尔太太在婚前有一个女儿，现在快三十岁了，我简直不敢相信"。

22 Kate Loveman, *Samuel Pepys and His Books: Reading, Newsgathering, and Sociability, 1660–1703* (Oxford University Press, 2015), p.170.

23 *Intelligencer*, Monday, 13 March 1665, Issue 20.

24 Ibid., Monday, 6 March 1665, Issue 19.

25 匿名, *The English and Dutch affairs Displayed to the Life both in matters of warr, state, and merchandize, how far the English engaged in their defence against the most potent monarchy of Spain, and how ill the Dutch have since requited the English for their extraordinary favours, not onely in the time of Queen Elizabeth their protector and defendress, but also in the time of King James, by their bloody massacree of them at Amboyna, their ingratitude to King Charles the First of glorious memory, and the true state of affairs as they now stand in the reign of our royal soveraign King Charles the Second / by a true lover and asserter of his countries honour* (London: Printed by Thomas Mabb for Edward Thomas, 1664).

26 *Poor Robins character of a Dutch-man* (London, 1672), 转自 Steve Pincus, 'From butterboxes to wooden shoes: the shift in English popular sentiment from anti-Dutch to anti-French in the 1670s', *Historical Journal*, 38 (1995), p.337.

27 匿名, *The Dutch Boare Dissected, or a Description of Hogg-Land. A Dutch man is a Lusty, Fat, two Legged Cheese-Worm: A Creature, that is so addicted to Eating Butter, Drinking fat Drink, and sliding, that all the World knows him for a slippery Fellow, an Hollander is not an High-lander, but a Low-lander; for he loves to be down in the dirt, and boar-like, to wallow therein* (London, 1665).

28 更多信息见 Helmer J. Helmers, *The Royalist Republic* (Cambridge University Press, 2015), p.203.

29 *Nederlandtsche nyp-tang* (1652), 转自 ibid., p.204.

30 Steve Pincus, 'Popery, Trade and Universal Monarchy: The Ideological Context of the Outbreak of the Second Anglo-Dutch War', *English Historical Review*, Vol. 107, No. 422 (Oxford University Press, 1992), pp. 5–9.

31 更多关于霍姆斯使用弹簧式摆钟的细节，参见：5 March, *Philosophical Transactions*, 1665, Vol. 1, Nos 1–22, pp. 13–5. 关于霍姆斯个性的引文参见 Pepys's *Diary*, 1 September 1661.

32 6 March 1665, 'Venice: March 1665', in Allen B. Hinds (ed.), *Calendar of State Papers Relating to English Affairs in the Archives of Venice*, Vol. 34, 1664–1666 (London, 1933), pp. 81–93.

33 *Philosophical Transactions*, Vol. 1, pp. 190–1

34 'Charles II – volume 113: February 19–28, 1665', in Everett Green (ed.), *Calendar of State Papers*, 1664–5, p.216.

35 这项法案由理查德·霍奇金森印制。1664年，他住在泰晤士大街贝纳德城堡对面。

36 查尔斯·特罗洛普基于该地点的考古证据形成这一理论。从海里共找到五门大炮,其中三门装满弹药筒,一门装了一半,另一门是没装。特罗洛普认为是在装填第四门大炮弹药筒时发生了爆炸。舰的残骸在装有火药的货舱上方裂开。

37 State Papers 29/114 f.147.

38 Pepys's *Diary*, 8 March 1665.

39 State Papers 29/114 f.132.

40 State Papers 29/114 f.147.

41 Pepys's *Diary*, 8 March 1665.

42 Ibid.

43 Evelyn's *Diary*, 9 March 1665.

44 State Papers 29/114 f.155.

45 Pepys's *Diary*, 11 March 1665.

46 Evelyn's *Diary*, 16 May 1665.

47 Thomas Greene, *A Lamentation Taken up for London* (London, 1665), p.2.

2 瘟疫暴发

1 Roy Booth (ed.), *The Collected Poems of John Donne* (Wordsworth Poetry Library, 2002), p.27.

2 对近代早期的瘟疫的生物性质还没形成一致的共识。DNA证据证实,17世纪中期新教堂墓地"墓葬坑"中埋葬的骸骨上存在鼠疫杆菌。这些骸骨是在2015—2016年横贯铁路公司在利物浦街站的挖掘过程中找到的,在此期间首次将该杆菌以科学的方式放置在伦敦,为整个欧洲的DNA证据增添了一笔。

尽管如此，一些人认为，17世纪鼠疫的症状与现代淋巴腺鼠疫并不相符。有一些其他理论，认为是埃博拉（Susan Scott 和 Christopher Duncan，2001）、炭疽（Graham Twigg，1984；John Findlay D. Shrewsbury，1970）、斑疹伤寒或另一种未知且已灭绝的疾病（Samuel K.Cohn，2002）。

研究还在进行中，但作者赞同主流观点，即1665年的大瘟疫是一种有毒菌株的淋巴腺鼠疫，以寄宿鼠类身上的跳蚤为主要载体。作者认为，现代鼠疫和近代早期鼠疫的症状有很强的相似性。感染模式表明，存在人与人之间的传播。这是否是通过肺炎性鼠疫（证据表明，这也是存在的），还是另有载体，有待最终证明。最近的研究表明，人体虱子可以有效地传播疾病，并可能与人体跳蚤一起在近代早期的流行病中发挥了作用。

参见：S. Haensch, R. Bianucci, M. Signoli et al., 'Distinct Clones of *Yersinia pestis* Caused the Black Death', *PLOS Pathogens*, 7 October 2010; S. Ayyadurai, F. Sebbane, D. Raoult, M. Drancourt, 'Body Lice,*Yersinia pestis Orientalis*, and Black Death', *Emerging Infectious Diseases*, 2010;16 (5): 892−3; and Lars Walløe, 'Medieval and Modern Bubonic Plague: Some Clinical Continuities', *Medical History*, Supplement 27 (2008): 59−73. For a lively overview see John Kelly, *The Great Mortality: An Intimate History of the Black Death, the Most Devastating Plague of All Time* (HarperCollins, 2006).

3 生物学的详情参见：B. Joseph Hinnebusch, Amy E. Rudolph, Peter Cherepanov et al., 'Role of Yersinia Murine Toxin in Survival of Yersinia Pestis in the Midgut of the Flea Vector', in *Science* (26 April 2002), Vol. 296, Issue 5568, pp. 733−5.

4   Nathaniel Hodges, *Loimologia or, an Historical Account of the Plague in London in 1665: With precautionary Directions against the like Contagion* (London, 1721), p.3.

5   参见 J. A. I. Champion (ed.), 'London's Dreaded Visitation: The Social Geography of the Great Plague in 1665', *Historical Geography Research Series* (1995).

6   Hodges, *Loimologia*, p.3.

7   1623年，据记载这个地区有897座房屋，到17世纪末，房屋数量增加到2000座。

8   Hodges, *Loimologia*, p.3.

9   Pepys's *Diary*, 8 May 1663.

10 George W. Stone, William Van Lennep, Emmett L. Avery, Arthur H. Scouten, Charles B. Hogan (eds), *The London Stage, Part I: 1660-1700* (Southern Illinois University Press, 1965), p.87.

11 8 February 1667, 'Charles II – volume 191: February 6-14, 1667', in Mary Anne Everett Green (ed.), *Calendar of State Papers Domestic: Charles II, 1666-7* (London, 1864), p.502.

12 这名受害者叫"玛格丽特，是约翰·庞特医生的女儿"；引自：A. Lloyd Moote and Dorothy C Moote, *The Great Plague: The Story of London's Most Deadly Year* (John Hopkins University Press, 2004), p.52.

13 *Intelligencer*, Monday, 17 April 1665, Issue 29.

14 Case discussed at court at Whitehall in the presence of Charles II, 28 April 1665, 1665 Jan. 2-1666 Apr. 27, Vol. 5, Privy Council Register 2/58.

15 Ibid.

16 Pepys's *Diary*, 28 April 1665.

17 Ibid., 30 April 1665.
18 11 April 1665. 'Charles II – volume 117: April 1–11, 1665', in Everett Green (ed.), *Calendar of State Papers 1664–5*, pp. 102–3.
19 *Philosophical Transactions*, Vol. 1, p.94.
20 Robert Hooke, *Micrographia: or Some Physiological Descriptions of Minute Bodies Made by Magnifying Glasses with Observations and Inquiries Thereupon* (London, 1665), Schem. 34.
21 'An Account of Micrographia, or the Philosophical Descriptions of Minute Bodies, Made by Magnifying Glasses', *Philosophical Transactions*, Vol. 1, pp. 27–32.
22 Pepys's *Diary*, 21 January 1665.
23 Graunt, *Natural and Political Observations*, Preface.
24 Pepys's *Diary*, 15 May 1665.
25 Ibid., 3 June 1665.
26 John Dryden, *An Essay of Dramatick Poesie* (London, 1668), p.1.
27 Evelyn's *Diary*, 3 June 1665.
28 George DeForest Lord (ed.), *Anthology of Poems of State Affairs: Augustan Satirical Verse 1660–1714* (Yale University Press, 1975), p.38.
29 Evelyn's *Diary*, 8 June 1665.
30 Pepys's *Diary*, 3 June 1665.
31 *Intelligencer*, Monday, 12 June 1665, Issue 45.
32 Taswell, 'Autobiography', pp. 9–10.
33 Pepys's *Diary*, 22 January 1666.
34 Thomas Vincent, *God's Terrible Voice in the City* (London, 1667), p.35.
35 J. R. Wardale, *Clare College Letters and Documents* (Macmillan and

Bowes,1903), p.51.

36 关于新教堂墓地的描述参见 Vanessa Harding, 'Burial of the Plague Dead in Early Modern London', in J. A. I. Champion (ed.), *Epidemic Disease in London, Centre for Metropolitan History Working Papers Series*, No. 1, 1993, pp. 53-64. 参见 Champion, 'London's Dreaded Visitation', pp. 56-7.

37 拉姆齐一家比较有意思,因为传统认为玛丽是该地区第一个感染鼠疫的病患。尽管记录中并未写明她姐姐的死因,但在这段时期死于其他原因而非鼠疫,这种偶然性较小。

38 London Metropolitan Archives, Bridewell Chapel, Bishops' transcripts of baptisms, marriages and burials, 1665-1666, DL/A/E/192/MS10952A.

39 玛丽·戈弗雷的父亲有可能是托马斯·戈弗雷,根据炉膛税的记录,他住在"波特斯巷",离新教堂墓地很近。科里普门外的圣吉尔教区记录两次提到"玛丽·戈弗雷"的葬礼:第一次在1665年8月31日;第二次在1885年9月2日。这可能是在记录死亡人员时的疏漏,也可能是不同寻常的巧合。两次都提到父亲为托马斯·戈弗雷,前一条记录中显示他为农夫。Parish registers: London Metropolitan Archives, St Giles Cripplegate, Composite register, 1663-1667, P69/GIS/A/002/MS06419, Item 006 and Hearth Tax records: 'Hearth Tax: City of London 1666, St Giles (without) Cripplegate, Golding Lane West', in *London Hearth Tax: City of London and Middlesex, 1666* (Centre for Metropolitan History, 2011).

40 葬礼登记参见 London Metropolitan Archives, St Olave Hart Street, Bishops' transcripts of baptisms, marriages and burials, 1665-1666, P69/OLA1/A/002/MS28869, p.30; 炉膛税文献参见:'Hearth Tax:

City of London 1666, St Olave Hart Street', in *London Hearth Tax*.
41 Cynthia Wall (ed.), *Daniel Defoe: A Journal of a Plague Year*, (Penguin, 2003), p.58.
42 Neil Cummins, Morgan Kelly and Cormac Ó Gráda, 'Living standards and plague in London, 1560−1665', *CAGE Online Working Paper Series* (Department of Economics, University of Warwick, 2013), pp. 9−10.
43 Graunt, *Natural and Political Observations*, p.13.
44 John Bell, *London's remembrancer, or, A true accompt of every particular weeks christnings and mortality in all the years of pestilence within the cognizance of the bills of mortality, being xviii years* (London, 1665), pp. 2−3.
45 14 August 1665, 'Charles II − volume 129: August 11−22, 1665', in Everett Green (ed.), *Calendar of State Papers 1664−5*, pp. 516−7.
46 'Venice: August 1665', in Hinds (ed.), *Calendar of State Papers... Venice*, pp. 172−86.
47 Pepys's *Diary*, 12 August 1665.
48 Joseph Frank Payne (ed.), *Loimographia an Account of the Great Plague of London in the Year 1665 by William Boghurst an Apothecary* (London, 1894), p.29.
49 Frances Parthenope Verney and Margaret M. Verney (eds), *Memoirs of the Verney Family from the Restoration to the Revolution 1660 to 1696: Compiled from the Letters and Illustrated by the Portraits at Claydon House*, Vol. iv, (London, 1899), p.118.
50 Hodges, *Loimologia*, p.22.
51 John Bell, *London's remembrancer*, p.17.
52 Hodges, Loimologia, pp. 8−9.

53 Anonymous, *Famous and effectual medicine to cure the plague* (London, 1670).
54 Hodges, *Loimologia*, p.48.
55 Ibid., p.128.
56 Ibid., p.13.
57 Ibid., p.181.
58 Vincent, *God's Terrible Voice*, p.38.
59 William Munk, *The Roll of the Royal College of Physicians in London*, Vol. 1, 1518–1700 (London, 1878), p.334.
60 Hodges, *Loimologia*, p.15.
61 Pepys's *Diary*, 12 February 1666.
62 Ibid., 16 February 1666.
63 Ibid., 3 September 1666.
64 Taswell, 'Autobiography', pp. 9–10.
65 Thomas Clarke, *Meditations in my confinement, when my house was visited with the sickness in April, May and June, 1666, in which time I buried two children, and had three more of my family sick* (London, 1666), p.9.
66 Ibid., p.10.
67 Payne (ed.), *Loimographia*, p.57.
68 Hodges, *Loimologia*, p.11.
69 Vincent, *God's Terrible Voice*, pp. 44–8.
70 Pepys's *Diary*, 14 September 1665.

3　逆转的潮流

1 Lord (ed.), *Anthology of Poems of State Affairs*, p.41.

2 The practice of giving naval opportunity to well-bred young men developed significantly during the Dutch Wars. See J. D. Davies, *Gentlemen and Tarpaulins: The Officers and Men of the Restoration Navy* (Clarendon Press, 1991).
3 Pepys's *Diary*, 18 September 1665.
4 J. R. Jones, *The Anglo-Dutch Wars of the Seventeenth Century* (Longman, 1996), p.23.
5 Ibid., p.161.
6 R. C. Anderson, (ed.), *The Journals of Sir Thomas Allin, 1660–1678*, Vol.1 (Navy Records Society, 1929), p.240.
7 R. C. Anderson (ed.), *The Journal of Edward Montagu, First Earl of Sandwich, Admiral and General at Sea, 1659–1665* (Navy Records Society, 1929), p.243.
8 Ibid., p.244.
9 Ibid., p.247.
10 Jones, *The Anglo-Dutch Wars*, p.17.
11 Dagomar Degroot, ' "Never such weather known in these seas": Climatic Fluctuations and the Anglo-Dutch Wars of the Seventeenth Century, 1652–1674', *Environment and History*, Vol. 20, No. 2, May 2014, pp. 239–73.
12 Pepys's *Diary*, 20 May 1664.
13 J. D. Davies, *Pepys's Navy: Ship, Men and Warfare, 1649–1689* (Seaforth Publishing, 2008), p.35.
14 Treglown (ed.), *The Letters of John Wilmot*, pp. 46–9.
15 Ibid., p.43.
16 Anderson (ed.), *Journal of Edward Montagu*, p.252.
17 Treglown (ed.), *The Letters of John Wilmot*, p.43.

18 1661年到1665年，艾萨克·牛顿在剑桥大学的本科学习期间，在笔记本中记录了许多观察结果，这只是其中一例。资料可查询剑桥大学图书馆的 Portsmouth Collection, *Certain Philosophical Questions*, MS Add.3996, folio 109r.
19 *Certain Philosophical Questions*, MS Add.3996, folio 3r.
20 Payne (ed.), *Loimographia*, p.54.
21 Walter George Bell, *The Great Plague in London* (Folio Society, 2001), p.86.
22 Ibid.
23 Clarke, *Meditations*, p.6.
24 4 August 1665, 'Charles II – volume 129: August 11–22, 1665', in Everett Green (ed.), *Calendar of State Papers 1664–5*, p.502.
25 7 August 1665, ibid., p.506.
26 15 August 1665, ibid., pp. 517–9.
27 Walter George Bell, *The Great Plague*, p.86.
28 Ibid., pp. 87–8.
29 Ibid., p.88.
30 M. Bell, '"Her usual practices": The later career of Elizabeth Calvert, 1664–75', *Publishing History* (1994), 35, 5.
31 Margaret Cavendish, *Philosophical Letters: or, Modest Reflections Upon Some Opinions in Natural Philosophy Maintained by Several Famous and Learned Authors of this Age, Expressed by Noble Letters* (London, 1664).
32 Evelyn's *Diary*, 30 May 1667.
33 Harleian MS 6828, fols. 510–23, British Library.
34 Evelyn's *Diary*, 27 April 1667.
35 Ibid., 18 April 1667.

36 Pepys's *Diary*, 11 April 1667（注：这里也可能是"瑞典女王"，不管哪种情况，意思是一样的）.
37 State Papers 29/132 f.97.
38 Ellwood, *The history of the life of Thomas Ellwood*, p.143.
39 Ibid., p.146.
40 John Milton, *The readie and easie vvay to establish a free commonwealth and the excellence therof compar'd with the inconveniences and dangers of readmitting kingship in this nation* (London, 1660), p.23.
41 Ellwood, *The history of the life of Thomas Ellwood*, pp. 143-8.
42 Treglown (ed.), *The Letters of John Wilmot*, pp. 46-9; Anderson (ed.), *Journal of Edward Montagu*, p.262.
43 Anderson (ed.), *Journal of Edward Montagu*, p.262.
44 T. H. Lister, *Life and administration of Edward first Earl of Clarendon; with Original Correspondence and Authentic Papers Never Before Published*, Vol. iii (London, 1837), pp. 393-5.
45 Treglown (ed.), *The Letters of John Wilmot*, pp. 43-5.
46 Lister, *Life and administration*, pp. 394-5.
47 Ibid.
48 State Papers 29/129 f.58.
49 25 August 1665, Everett Green (ed.), *Calendar of State Papers 1664-5*, p.532.
50 State Papers 29/132 f.127.
51 12 August 1665, Everett Green (ed.), *Calendar of State Papers 1664-5*, pp.514-5.
52 10 September 1665, Ibid., pp. 557-8.
53 Pepys's *Diary*, 9 September 1665.
54 17 August 1665, Everett Green (ed.), *Calendar of State Papers 1664-*

5, pp.520-2.
55　Jones, *The Anglo-Dutch Wars*, p.57.
56　Ibid., p.23.
57　Evelyn's *Diary*, 25 September 1665.
58　Pepys's *Diary*, 22 November 1665.
59　J. J. Cartwright (ed.), *Memoirs and Travels of Sir John Reresby* (London, 1904) p.145.
60　Pepys's *Diary*, 13 July 1663.
61　Antonia Fraser, *Charles II* (Weidenfeld & Nicolson, 1979), p.311.
62　Pepys's *Diary*, 17 November 1665.
63　'The second parliament of Charles II: Sixth session (Oxford) – begins 9/10/1665', in *The History and Proceedings of the House of Commons*, Vol.1, 1660–1680 (London, 1742), pp. 85–92.
64　Ibid.
65　*Newes Published for Satisfaction and Information of the People* (London, England), Thursday, 24 August 1665, Issue 65.
66　State Papers 29/129 f.81.
67　Richard Ward (ed.), *The Manuscripts of his Grace the Duke of Portland preserved at Welbeck Abbey*, Vol. iii (London, 1894), p.293.
68　Andrew Clark (ed.), *The Life and Times of Anthony Wood, antiquary, of Oxford, 1632–1695, described by Himself* (Oxford, 1891), p.68.
69　Ibid.
70　Ward (ed.), *The Manuscripts of his Grace the Duke of Portland*, p.296. 妓女经常遭受"浸水刑凳"的惩罚，她们坐在上面，被一根铁棍固定捆住，然后"浸入"或沉入水池中。这种装置主要用来羞辱当事人。
71　For description of Ralph Montagu see State Papers 29/131 f.73. For

remarks about the Duchess of York and Henry Sidney see Pepys's *Diary*, 9 January 1666.

72 Pepys's *Diary*, 22 November 1665.

73 Benedict de Spinoza (trans. R. H. M. Elwes), *On the Improvement of the Understanding / The Ethics / Correspondence* (Dover Publications, 1955), p.294.

4 决定命运的一年

1 Vincent, *God's Terrible Voice*, p.153.

2 London, England, Baptisms, Marriages and Burials, 1538–1812, City of London, St Botolph's Church, Aldgate, 1653–1675, f.85. www.ancestry.com.

3 Ibid., p.81.

4 Pepys's *Diary*, 5 January 1666.

5 *Oxford Gazette*, Issue 16, 8 January 1666.

6 Pepys's *Diary*, 30 January 1666.

7 Ruth Norrington (ed.), *My Dearest Minette: The Letters Between Charles II and His Sister Henrietta, Duchesse D'Orléans* (Peter Owen, 1996), p.130.

8 Vincent, *God's Terrible Voice*, p.54.

9 John Bell, *London's remembrancer*, p.15.

10 Ibid., p.16.

11 E. Cotes, *London's dreadful visitation, or, A collection of all the bills of mortality for this present year* (London, 1665), p.2.

12 Ibid., p.3.

13 Ellwood, *The history of the life of Thomas Ellwood*, pp. 148–9.

14　Vincent, *God's Terrible Voice*, p.53.

15　Pepys's *Diary*, 23 March 1666.

16　他们于1666年2月28日结婚。参见: Sir George John Armytage, *Allegations for marriage licences: issued by the Vicar-General of the Archbishop of Canterbury, 1660 to 1668* (London, 1892), pp.165-6.

17　根据1662年的炉膛税记录，她的丈夫大卫·麦克斯韦登记为房产所有者。

18　Margaret Cavendish, *The description of a new world, called the blazing world* (London, 1666), To the Reader, p.4.

19　'Hearth Tax: City of London 1666, St Margaret New Fish Street' in *London Hearth Tax*.

20　他们于1637年7月9日在主教门的圣海伦教区教堂成婚。London Metropolitan Archives, St Helen Bishopgate, Composite register: baptisms 1598-1654, marriages 1606-1653, burials 1598-1630, P69/HEL/A/002/MS06831, Item 001.

21　London Metropolitan Archives, St Mary, Whitechapel, Register of burials, June1658-September 1670, P93/MRY1/059.

22　Pepys's *Diary*, 5 January 1666.

23　Ibid., 28 January 1666.

24　Evelyn's *Diary*, 29 January 1666.

25　Pepys's *Diary*, 29 January 1666.

26　Evelyn's *Diary*, 26 May 1703.

27　Pepys's *Diary*, 29 January 1666.

28　信件日期为1666年2月22日，以詹姆斯的名义由威廉·考文垂代写。Duke of York in J. R. Powell and E. K. Timings (eds), *The Rupert and Monck Letter Book 1666: Together with Supporting Documents* (Navy Records Society, 1969), p.15.

29 State Papers 29/148 f.51.
30 Philip E. Jones (ed.), *The Fire Court: Calendar to the Judgments and Decrees*, Vol. ii (William Clowes & Sons, 1966), p.255.
31 John Childs, 'The Sales of Government Gazettes during the Exclusion Crisis, 1678-81', *English Historical Review*, Vol. 102, No. 402 (January 1987), p.104.
32 'Charles II - volume 165: July 27-31, 1666', in Mary Anne Everett Green (ed.), *Calendar of State Papers Domestic: Charles II, 1665-6* (London, 1864), pp. 584-8.
33 State Papers 29/147 f.19.
34 *London Gazette*, 1 February 1666-5 February 1666, Issue 24.
35 Pepys's *Diary*, 31 January 1666.
36 State Papers 29/147 f.42.
37 Pepys's *Diary*, 19 February 1666.
38 Ibid.
39 Henry Oldenburg (ed. and trans. A. Rupert Hall and Marie Boas Hall), *The Correspondence of Henry Oldenburg*, Vol. iii, 1666-1667 (University of Wisconsin Press, 1966), pp. 57-60.
40 Pepys's *Diary*, 19 February 1666.
41 State Papers 29/151 f.44. News letter, written by Henry Muddiman.
42 Michael McKeon, 'Sabbatai Sevi in England', *AJS Review*, Vol. 2 (April 1977), pp. 131-69.
43 Pepys's *Diary*, 28 February 1666.
44 Anonymous, 'A New Letter Concerning the Jewes' [written by Serrarius], (London, 1666), pp.1-5.
45 Evelyn's *Diary*, 18 October 1666.
46 John Sheffield, *The Works of John Sheffield, Earl of Mulgrave and the*

Duke of Buckingham, Vol. ii (London, 1723), p.54.

47 George Etherege, *Man of Mode* (London, 1676), p.87.

48 David M. Vieth (ed.), *The Complete Poems of John Wilmot Earl of Rochester* (Yale University Press, 2002), p.60.

49 Pepys's *Diary*, 25 February 1666.

50 Treglown (ed.), *The Letters of John Wilmot*, p.198.

51 Pepys's *Diary*, 23 February 1668.

52 Treglown (ed.), *The Letters of John Wilmot*, p.198.

53 Pepys's *Diary*, 21 April 1666.

54 Ibid., 18 April 1666.

55 'Volume 71: November 8–December 31, 1700', in Joseph Redington (ed.), *Calendar of Treasury Papers*, Vol. 2, 1697–1702 (London, 1871), pp. 437–8.

56 Pepys's *Diary*, 26 March 1666.

57 Ibid., 25 February 1667.

58 Alan MacFarlane (ed.), *The Diary of Ralph Josselin, 1616–1683* (Oxford University Press, 1991), 5 April 1666. 佩皮斯和伊夫林也记录了这个斋戒日。

59 Evelyn's *Diary*, 5 April 1666.

60 Pepys's *Diary*, 8 April 1666.

61 Ibid., 22 April 1666.

62 Powell and Timings (eds), *The Rupert and Monck Letter Book*, p.31.

63 Ibid., p.13.

64 Ibid., p.37.

65 *London Gazette*, 5 April 1666–9 April 1666, Issue 42.

66 纳撒尼尔·霍奇斯写于1666年5月8日的信件收录在 *An account of the first rise, progress, symptoms and cure of the plague: being the*

substance of a letter from Dr Hodges to a person of quality (London, 1721), p.35.

67 Nathaniel Hodges, *Vindiciae medicinae et medicorum: an Apology for the Profession and Professors of Physic* (London, 1666), p.5.

68 Powell and Timings (eds), *The Rupert and Monck Letter Book*, pp. 4–5.

69 Ibid., p.13.

70 Evelyn's *Diary*, 8 May 1666.

5 红海

1 John Dryden, *Annus Mirabilis: The Year of Wonders, 1666* (London, 1667).

2 Anderson (ed.), *Journals of Sir Thomas Allin*, p.269.

3 'Miscarriages of the War'. 'House of Commons Journal, Volume 9: 31 October 1667', in *Journal of the House of Commons, Volume 9, 1667–1687* (London, 1802), pp. 10–14.

4 'A true narrative of the engagement between His Majesty's fleet and that of Holland, begun June 1st, 1666, at 2 o'clock afternoon, and continuing till the 6th, at 10 o'clock at night', State Papers 29/158 f.3.

5 'Miscarriages of the War' in *Journal of the House of Commons*, pp. 10–14.

6 'Venice: June 1666, 16–30', in Hinds (ed.), *Calendar of State Papers... Venice*, p.6.

7 Ibid., p.16.

8 威廉·克拉克写给约瑟夫·威廉姆森的信件。State Papers SP29/157 f.79.

9 'Miscarriages of the War' in *Journal of the House of Commons*, pp. 10–14.

10 塞缪尔·佩皮斯引用事件后递交给威廉·佩恩的报告。Pepys's *Diary*, 4 July 1666.

11 Ibid., 11 June 1666.

12 引自战役后佩皮斯和哈尔索尔的对话。Pepys's *Diary*, 24 June 1666.

13 威廉·克拉克写给约瑟夫·威廉姆森的信件。State Papers 29/157 f.79.

14 'A true narrative of the engagement between His Majesty's fleet and that of Holland...', State Papers 29/158 f.3.

15 蒙克来自"皇家查理号",率领红色中队,"皇家橡树号"上的海军中将约瑟夫·乔丹和"挑战号"上新晋升的海军少将罗伯特·霍姆斯提供支援;白色中队紧随其后,由"皇家王子号"上的海军上将乔治·艾斯丘、"迅捷号"上的海军中将威廉·伯克利爵士,以及"亨利号"上的海军少将约翰·哈曼舰长指挥;蓝色中队殿后,由海军上将杰里迈亚·史密斯、海军中将托马斯·泰德曼,以及"鲁珀特号"上新晋升的海军少将理查德·乌特伯(Richard Utber)领导。参见威廉·克拉克写给约瑟夫·威廉姆森的信件。State Papers 29/157 f.79.

16 荷兰艺术家威廉·凡·德·维尔德在战斗期间的一艘荷兰军舰上,画下了所看到的一切。返回后,他将素描绘成油画。从这些画中,我们可以看到两军交战的情景。

17 'A true narrative of the engagement between His Majesty's fleet and that of Holland...', State Papers 29/158 f.3.

18 'Venice: June 1666, 16–30', in Hinds (ed.), *Calendar of State Papers... Venice*, p.15.

19 Davies, *Pepys's Navy*, pp. 39-40.
20 'A true narrative of the engagement between His Majesty's fleet and that of Holland...', State Papers 29/158 f.3.
21 未署名的小册子，译自荷兰语。'A Relation of the Passages in the Battel at Sea, Between the Fleet of England and the United Neitherlands: Collected according to the charge & order of the Lords States General' (24/14 June, 1666), p.5.
22 Anderson (ed.), *Journals of Sir Thomas Allin*, p.269.
23 Pepys's *Diary*, 24 June 1666. Reiterated in 'Miscarriages of the War' in *Journal of the House of Commons*, pp. 10-14.
24 Pepys's *Diary*, 3 June 1666.
25 Anderson (ed.), *Journals of Sir Thomas Allin*, p.269.
26 State Papers 29/158 f.56.
27 4 June 1666. 'Charles II – volume 158: June 1-14, 1666', in Everett Green (ed.), *Calendar of State Papers 1665-6*, pp. 428-9.
28 Ibid.
29 State Papers 29/158 f.88.
30 Ibid.
31 'Venice: June 1666, 16-30', in Hinds (ed.), *Calendar of State Papers... Venice*, p.15.
32 State Papers 29/158 f.54.
33 Evelyn's *Diary*, 24 March 1672.
34 Pepys's *Diary*, 4 June 1666.
35 Ibid., 3 June 1666.
36 Ibid.; State Papers, 3 June, William Coventry to Lord Arlington.
37 Evelyn's *Diary*, 9 February 1665.
38 Vieth (ed.), *The Complete Poems of John Wilmot*, p.40.

39　Evelyn's *Diary*, 1 June 1666.

40　Pepys's *Diary*, 2 June 1666.

41　"伟大天赐号"（或称"天赐号"）是一艘几内亚舰，这一时期一直在附近。记录显示，6月18日，舰在希尔内斯进行一些设备安装，已准备好重新加入舰队。

42　State Papers 29/158 f.56.

43　Ibid.

44　*London Gazette*, 4 June 1666-7 June 1666, Issue 59.

45　State Papers 29/158 f.54.

46　英国和荷兰舰队交战的描述，1666年6月8日发自"皇家查理号"。State Papers 29/158 f.118.

47　Powell and Timings (eds), *The Rupert and Monck Letter Book*, p.63.

48　*London Gazette*, 4 June 1666-7 June 1666, Issue 59.

49　'Venice: June 1666, 16-30', in Hinds (ed.), *Calendar of State Papers... Venice*, p.15.

50　Thomas Clifford to Lord Arlington, 5 June 1666, State Papers 29/158 f.88.

51　4 June 1666, State Papers 29/158 f.54.

52　'A true narrative of the engagement between His Majesty's fleet and that of Holland...', State Papers 29/158 f.56.

53　Ibid.

54　Ibid.

55　Pepys's *Diary*, 3 June 1666.

56　Ibid.

57　英国和荷兰舰队交战的描述，参见：State Papers 29/158 f.118.

58　Thomas Clifford to Lord Arlington, 5 June 1666, State Papers 29/158 f.88.

59 英国和荷兰舰队交战的描述，参见：State Papers 29/158 f.118.
60 Dryden, *Annus Mirabilis*, lines 417–21.
61 'Miscarriages of the War' in *Journal of the House of Commons*, pp. 10–14.
62 Thomas Clifford to Lord Arlington, 5 June 1666, State Papers 29/158 f.88.
63 Ibid.
64 Ibid.
65 'A Relation of the Passages in the Battel at Sea...', p.12.
66 'A true narrative of the engagement between His Majesty's fleet and that of Holland...', State Papers 29/158 f.56.
67 Pepys's *Diary*, 4 June 1666.
68 Ibid.
69 'A true narrative of the engagement between His Majesty's fleet and that of Holland...', State Papers 29/158 f.56.
70 Thomas Clifford to Lord Arlington, 5 June 1666, State Papers 29/158 f.88.
71 英国和荷兰舰队交战的描述，参见：State Papers 29/158 f.118.
72 'Venice: June 1666, 16–30', in Hinds (ed.), *Calendar of State Papers... Venice*, p.1.
73 英国和荷兰舰队交战的描述，参见：State Papers 29/158 f.118.
74 'Venice: June 1666, 16–30', in Hinds (ed.), *Calendar of State Papers... Venice*, p.15.
75 Thomas Clifford to Lord Arlington, 5 June 1666, State Papers 29/158 f.88.

6 奇妙的命运

1 Aphra Behn, *The Rover, or, The Banish't Cavaliers* (London, 1677), p.49.
2 1666年6月6日, 'Charles II – volume 158: June 1–14, 1666', in Everett Green (ed.), *Calendar of State Papers 1665–6*, p.430.
3 Pepys's *Diary*, 6 June 1666.
4 Evelyn's *Diary*, 6 June 1666.
5 Pepys's *Diary*, 7 June 1666.
6 Ibid., 24 June 1666.
7 Ibid., 8 June 1666.
8 *London Gazette*, 11 June 1666–14 June 1666, Issue 61.
9 'Venice: June 1666, 16–30', in Hinds (ed.), *Calendar of State Papers... Venice*, p.15.
10 Ibid.
11 Ibid.
12 *London Gazette*, 7 June 1666–11 June 1666, Issue 60.
13 'Venice: June 1666, 16-30', in Hinds (ed.), *Calendar of State Papers... Venice*, p.20.
14 'A Relation of the Passages in the Battel at Sea...', p.16.
15 Pepys's *Diary*, 10 July 1666.
16 Evelyn's *Diary*, 18 June 1666.
17 1666年7月17日, 'Charles II – volume 163: July 15–20, 1666', in Everett Green (ed.), *Calendar of State Papers 1665–6*, p.547.
18 Powell and Timings (eds), *The Rupert and Monck Letter Book*, p.62.
19 'Miscarriages of the War in *Journal of the House of Commons*', pp.

注　释

10–14; 蒙克和鲁珀特写给阿灵顿勋爵的信件，日期为1666年6月24日、1666年6月23日。'Charles II – volume 159: June 15–25, 1666', in Everett Green (ed.), *Calendar of State Papers 1665–6*, p.455.

20　1666年6月23日, 'Charles II – volume 159: June 15–25, 1666', in Everett Green (ed.), *Calendar of State Papers 1665–6*, pp. 453–4.

21　Ibid.

22　Pepys's *Diary*, 2 July 1666.

23　Ward (ed.), *The Manuscripts of his Grace the Duke of Portland*, p.297.

24　1666年7月9日, 'Charles II – volume 162: July 8–14, 1666' in Everett Green(ed.), *Calendar of State Papers 1665–6*, p.512.

25　1666年6月23日. 'Charles II – volume 159: June 15–25, 1666', in Everett Green (ed.), *Calendar of State Papers 1665–6*, p.449.

26　1 July 1666. 'Charles II – volume 161: July 1–7, 1666', in Everett Green(ed.), *Calendar of State Papers 1665–6*, pp. 485–6.

27　1666年6月30日. 'Charles II – volume 160: June 26–30, 1666', in Everett Green (ed.), *Calendar of State Papers 1665–6*, p.477.

28　1666年7月9日. 'Charles II – volume 162: July 8–14, 1666', in Everett Green(ed.), *Calendar of State Papers 1665–6*, pp. 512–16.

29　State Papers 29/162 f.23.

30　Pepys's *Diary*, 22 July;《伦敦公报》也证实了此事。

31　Gilbert Burnet, *Some Passages of the Life and Death of the Right Honourable John, Earl of Rochester: Who Died the 26th of July 1680: Written by His Own Direction on His Death-Bed* (London, 1875), p.10.

32　Ibid., p.4.

33　1666年7月3日, 'Charles II – volume 161: July 1-7, 1666', in Everett Green (ed.), *Calendar of State Papers 1665–6*, pp. 493–7.

34 State Papers 29/163 f.174.

35 Ibid.

36 Pepys's *Diary*, 27 July 1666.

37 Burnet, *Life and Death of … John, Earl of Rochester*, p.6.

38 1666年7月27日，托马斯·阿林爵士写给威廉姆森的信件；7月27日，托马斯·克利福德爵士写给阿灵顿勋爵的信件。'Charles II-volume 165: July 27-31, 1666', in Everett Green (ed.), *Calendar of State Papers 1665-6*, pp. 579-80.

39 1666年7月27日，托马斯·克利福德爵士写给阿灵顿勋爵的信件。'Charles II - volume 165: July 27-31, 1666', in Everett Green (ed.), *Calendar of State Papers 1665-6*, p.580.

40 *Intelligencer*, Monday, 13 March 1665, Issue 20.

41 1666年7月11日星期三中午，在"皇家查理号"上，托马斯·克利福德爵士写给阿灵顿勋爵的信件。'Charles II - volume 162: July 8-14, 1666', in Everett Green (ed.), *Calendar of State Papers 1665-6*, pp. 523-4.

42 Ibid.

43 关于范德马什，参见：State Papers 29/163 f.26；关于德埃斯克卢斯夫人和贾科米娜，参见：1666年7月17日（就在运送俘虏的船起航离开英国前，德埃斯克卢斯夫人曾请求前往多特），'Charles II - volume 163: July 15-20, 1666', in Everett Green (ed.), *Calendar of State Papers 1665-6*, p.544.

44 贝恩最新一本传记的作者为珍妮特·托德（Janet Todd），她较好地追溯了阿芙拉的青年时期，充分论证她曾为"埃弗丽·约翰逊"，生于1640年12月，父母为巴塞洛缪·约翰逊和伊丽莎白·约翰逊。参见：Janet Todd, *The Secret Life of Aphra Behn* (Rutgers University Press, 1996), p.14.

45 Alan Marshall, '"Memorialls for Mrs Affora": Aphra Behn and the Restoration Intelligence World', *Women's Writing*, Vol. 22, No. 1, February 2015, pp. 13-33.

46 参见贝恩1666年8月31日写给基利格鲁的信件开头部分，State Papers 29/169 f.157.

47 阿芙拉·贝恩写于1666年8月16日的信件。State Papers 29/167 f.209.

48 Ibid.

49 Marshall, '"Memorialls for Mrs Affora"…', *Women's Writing*, pp.13-33.

50 Ibid.

51 更多例证参见：Marshall, '"Memorialls for Mrs Affora"…', *Women's Writing*, pp. 13-33.

52 1665年2月，确切日期不详。'Charles II - volume 113: February 19-28, 1665', in Everett Green (ed.), *Calendar of State Papers 1664-5*, p.218.

53 'A true and perfect narrative of the great and signal success of a part of His Majesty's fleet under his Highness Prince Rupert and his Grace the Duke of Albemarle, burning 160 Dutch ships within the Vlie', p.3; also found in State Papers 29/167 f.1.

54 1666年8月11日，在"皇家詹姆斯号"上，鲁珀特亲王和阿尔伯马尔公爵写给国王的信件。'Charles II - volume 167: August 9-16, 1666', in Everett Green (ed.), *Calendar of State Papers 1666-7*, p.32.

55 'A true and perfect narrative of the great and signal success of a part of His Majesty's fleet…', p.6; also found in State Papers 29/167 f.1.

56 Ibid., p.5; also found in State Papers 29/167 f.1.

57 'Venice: August 1666', in Hinds (ed.), *Calendar of State Papers... Venice*, p.62.

58 'A true and perfect narrative of the great and signal success of a part of His Majesty's fleet...', p.6; also found in State Papers 29/167 f.1.

59 'Venice: August 1666', in Hinds (ed.), *Calendar of State Papers... Venice*, p.62.

60 'A true and perfect narrative of the great and signal success of a part of His Majesty's fleet...', pp. 6-7; also found in State Papers 29/167 f.1.

61 Ibid.

62 Anderson. (ed.), *Journals of Sir Thomas Allin*, p.283.

63 8月27日，阿芙拉·贝恩写给贾斯·哈索尔（Jas Halsall）的信件。State Papers 29/169 f.47.

64 'Venice: August 1666', in Hinds (ed.), *Calendar of State Papers... Venice*, p.62.

65 Pepys's *Diary*, 15 August 1666.

66 Anonymous, *Sir Robert Holmes his bonefire: or, The Dutch doomsday* (1666).

67 Evelyn's *Diary*, 25 August 1666.

68 Adrian Tinniswood, *His Invention so Fertile: A Life of Christopher Wren* (Pimlico, 2002), pp. 126-30.

69 *Philosophical Transactions*, Vol. 1, pp. 248-54.

70 Ibid., p.289.

71 'Charles II – volume 170: September 1-8, 1666', in Everett Green (ed), *Calendar of State Papers 1666-7*, p.99.

7 火！火！火！

1 Lord (ed.), *Anthology of Poems of State Affairs*, pp. 45-59.
2 Ward (ed.), *The Manuscripts of his Grace the Duke of Portland*, pp. 301-2.
3 Edward Atkyns, 'XV. Copy of a Letter to Sir Robert Atkyns, Knight of the Bath, Lord Chief Baron of the Exchequer, and Speaker of the House of Lords, in the Reign of King William, from his brother Sir Edward Atkyns, who was also Lord Chief Baron of the Exchequer', *Archaeologia: or Miscellaneous tracts relating to antiquity, 1770-1992* (1821), p.105.
4 Evelyn's *Diary*, 5 September 1666.
5 Edward Hyde, *Continuation of the Life of Edward Earl of Clarendon, Lord High Chancellor of England, and Chancellor of the University of Oxford. Being a Continuation of His History of the Grand Rebellion, from the Restoration to his Banishment in 1667. Written by Himself* (London, 1759), p.764.
6 *London Gazette*, 3 September 1666-10 September 1666, Issue 85.
7 Vincent, *God's Terrible Voice*, p.50.
8 Ibid., p.55.
9 Jones (ed.), *The Fire Court*, pp. 190-1.
10 Ibid., pp. 90-1.
11 Ibid., p.243.
12 Ibid., p.196.
13 Pepys's *Diary*, 2 September 1666.
14 Ibid.

15　Taswell, 'Autobiography', pp. 10-11.
16　Ibid., p.12.
17　Evelyn's *Diary*, 3 September 1666.
18　Ibid.
19　Hyde, *Continuation of the Life of Edward Earl of Clarendon*, p.611.
20　Evelyn's *Diary*, 5 September 1666.
21　Vincent, *God's Terrible Voice*, p.54.
22　Ibid., p.53.
23　*London Gazette*, 3 September 1666-10 September 1666, Issue 85.
24　伦敦大火期间的五个指挥站列表，由阿灵顿勋爵拟定。State Papers 29/170 f.140.
25　'Charles II - volume 170: September 1-8, 1666', in Everett Green (ed.), *Calendar of State Papers 1666-7*, pp. 95-6.
26　Evelyn's *Diary*, 3 September 1666.
27　Atkyns, 'XV. Copy of a Letter to Sir Robert Atkyns...', *Archaeologia*, p.106.
28　Windham Sandys to Viscount Scudamore; quoted in Adrian Tinniswood, *By Permission of Heaven: The Great Fire of London* (Pimlico, 2004), p.64; and Walter George Bell, *The Great Fire of London*, p.316.
29　T. B Howell Esq., William Cobbett and David Jardine (eds.), *A Complete Collection of State Trials and Proceedings for High Treason and other Crimes and Misdemeanors from the Earliest Period to the Year 1783, With Notes and other Illustrations*, Vol. vi (London, 1816), p.849.
30　Taswell, 'Autobiography', pp. 13-14.
31　Vincent, *God's Terrible Voice*, pp. 54-5.

注 释

32 Evelyn's *Diary*, 5 September 1666.
33 Taswell, 'Autobiography', p.12.
34 Jones (ed.), *The Fire Court*, p.255.
35 Pepys's *Diary*, 2 September 1666.
36 Taswell, 'Autobiography', p.11.
37 Vincent, *God's Terrible Voice*, p.57.
38 Hyde, *Continuation of the Life of Edward Earl of Clarendon*, p.661.
39 Taswell, 'Autobiography', p.11.
40 Howell, *A Complete Collection of State Trials and Proceedings*, p.848.
41 Atkyns, 'XV. Copy of a Letter to Sir Robert Atkyns...' *Archaeologia*, p.105.
42 Ward, (ed.), *The Manuscripts of his Grace the Duke of Portland*, p.298.
43 Taswell, 'Autobiography', p.11.
44 *Kuttze jedoch warhafftiger Relation von dem erschrechkichen Feuer-Brunst welcher den, 12, 13, 14, 15, 16 Septembris die Stadt London getroffen*, quoted in translation by Walter George Bell, *The Great Fire of London in 1666*, p.331.
45 Hyde, *Continuation of the Life of Edward Earl of Clarendon*, p.664.
46 Ibid.
47 Verney and Verney (eds), *Memoirs of the Verney Family*, p.255.
48 Pepys's *Diary*, 4 September 1666.
49 Evelyn's *Diary*, 7 September 1666.
50 Vincent, *God's Terrible Voice*, p.54.
51 Hyde, *Continuation of the Life of Edward Earl of Clarendon*, p.674.
52 Ellwood, *The history of the life of Thomas Ellwood*, p.153. Farriner's time at Bridewell: London, Bethlem Hospital patient admission registers and casebooks 1683–1932, Bridewell and Bethlem Minutes

of the Governors 1627-1643, BCB-07, pp. 46, 64.

53　Atkyns, 'XV. Copy of a Letter to Sir Robert Atkyns...', *Archaeologia*, p.107.

54　*London Gazette*, 3 September 1666-10 September 1666, Issue 85.

55　Hyde, *Continuation of the Life of Edward Earl of Clarendon*, p.665.

56　Evelyn's *Diary*, 4 September 1666.

57　Pepys's *Diary*, 4 September 1666.

58　Evelyn's *Diary*, 6 September 1666.

59　Ibid., 7 September 1666.

60　Taswell, 'Autobiography', p.12.

61　Evelyn's *Diary*, 7 September 1666.

62　Verney and Verney (eds), *Memoirs of the Verney Family*, p.140.

63　Anonymous, *A True and Exact RELATION OF THE Most Dreadful and Remarkable Fires,* [...] *happened since the Reign of King WILLIAM the Conqueror, to this present Year 1666. In the Cities of London and Westminster and other Parts of ENGLAND* (1666).

64　Evelyn's *Diary*, 5 September 1666.

65　Verney and Verney (eds), *Memoirs of the Verney Family*, p.142.

66　'The second parliament of Charles II: Seventh session - begins18/9/1666', in *The History and Proceedings of the House of Commons*, pp.92-100.

67　Hyde, *Continuation of the Life of Edward Earl of Clarendon*, p.671.

68　Atkyns, 'XV. Copy of a Letter to Sir Robert Atkyns...', *Archaeologia*, p.106.

69　Ibid.

70　Quoted in Verney and Verney (eds), Memoirs of the Verney Family, p.142.

71 Evelyn's *Diary*, 7 September 1666.
72 Ward (ed.), *The Manuscripts of his Grace the Duke of Portland*, p.298.
73 Ibid., p.299.
74 Ruth Spalding (ed.), *The Diary of Bulstrode Whitelocke, 1605–1675* (Oxford University Press, 1991), p.710.
75 'Charles II – volume 171: September 9–16, 1666', in Everett Green (ed.), *Calendar of State Papers 1666–7*, p.121.
76 Jones (ed.), *The Fire Court*, pp. 90–1.
77 Atkyns, 'XV. Copy of a Letter to Sir Robert Atkyns...', *Archaeologia*, p.107.
78 Pepys's *Diary*, 24 October 1666.
79 Verney and Verney (eds), *Memoirs of the Verney Family*, p.141.
80 Ibid.
81 Pepys's *Diary*, 6 September 1666.
82 9 September 1666, 'Charles II – volume 171: September 9–16, 1666', in Everett Green (ed.), *Calendar of State Papers Domestic 1666–7*, p.108.
83 11 September 1666, Newcastle, Richard Forster to Williamson, 'Charles II – volume 171: September 9–16, 1666', in Everett Green (ed.), *Calendar of State Papers 1666–7*, p.116.
84 9 September 1666, Eton, W. Lord Maynard to Williamson. 'Charles II–volume 171: September 9–16, 1666', in Everett Green (ed.), *Calendar of State Papers 1666–7*, pp. 109–10.
85 10 September 1666, 'Charles II – volume 171: September 9–16, 1666', in Everett Green (ed.), *Calendar of State Papers 1666–7*, pp.111–4.
86 Ibid.

87 9 September, Coventry. Ralph Hope to Williamson. State Papers 29/171 f.13.
88 Spalding (ed.), *The Diary of Bulstrode Whitelocke*, pp. 709-10.
89 'Venice: September 1666', in Hinds (ed.), *Calendar of State Papers... Venice*, p.84.
90 Ibid., p.82.
91 Ibid., p.77.
92 Ibid., p.94.
93 Ibid.
94 译自法文。State Papers 92, *Secretaries of State: State Papers Foreign, Savoy and Sardinia*, 1579-1780, Vol. 24 (1651-1670), f.119.
95 Ward (ed.), *The Manuscripts of his Grace the Duke of Portland*, p.299.
96 Vincent, *God's Terrible Voice*, p.61.

8　灰烬中的凤凰

1 John Milton, *Paradise Lost*, Book ix, lines 780-4.
2 C. Anne Wilson, *Food and Drink in Britain: From the Stone Age to the 19th Century* (Academy Chicago, 1991), pp. 330-1.
3 H. P. R. Finberg and Joan Thirsk, *The Agrarian History of England and Wales: 1500-1640* (Cambridge University Press, 1967), p.196.
4 Ackroyd, Peter, *Newton* (Nan A. Talese, 2008), p.26.
5 Ibid., p.25.
6 Ackroyd, *Newton*, p.27.
7 对凯瑟琳王后的描写来自伊夫林的日记，参见：John Evelyn's *Diary*, 13 September 1666.
8 10 September 1666, 'Charles II - volume 171: September 9-16,

1666', in Everett Green (ed.), *Calendar of State Papers 1666–7*, pp. 111–4.

9   13 September 1666. 10 September 1666, 'Charles II – volume 171: September 9–16, 1666', in Everett Green (ed.), *Calendar of State Papers 1666–7*, pp. 120–3.

10   Atkyns, 'XV. Copy of a Letter to Sir Robert Atkyns...', *Archaeologia*, p.108.

11   12 September 1666, 'Charles II – volume 181: December 8–15, 1666', in Everett Green (ed.), *Calendar of State Papers 1666–7*, p.340.

12   Chamberlayne, *The... present state of England* (London, 1671), p.110.

13   MacFarlane (ed.), *Diary of Ralph Josselin*, 9 September 1666.

14   Anonymous, *Death's Master-Peece or A true relation of that great and sudden fire in Tower-street, London, &c.* (London, 1650).

15   Atkyns, 'XV. Copy of a Letter to Sir Robert Atkyns...', *Archaeologia*, p.107.

16   Church of England Parish Registers, 1538–1812, City of London, St Giles, Cripplegate, 1663–1667, f.181–2. www.ancestry.com.

17   Taswell, 'Autobiography', p.13.

18   'Venice: September 1666', in Hinds (ed.), *Calendar of State Papers... Venice*, p.77.

19   Vincent, *God's Terrible Voice*, p.10.

20   *A true and faithful account of the several informations exhibited to the hounourable committee appointed by the Parliament to inquire into the late dreadful burning of the city of London together with other informations touching the insolency of popish priests and Jesuites... England and Wales. Parliament. House of Commons. Committee to*

Enquire into the Burning of London (London, 1667).

21 Hyde, *Continuation of the Life of Edward Earl of Clarendon*, p.671.

22 'Preface', in Everett Green (ed.), *Calendar of State Papers 1666-7*, pp. vii-xxxii.

23 10 September 1666, State Papers 29/171 f.26.

24 Chamberlayne, *The... present state of England*, p.110.

25 Ibid., p.112.

26 Edward Stillingfleet, *A Sermon Preached before the Honourable House of Commons 10/10/1666* (London, 1666), p.14.

27 'Venice: September 1666', in Hinds (ed.), *Calendar of State Papers... Venice*, p.77.

28 Ibid.

29 *London Gazette*, 3 September 1666-10 September 1666, Issue 85.

30 'The second parliament of Charles II: Seventh session – begins 18/9/1666', in *The History and Proceedings of the House of Commons*, pp. 92-100.

31 Ibid.

32 Verney and Verney (eds), *Memoirs of the Verney Family*, p.143.

33 Ward (ed.), *The Manuscripts of his Grace the Duke of Portland*, pp. 299-301.

34 Verney and Verney (eds), *Memoirs of the Verney Family*, p.143.

35 Ibid.

36 3 November 1666, Antwerp, 'Charles II – volume 177: November1-11, 1666', in Everett Green (ed.), *Calendar of State Papers 1666-7*, p.236.

37 21 September 1666, 'Charles II – volume 172: September 17-24, 1666', in Everett Green (ed.), *Calendar of State Papers 1666-7*,

p.145.
38 Pepys's *Diary*, 16 December 1666.
39 Westfall, *Never at Rest: A Biography of Isaac Newton* (Cambridge University Press, 1983), p.194.
40 Hyde, *Continuation of the Life of Edward Earl of Clarendon*, p.674.
41 'Entry Book: September 1666', in William A. Shaw (ed.), *Calendar of Treasury Books, Volume. 1, 1660–1667* (London, 1904), p.728.
42 Wall (ed.), *Daniel Defoe: A Journal*, p.214.
43 Chamberlayne, *The... present state of England*, p.112.
44 Ibid., p.198.
45 12 November 1666, 'Charles II – volume 178: November 12–21, 1666', in Everett Green (ed.), *Calendar of State Papers 1666–7*, pp.254–7.
46 Pepys's *Diary*, 24 March 1666.
47 Verney and Verney (eds), *Memoirs of the Verney Family*, p.142.
48 Evelyn's *Diary*, 10 October 1666.
49 Anonymous, *Flagellum dei, or, A collection of the several fires, plagues, and pestilential diseases that have hapned in London especially, and other parts of this nation from the Norman Conquest to this present* (London, 1668).
50 Evelyn's *Diary*, 6 March 1667.

后记 1666年以后

1 Abraham De la Pryme, *The Diary of Abraham De la Pryme, the Yorkshire antiquary* (Durham, Surtees Society, 1870), p.7.
2 Vieth (ed.), *The Complete Poems of John Wilmot*, p.10.

3 'A transcript of the registers of the Worshipful Company of Stationers, from 1640–1708, A.D.', ed. G. E. Briscoe Eyre (London, 1913), Vol. 2, p.374.
4 Pepys's *Diary*, 6 March 1667.
5 Ibid., 4 April 1667.
6 J. A. Bennet., *The Mathematical Science of Christopher Wren* (Cambridge University Press, 2002), p.43.
7 Aphra Behn, *The Luckey Chance, or, An Alderman's Bargain a Comedy as is Acted by their Majesty's Servants* (London, 1687), Preface.